豊かな学びを育む
教育課程の理論と方法

田沼 茂紀 著

北樹出版

はじめに

　学校の教育的営みは、教育課程という子どもがそこで学ぶ全ての総体としての学校知（school knowledge）によって規定される。その学校知に含まれるものは、国語科、社会科、算数・数学科・・・といった教科学習に代表される知育のみでなく、子ども一人一人の人格形成に大きな影響を及ぼす社会性や道徳性の育み、さらには知育・徳育の基となる健康や体力の増進という体育が前提になければならないのは言うまでもない。

　偉大な哲学者であり、教育学者でもあったカント（I.Kant, 1724～1804年）は、著書『教育学講義』（1803年）の冒頭で「人間とは教育されなければならない唯一の非造物である」「人間は教育によってはじめて人間となることができる」「人間は人間によってのみ教育される」と、あまりにも有名な言葉を残している。まさに「教育は国家百年の計」なのであり、そのためには「教育は人なり」という先哲の教えのごとく、子どもの豊かな学びを引き出す教育的力量を備えた教師の存在が不可欠なのである。学校知は優れた教育計画と、子どもの学びを引き出し育む優れた教師がいて初めて体現されるものである。よって、本書でこれから述べようとする教育課程論とは、日々の学校教育を前進させていくための方法論的視点とそれを日々敷衍(ふえん)していく教師の教師力とが渾然一体となった「教育実践計画立案方法基礎論」でもある。

　なぜそうなのか、思い起こしていただきたい。義務教育が憲法によって保証されたわが国においては、すべての国民が小学校や中学校で学んだという共通の学校経験をもっている。その学校経験の中で印象強く残っているのは何であろうか。懐かしい教師や学友の顔は浮かんできても、授業で学んだ時の各場面が記憶として蘇ってくるという人は、ごく稀ではないだろうか。つまり、教師を仲立ちとして学校知は実現されるのである。教育計画は、教材を伴いながら指導する教師によって具体化され、子ども個々の個別な学びとして形成されるのである。だからこそ、学校の教育課程を論ずるということは、教師としての在り方やその指導力量についても同時に考察していくことでもあるのである。

よく指摘されることであるが、人材を育成するにはその有り様が問われる。戯曲家・小説家として知られる山本有三（1887～1974年）の作品に、戊辰戦争で賊軍の誹りを受け、壊滅的被害を被った越後長岡藩復興に奔走した大参事小林虎三郎の生き様を描いた『米百俵』（1943年）という名作がある。焦土と化した長岡藩の窮状を見かねた三根山支藩から届けられた百俵の見舞い米の配分を巡って、自らも商家の離れを間借りして慎ましく暮らしていた小林の元に殺気立った藩士たちが乗り込んでくる。「米を売り学校を建てる」という通達にいきり立つ藩士を見据えた小林は、「百俵の米も、食えばたちまちなくなるが、教育にあてれば明日の一万、百万俵となる」と静かに諭す。この「米百俵の精神」は子孫に連綿と引き継がれ、後の長岡に繁栄をもたらしたことは世代を超えて広く知られたところである。

　この例話から私たちが学ぶのは、人を育てるという揺るぎない断固たる姿勢の大切さである。ややもすると、つい目先の利害に囚われて建前論的に語られるのも教育である。「不易と流行」がつきものの学校教育にあっては、時として本末転倒な現象が平然と生ずることもある。オーストリアの哲学者で文明批評家でもあるイヴァン・イリッチ（I. Illich, 1926～2002年）は、著書『脱学校の社会』（1971年）において、制度として学校教育が社会に位置づけられると「学校化（schooling）」という現象が起こることに警鐘を鳴らしている。学校が学校化されると、人々は学ぶことと授業を受けることとを混同するようになり、そのうちに何を学んだかではなく、どんな学校に通い、どこの学校を卒業したかということのみに関心が寄せられる価値の制度化という本来的な意味のすり替えが行われる危険性をイリッチは指摘したのである。

　学校教育は「不易と流行」、この両者のバランスの下に成り立っている。学校の教育理念を具現化するのはこのバランス感であり、教育課程を規定し、カリキュラムに生命の息吹を吹き込む役割を果たすのが教師と子ども双方にとっての人間力に基づく豊かな学びであろう。そんな視点から理論的側面と実践的方法論との両面から理解できるような入門書として本書を執筆した。そのような事情から、本書で取り上げる引用文献、参考文献は、可能な限り平易なものとしたことを申し述べておきたい。

2012年8月　著者

目　　次

はじめに
第1章　人間力の育みと学校の教育課程 …………………………………10
　1　教育課程の本質と人間力の育成 ………………………………10
　　(1) 人が人を教育することと教育課程の意味 …………………10
　　(2)「教育」という用語が内包する意図 …………………………13
　2　学校の教育課程編成と学習指導要領 …………………………15
　　(1) 学習指導要領と学校教育 ……………………………………15
　　(2) 教育委員会と学校教育 ………………………………………16
　　(3) 教育課程編成主体としての学校 ……………………………17
　3　学校教育の目標としての「生きる力」 ………………………18
　　(1)「生きる力」の意味するもの ………………………………18
　　(2)「生きる力」としての人間力 ………………………………21
　　(3)「人間力」の構成要素 ………………………………………23
　　(4) 学力としての「人間力」の意味 ……………………………26
　　(5) 人間力形成おける「教授」と「訓育」 ……………………28
　　(6)「人間力」を育む教育課程の基本構想 ……………………30
第2章　教育課程編成の基本原理とその内容 ……………………………35
　1　公的枠組みとしての教育課程 …………………………………35
　　(1) 公教育の目的と意義 …………………………………………35
　　(2) 学校教育の内容 ………………………………………………37
　　(3)「学校知」としての教育課程編成 …………………………38
　2　教育課程編成と学習指導要領 …………………………………40
　　(1) 学習指導要領の役割とその構成 ……………………………40
　　(2) 学習指導要領の意義および変遷 ……………………………44
　　(3) 学習指導要領に基づく教育課程編成の内容構造 …………54
　3　教育課程編成の原理 ……………………………………………58
　　(1) 教育課程における内容選択原理と構成 ……………………58
　　(2) 学校における教育課程編成の視点 …………………………62

（3）カリキュラム・デザイナーとしての教師…………………………65

　（4）学校の創意工夫で描くカリキュラム・デザイン ………………71

第3章　教育課程の基本理論と編成方法 ………………………………73

　1　教育カリキュラムの基本理論……………………………………………73

　（1）カリキュラムの基本要件 ……………………………………………73

　（2）カリキュラムの基本類型 ……………………………………………76

　　　①　分化と統合の視点から捉えるカリキュラム類型　(76)

　　　②　学問中心カリキュラムの基本類型　(77)

　　　　A．教科カリキュラム　(77)

　　　　B．相関カリキュラム　(78)

　　　　C．融合カリキュラム　(79)

　　　　D．広領域カリキュラム　(79)

　　　③　人間中心カリキュラムの基本類型　(80)

　　　　A．コア・カリキュラム　(80)

　　　　B．経験カリキュラム　(82)

　　　④　学問中心カリキュラムと人間中心カリキュラムの融合　(83)

　（3）カリキュラム編成の基本型……………………………………………85

　（4）カリキュラムと教科書 ………………………………………………87

　　　①　教科書検定制度　(88)

　　　②　教科書採択制度　(89)

　　　③　わが国における教科書制度の変遷　(90)

　　　④　わが国における教科書無償化の流れ　(92)

　　　⑤　教科書が教師と学習者にもたらすメリット　(93)

　　　⑥　教育課程編成の視点から見る教科書の功罪　(94)

　2　教育カリキュラムの歴史的変遷 ………………………………………95

　（1）教育カリキュラムに影響を及ぼした教育理論 ……………………95

　　　①　ソクラテス　(97)

　　　②　コメニウス　(98)

　　　③　ルソー　(99)

　　　　④　ペスタロッチ（101）
　　　　⑤　ヘルバルト（103）
　　　　⑥　フレーベル（106）
　　　　⑦　モンテッソーリ（107）
　　　　⑧　デューイ（109）
　　(2)　新教育運動にみるカリキュラム開発の基本型 …………………112
　　　　①　プロジェクト・メソッド（114）
　　　　②　ドルトン・プラン（115）
　　　　③　ウィネトカ・プラン（117）
　　　　④　モリソン・プラン（119）
　　　　⑤　イエナ・プラン（121）
　　(3)　戦後教育改革の歴史的変遷と教育課程編成の特色 ………………124
　　　　①　戦後教育改革期における経験主義の新教育（125）
　　　　②　基礎学力論と系統性重視の教育（126）
　　　　③　能力主義と教育内容の現代化（127）
　　　　④　「四六答申」とゆとり路線への転換教育（127）
　　　　⑤　「臨時教育審議会答申」と「新教育観」（129）
　　　　⑥　学力低下論争を経てのゆとり路線からの転換（130）
　　　　⑦　各学校が教育課程編成することの意味（130）
　3　教育課程編成の方法とマネジメント ……………………………………131
　　(1)　学校における教育課程編成の手続き ………………………………131
　　(2)　教育課程改革としてのカリキュラム・マネジメント……………137
　　(3)　教育課程改革と学校評価マネジメント ……………………………141
　4　学校の教育課程と教師の教育力 …………………………………………145
　　(1)　学校教育と教師文化の類型 …………………………………………145
　　(2)　今日の教師に求められる資質・能力 ………………………………149
　　(3)　教育課程改革力としての教師力………………………………………156
第4章　教育評価と新たな学校教育創造 ………………………………………160
　1　学校教育における評価の考え方 …………………………………………160

(1) 教育評価の基本理論……………………………………………160
　　(2) 教育カリキュラム評価の考え方………………………………163
　　(3) 教育カリキュラムに活かす評価活動の考え方・在り方 ………165
　　　① カリキュラム評価の3側面 (168)
　　　② カリキュラム評価の視点 (169)
　　　③ カリキュラムにおける内容構造の理解 (174)
　　　④ 「真正の評価」を活かす「逆向き設計」論の進め方 (176)
　　　⑤ 指導要録について (177)
　　(4) 「目標に準拠した評価」の進め方 ……………………………179
　　　① パフォーマンス評価とルーブリック設定の考え方 (179)
　　　② 教科におけるパフォーマンス評価観点とルーブリック設定例(183)
　　　③ 道徳におけるパフォーマンス評価観点とルーブリック設定例(185)
　2 カリキュラム評価とこれからの学校教育 ………………………187
　　(1) 今日の学校教育の課題 …………………………………………187
　　　① 「豊かな学び」を創ることの視点 (187)
　　　② 「逆向き設計」論によるカリキュラム編成の手順 (190)
　　　③ 「マクロの設計」と「ミクロの設計」によるカリキュラム編成 (193)
　　(2) 教師力を引き出す教育カリキュラム改革 ……………………195
あとがき ………………………………………………………………199

資料篇：

　教育関係法規　①　教育基本法(抜粋)　 (201)
　　　　　　　　②　学校教育法(抜粋)　 (202)
　学校種別学習指導要領
　　　　　　　①　幼稚園教育要領　第1章　総則 (206)
　　　　　　　②　小学校学習指導要領　第1章　総則 (208)
　　　　　　　③　中学校学習指導要領　第1章　総則 (213)
　　　　　　　④　高等学校学習指導要領　第1章　総則(抜粋) (218)
　項目索引　(220)

豊かな学びを育む教育課程の理論と方法

第1章　人間力の育みと学校の教育課程

1　教育課程の本質と人間力の育成
（1）人が人を教育することと教育課程の意味

　誰もが当たり前のこととして子ども時代に体験し、懐かしい人生の一時代として共有する学校経験、そして教育経験、これらは人間にとってどのような意味をもつものなのであろうか。

　本章を進めるにあたり、「はじめに」で紹介したカントの著書『教育学講義』(註1)の一節、「人間とは教育されなければならない唯一の非造物である」、「人間は教育によってはじめて人間となることができる」という文章のもつ意味を手がかりに考えてみたい。

　いつの時代、いつの国家・社会においても、学校制度の有無は別として、人は誰しも様々な機会や場、様々な方法で一様に「教育（education）」を体験し、それを糧に成長し、その人生を全うすることとなる。いわば、教育なしに人間的成長はあり得ないし、教育なしで充実した人生を謳歌することなど叶わないといっても過言ではないのである。それゆえに、教育は継続的かつ形成的な経験としての性質をもつものである。確かに、その時々の教育的な学びは強烈なインパクトを伴って主観的かつ感覚的に全身で受け止める「体験（experience）」的要素が強い。しかし、体験した事柄に客観的要素を加えながら自らの内面で整理し、再度構成し直すことで自分なりの知見として意味づける「経験（experience）」へと転化していく役割を教育は有するのである。

　このような人間相互で教え合ったり、学び合ったりという経験の蓄積による知の形成を意図した教育的関係は、世界共通の誰しもが経験する事柄と説明することができよう。しかし、その教育的関係の中に「どんな目的」で、「どんな内容」を、「どんな方法」でという条件を付加すると様相は一変する。同じ教育的関係という入口は同一であっても、その出口では全く異質なものとなってし

まうのである。この入口と出口との間に位置するのが学校教育で、その国の維持・発展を可能にする有為な人材育成を目指す機能的意図が見出されるのである。そして、その意図を具体化するのが学校における教育課程である。

　教育課程とは、学習指導要領として学校の教科や教育活動をどの学年でどのように教育するかについて定めた国家的な教育基準、コース・オブ・スタディ（Course of Study）とほぼ同義である。ただ、一般的にはカリキュラム（curriculum）と称され、多くの人にとってはイメージ的にはこの表現の方が馴染み深いであろう。カリキュラムとは、ラテン語で古代ギリシャ時代における戦車競馬場の走路を意味するクレレ（currere）が語源であり、「人生の来歴」といった含意もある。その後、カリキュラムは16世紀頃より学校で教える教科目やその内容、時間配当といった学校の「教育計画」を意味する教育用語として用いられるようになってきた。

　教育課程とカリキュラムとを対比的に定義するなら、教育課程は教育目標を達成するために教育内容を一定の原理に基づいて系統的に配列した狭義な意味での教育計画であり、カリキュラムは学校における意図的・無意図的に学び手が学習するすべての教育経験の総体という広義の意味での教育計画である。

　わが国では、戦前は「学科課程」とか「教科課程」、戦後は「教育課程」と称されて同義語的に用いられている。そして、結果的に今日では、「公的枠組み」としての側面を意味する教育課程と、子どもの「学習経験の総体」としてのカリキュラムの側面とをあまり厳密に区分せずに用いている現実がある。ただ、公的枠組みは主に「教育課程」という呼称が多用され、子どもの学び経験の履歴に関しては「カリキュラム」という呼称を用いることが一般的である。

① 構造化された教育計画としての教育課程

　学校教育という公教育の立場から、学習者である子どもたちに公的な枠組みとして何を教えるかという指導する側、つまり、教育目的の達成という教師の指導観点から捉えた知識習得のための構造化された教育計画と捉える。

② 子どもの学習経験の総体としての教育課程

　子どもの学びの到達点としての教育目標達成のためのカリキュラムという考え方で、学校におけるすべての人的・物的環境、学習内容、教材・教具、

学習方法等も視野に入れた学習経験の総体として捉える。

　教育課程という用語は、ややもすると堅苦しい無機質的なイメージがつきまといがちである。しかし、人と人とのかかわりの中で成立するのが「教育」である以上、教え合い、学び合うというその教育的営みにおいては、教師と子ども、子どもと子どもの教育的関係がなくてはならない。それを取り結ぶのが教育課程であり、教育カリキュラムである。
　教育哲学者の横山利弘（2007 年）は、教育的関係を「つくる－つくられる」という教育観に基づく工作的教育観、「育てる－育つ」という教育観に基づく有機的教育観、「教える－学ぶ」という教育観に基づく伝達モデルの教育観、「目覚める－目覚ます」という教育観に基づく実存論的教育観、以上の 4 類型に分類している。
　横山は、「教育的関係は教師と子ども双方の自由な意志をもつ者の間に成り立つ『愛と信頼の関係』」（註2）と説き、教師の教育愛に基づく信頼と粘り強い忍耐があれば、子どもはきっとこれに応えようと自らの力で育とうとするに違いないと述べている。このような教育的関係は、哲学・人間学的な立場から改めて教育学を捉え直したドイツの教育思想家ボルノウ（O.F.Bollnow, 1903～1991 年）が唱えた「感謝と従順（主体的従順）」という学びの姿勢そのものでもある。そこでの学びは「教える教育」ではなく、「問いと応答の教育」という教育的関係である。その「問いと応答」をどう意図的かつ計画的に実現させていくのかと考えた時、学校で何を、いつ、どのような順序で教えるのかという教育活動の見通し、つまり「カリキュラム・デザイン」がなければ、子どもたちは学校での学びの経験を蓄積することはできないのである。いわば、教科を構成する内容が示された教科書や教具、設備といった物的なものを有意味な一体性の伴うカリキュラムとして構成した「教育課程」が介在しなければ、学校は教師と子ども、子ども相互の教育的関係を成立させ得ないのである。
　このように、教育課程における「育て・育つ」という人間的な温もりあるかかわりなくして、人格の完成を目指すという教育基本法に示された教育理念、教育目的の具現化は図れないのである。「育て・育つ」という人間的なかかわり

を前提に学校教育を視座した時、そこには主体的で豊かな学びの集積としての知力、健やかな身体と体力、さらにはこの世に生を受けた一人の人間としてのより善い在り方や生き方を実現するための人間力（社会的存在として自己実現を可能にする感性や社会性、道徳性等に裏打ちされたトータルな人間性に基づく生きる力）の育みを日常の教育活動を通していかに具現化していくのかという視点が不可欠であることは言を待たないであろう。

（2）「教育」という用語が内包する意図

　「教育（education）」という用語は、あまりにも日常生活の中に浸透しているため、その在り方を巡っては相応に一家言もっている人も少なくない。しかし、教育の意味やその本質にまで遡って究明しようとする人はとなれば、それはきっと稀であるに違いない。そこには、幼老を問わず、一人一人にとっての自らの学校経験に裏打ちされた問わず語り的な暗黙の了解関係が存在するからであろう。

　広辞苑で敢えて「教育」という用語の意味を問うと、「教え育てること。人を教えて知能をつけること。人間に他から意図をもって働きかけ、望ましい姿に変化させ、価値を実現する活動」と記されている。これは、'education' という用語の語源であるラテン語の 'educere' を e ＋ducere に分解して解釈した時の e- は「外へ」という意味をもつ接頭語、'ducere' は「引き出す」という意味に拠っている。つまり、子どもがその内面にもっている可能性を外へ引き出す、というのが「教育」という用語がもつ本来の意味となるのである。しかし、具体的な教育場面を想定すると、ただ子どもの内面にあるものを引き出すことだけでは不十分である。畑に作物の種子を蒔かなければ、そこからは何も生えてこないし、収穫するものが何もないのと同様である。よって、教育という熟語には種蒔きとしての「教える」と、蒔いた種子の自己成長性を引き出す「育む」の両方の意味が含まれているのである。

　つまり、人間は成長・変化する存在である。時間の流れの中で絶えず身体を働かせ、頭脳を働かせ、心を働かせて移り動いていくのが人間なのである。この際、個の内的変化に着目するところから「教育」論は開始される。

わが国で「教育」という熟語が学校にかかわる用語として用いられたのは、学制頒布(がくせいはんぷ)(1872年)から間もない近代教育制度黎明期にあった明治6(1973)年のことである。イギリスで刊行されたチェンバースの百科事典に1項目として挙げられていた'education'を法律家であり洋学者でもあった箕作麟祥(みつくりりんしょう)(1846〜1897年)が、教導という当時の学校の中心的営みをイメージして翻訳したことはよく知られたところである。

　もちろん、わが国にそれまで「教育」という用語がなかったわけではない。語義としては異なるが、中国の春秋戦国時代末期の古典『孟子』に「教育」という漢語が登場する。しかし、それは天下の秀才を門人として教育し、優れた人材として育成することを語意としている。その点で、今日意味する公的制度かつ意図的営みとしての「教育」との整合性は見出せないと言われている。

　また、わが国の江戸期には多くの教育指南書が刊行されているが、そこにおいても今日的な意味での「教育」という直接的用法は見られない。例えば、「人倫のおしえなければ、人の道をしらず」（註3）と、子どもの成長段階に沿ってその躾や生活習慣形成の方法、学問への導き方、社会性や道徳性の形成等々、教育のあらゆる分野を網羅した指南書でもある貝原益軒(かいばらえきけん)(1630〜1714年)の『和俗童子訓』(わぞくどうじくん)(1710年)においても、やはり今日的な語意での「教育」という用語活用は見出せない。しかし、前掲書も含めた当時の教育指南書において、子どもを善くするための働きかけという意味では「教へる」、「訓（おし）へる」といった表現、子ども自身の学ぶ働きを前提に善くしようとする場合は「勧（すす）め」、「奨（すす）め」、「諭（さと）し」といった表現、さらには、子ども自身の学ぶ働きそのものを意味する場合は「学問」、「学習」、「養心」、「養生」、「修身」、「修養」、「修業」、「修行」、「修練」等といった表現が多方面にわたって用いられている。

　それが箕作によって、「おしえる(語源は愛おしむ)」や「そだてる(語源は副い立つ)」、さらには「やしなう」、「しつける」、「おそわる」、「ならう」といった和語の文脈に沿った「教える」と「育む」という人間力の豊かさを前提とした概念的意味をもつ翻訳熟語「教育」として新たな息吹を得たのである。

　「教育」という言葉は文字通り、「教」と「育」から構成される熟語である。

この熟語について村井実（1993年）は、「教育ということばを人々が新しく作ったとき、人々は、『教』では言い足りない、また『育』でも言いたりない、何か新しいことを言おうとしたにちがいない」（註4）と、意味深長な表現をしている。そこには、豊かに生きる人間を育てるという願意が込められていよう。

村井は、ソクラテスの「無知の知」という主張を引用しながら、それを「子どもを善くしたい」と願う人々の心情に思いを馳せた。誰しも、わが子を善くしたいと願いながらも、そう容易くはならないのが子育てである。子どもを善くすること、つまり、「子どもが善く生きること」ができるようにするなど不可能ではないのかという人々の疑心暗鬼な不安や悩みにソクラテスは共感し、その体現として「善さ」を公に問うたと村井は説明するのである。それは、今日的な言い回しをするなら、わが国の学校教育の公的な国家基準として文部科学省が告示している「学習指導要領」の基本概念である「生きる力の育成」という究極的目的に収斂されることになろう。

2　学校の教育課程編成と学習指導要領
（1）学習指導要領と学校教育

教育について学んだり、学校教育に何らかのかかわりがあったりすれば、そこで必ず耳にするのは「学習指導要領」である。学習指導要領とは、学校教育法施行規則というわが国の学校教育の根幹を定めた学校教育法を円滑に実施するために文部科学省（平成13年までは文部省と称していたが、中央省庁再編に伴って科学技術庁と統合し、現在の呼称となった）が下位法として定めた省令に基づいて告示される教育の国家基準である。それは基準性を担保する法的拘束力をもち、各学校（学校教育法第1条に定められた大学および高等専門学校を除く、幼稚園、小学校、中学校、高等学校、中等教育学校、特別支援学校を指す）の教育課程編成基準として文部科学大臣によって告示され、わが国の学校教育の内容と水準を公に示す役割を果たす。

学習指導要領が最初に示されたのは、戦後民主主義教育がスタートした昭和22（1947）年である。その学習指導要領には法的拘束力がなく、各学校が教育課程編成する際の手引きとなるよう「試案」と称して示された。その後、昭和

26(1951)年に試案のまま改訂され、昭和33(1558)年改訂より現行のような法的拘束力の伴う学校教育の内容と水準を示す国家教育基準としての役割を果たすようになったものである。

さらに付け加えるなら、文部科学省は告示された学習指導要領を具体化するために各教科等の学習指導要領解説編(平成元(1989)年改訂の学習指導要領までは「指導書」と呼称していた)を刊行し、それに基づいて各教科書会社が教科書を作成し、文部科学省の検定合格を経て、さらに教科書採択制度の下、その検定教科書が各学校の子どもたちへ届けられる。この教科書検定制度については、学校教育法第34条で「小学校においては、文部科学大臣の検定を経た教科用図書又は文部科学大臣が著作の名義を有する教科用図書を使用しなければならない」と定められ、中学校、高等学校、中等教育学校、特別支援学校においても同法が同様に準用されている。

各学校では学習指導要領の内容と水準が具体化された教科書を拠り所に、学校が置かれた教育的諸環境や地域性、子どもの学習実態等を踏まえつつ、それぞれの特色ある教育計画としての教育課程編成を行うこととなる。その際、学校でその教育課程の基準が遵守され、適切に運用されることを行政的な立場から監督・指導する役割を担うのが教育委員会の使命である。

(2) 教育委員会と学校教育

学習指導要領の基準性を行政的な立場から指導する役割を担う教育委員会は、「地方教育行政の組織及び運営に関する法律」に規定されており、地方公共団体の組合に置かれる独立行政委員会である。教育委員会制度は、教育行政の政治的中立性に基づいて具体的運営を担う公的組織(国立諸学校は文部科学省が所管し、私立学校は都道府県教育委員会が所管する)である。

また、教育委員会は、各都道府県レベルと特別区も含めた各市町村レベルの地方公共団体に二重の枠組みで設置されている。本来の教育委員会とは、法律に定められた教育委員(定数基準は、標準で5名とされているが、各地方公共団体である都道府県・市の場合は6名以上、町・村の場合は3名となっている)で構成される委員会を意味するが、通常は教育委員会の下に教育委員会事務局

が置かれ、そこで　公立学校を管理し、教育予算執行、教職員人事、児童・生徒の入・退学、学校の組織編制、教育課程、学習指導、教科書採択やその他の教材の取扱い等に関する行政事務を行っている。また、社会教育その他教育、学術及び文化に関する事務等も管理、執行する役割も同時に担っている。

　そのため、教育委員会と呼称する場合、本来は地域住民の民意を反映させ、その都度交替する首長の教育行政への不当介入等で学校教育に混乱を生じさせないための独立委員会制度を意味するが、日常的には行政機能としての実際的な実務を行う教育委員会事務局を「教育委員会」と称する場合も少なくない。

　本来的機能としての教育委員会委員（国籍条項を満たし、被選挙権を有する25歳以上の者、なお、委員の中に地域の保護者が含まれなければならない）は議会の承認を得て首長より任命される。また、教育委員会代表者であり教育委員会の会議主宰者である教育委員長は委員の互選で選出される。一方で、教育特別公務員であり、教育委員会事務執行責任者である教育長が教育委員会から任命される。その際、教育委員長と教育長とは兼任することができないよう定められている。教育委員会においては、原則的に合議によって職務が遂行されるようなシステムとなっている。

（3）教育課程編成主体としての学校

　教育の国家基準としての学習指導要領は、教育行政側と学校で子どもたちと日々対峙（たいじ）する教師側とでは、どのような双方の役割を担って運用されているのであろうか。この点については、学校の主体的な教育課程編成という面での課題も含まれていることも視野に置きながら述べていきたい。

　教育行政側と各学校における教師側との視点で、その機能的役割を検討していくと以下のように区分できる。

《教育行政と学校の機能的役割分担》

　教育行政・・・学校で教えるべき「教育目標・内容」を定め・管理する。

　各学校・・・・教育目標・内容を具体的に「教育方法」で工夫・実施する。

　教育行政と各学校との関係については、教育基本法第16条第2項に「国は、

全国的な教育の機会均等と教育水準の維持向上を図るため、教育に関する施策を総合的に策定し、実施しなければならない」と規定されている。その前提に立って教育委員会は学校の施設や設備、教員配置等の物的・人的な諸条整備を教育行政施策として行うのである。一方、各学校では学習指導要領に基づいて自校の教育課程編成を行い、その教育計画を日々の教育実践において確実に実施することで内容担保の責任をもつのである。行政と各学校との関係は、一般的に教育の内的事項、外的事項と称されている。平易に述べれば、学校の施設・設備といったハード面は教育委員会が担い、日々の学習指導といったソフト面は学校の教師が責任をもって担うのである。そこには、行政による学校教育の内的事項への過剰な介入を差し控える意図がある。しかし、近年はその問い直しの世論が活発化していることは周知のところである。

《教育の内的事項・外的事項》
　　教育の内的事項・・・学校の施設、設備、人的条件を用いて展開される教育課程編成や教育計画策定、教育方法改善等々、教師が行う総ての教育活動を意味する。
　　教育の外的事項・・・学校の施設、設備、教職員配置等、教育行政側が責任をもって整備する物的・人的諸条件を意味する。

3　学校教育の目標としての「生きる力」
(1)「生きる力」の意味するもの

今日の学校教育における最重要なキーワードは、耳にたこができるくらいに繰り返し語られている「生きる力」である。

この「生きる力」の育成が学校教育の目指すメルクマール（指標）として示されたのは、平成8（1996）年7月の中央教育審議会第一次答申「21世紀を展望した我が国の教育の在り方について」においてである。そこでは、「ゆとりの中で自ら学び自ら考える力などの生きる力の育成を基本とし・・・」と提言された。それを受け、平成8年8月に当時の文部大臣から教育課程審議会へ「幼稚園、小学校、中学校、高等学校、盲学校、聾学校及び養護学校の教育課程の基準の改善について」の諮問を行い、平成10（1998）年12月告示の学習指導

要領によってわが国の正式な教育施策として示されたのである。
　その後、この「生きる力の育成」という理念は平成20（2008）年改訂の学習指導要領にそのまま引き継がれ、今日に至っている。
　現今の小・中学校学習指導要領解説総則編においても、「生きる力」は先の中央教育審議会一次答申において示された定義、つまり、「基礎・基本を確実に身に付け、いかに社会が変化しようと、自ら課題を見つけ、自ら考え、主体的に判断し、行動し、よりよく問題を解決する資質や能力、自らを律しつつ、他人とともに協調し、他人を思いやる心や感動する心などの豊かな人間性、たくましく生きるための健康や体力などである」という解説に基づいて理念の共有がなされている。この人格的理想像を体現する資質・能力として示された「生きる力」の定義は一貫性をもったものであるが、その用語の運用を巡ってはそこでクローズアップされる構成要素、強調点が社会的状況の変化という時代性によって変質してきているのは否めない事実である。
　例えば、平成10（1998）年改訂の学習指導要領において「生きる力」が示された時、当時の文部省は「確かな学力」、「豊かな人間性」、「健やかな体」という3側面を合わせた総体として「生きる力」を説明していた。そんな矢先に子どもたちの学力低下が囁かれ始めると、3側面の中でも「確かな学力」に相対的な比重をかけるようになってくる。平成15（2003）年の学習指導要領一部改訂時には、「確かな学力」について、「知識・技能に加え、学ぶ意欲や、自分で課題を見付け、自ら学び、主体的に判断し、行動し、よりよく問題を解決する資質や能力など」であると解説した。そして、「確かな学力」の構成要素を、①思考力、②判断力、③表現力、④問題発見力、⑤問題解決力、⑥学び方、⑦学ぶ意欲、⑧知識・技能、と明示し、公教育において担保すべき学力の国家基準（national standard）として法的根拠をもって告示する「学習指導要領」の内容は最低基準（minimum standard）であるとし、基礎的・基本的事項の習熟徹底を各学校に対して強く求めたのである。
　さらに、現行の小・中・高、特別支援学校等の学習指導要領では学習内容が拡充され、その内容定着に見合うだけの各教科等年間総授業時数確保へと大幅に増加することとなった。そのような中で子どもたちに育む「生きる力」の規

定も、「新しい知識・情報・技術が政治・経済・文化をはじめ社会のあらゆる領域での活動の基盤として飛躍的に重要性を増す、いわゆる『知識基盤社会』の時代の中で、確かな学力、豊かな心、健やかな体の調和を重視する生きる力をはぐくむことがますます重要になっている」(小・中学校学習指導要領解説「総則編」p.19) と述べられ、知識基盤社会における生きる力の育成へと軌道修正されたのである。そこでは、改正教育基本法 (2006年) や改正学校教育法 (2007年) の法的規定に基づき、知識基盤社会の時代の中で確かな学力、豊かな心、健やかな体の調和としての生きる力の育成が今後ますます重要課題であることの指摘がなされている。そして、そのためには学校教育法第30条第2項に示された基礎的・基本的な知識・技能の習得、課題解決に向けた思考力・判断力、表現力等の能力育成、主体的に学習へ取り組む態度形成に向けた指導へ傾注しなければならないことが述べられている。これらは、平成20 (2008) 年1月の中央教育審議会答申「幼稚園、小学校、中学校、高等学校及び特別支援学校の学習指導要領等の改訂について」に基づいてのことである。

いわば、学校教育における「生きる力の育成」とは、グローバル化する国際社会の中で日本人としての自覚をもち、主体的かつ自立的に生きていく上で求められるトータルな資質・能力、調和のとれた人間性の育成を意図しているのである。もちろん、それは社会状況の変化に伴って強調点が変容する可塑性の伴う理想的人格概念である点は言うまでもないことである。

図1-1 「生きる力」の基本構造

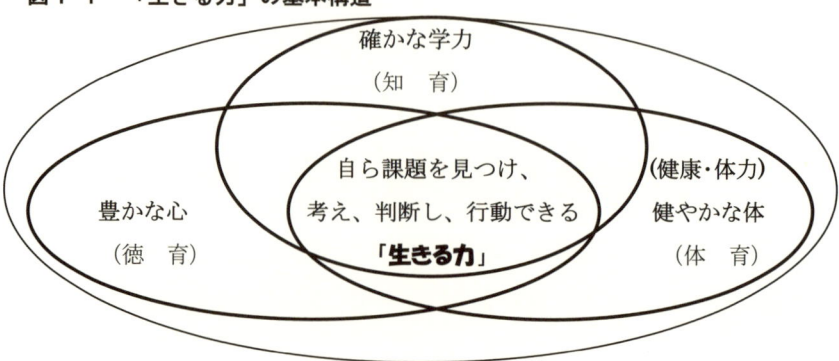

（2）「生きる力」としての人間力

　教育は、具体である。教育は、実践によって初めて体現される。よって、国家的な重要教育政策と位置づけても、公教育の国家基準として学習指導要領を告示して全国の各学校に働きかけても、それはあくまでも画餅に過ぎない。また、地域の各学校を所管し、地域の教育行政を担う教育委員会がいくら指導方針を示しても、肝心要の学校組織、さらにいうなら教師一人一人の教育指導観として切実感をもって意識化され、内面化されていなければ何も始まらないのである。ここで取り上げるわが国の教育理念、「生きる力の育成」とて同様である。ならば、最重要課題として位置づけられる「生きる力の育成」は、子どもたちの人格形成にとってどのような意味を有するものなのであろうか。そもそも、「生きる力」とはいったいどのような資質・能力を指すのであろうか。この点について少し言及しておきたい。それがなければ、日々の学校教育の営みに必然性をもたせる根拠を失うからである。

　まず、文部科学省の小・中学校「学習指導要領解説　総則編」に拠るなら、変化の激しいこれからの知識基盤社会を担う子どもたちに求められる資質・能力は基礎・基本を確実に身に付け、自分でよりよく課題や問題を解決し、他者を尊重しつつ協調的かつ自立的に立ち振る舞い、逞しく生きていくための健康や体力を兼ね備えていることと、極めて総花的なものである。知・徳・体が調和し、個性溢れる存在としての個の充実した人生を全うするための力は、まさしく今日という日を生き生きと生き抜くための自立力であり、明日の自分へつながる継続力であり、未来を切り拓く創造力でもあると捉えることができよう。いわば、「生きる力」を置き換えるなら、未来志向性を兼ね備えた「生きて働く力」、「生き抜く力」、「自らの生を輝かせる力」とも説明することができよう。

　具体事例を提示したい。平成23（2011）年3月11日午後2時46分、東北地方と関東北部太平洋沿岸地域を突如襲ったマグニチュード9.0の東日本大震災、千年に一度の天災とも称される未曾有の大地震と大津波が多くの地域で平穏な日常生活と尊い生命を一瞬にして奪い去った。死者と行方不明者は二万人余にも及ぶ、さらには東京電力福島第一原発被曝で住み慣れた故郷の地を追われた人々も加えるなら、まさにこの世の現実とは到底思えない惨状となった。

震災から 10 日余り後、気仙沼市立階上中学校での卒業式答辞で涙を流しながら卒業生総代の梶原優太君は、自然の猛威を前に人間の力があまりにも無力であることに対するやるせない思いを切々と語った。そして、自分の心の中の時計の針は 14 時 46 分を指したままであるが、時は確実に流れて自分も生きていかなければならないとこれからの生き方についての決意を語っている。その決意とは、「生かされた者として顔を上げ、常に思いやりの心を持ち、強く、正しく、逞しく生きていかなければなりません」という言葉であった。

　それから 1ヶ月半を経て、リアス式海岸沿いで平地の少ない地形が災いし、壊滅的被害を受けた岩手県大槌町で幸いにも津波を免れた小さな山間の吉里吉里小学校では、町内 4 小学校が一つの校舎で新学期を開始することとなった。その始業式で、大槌北小学校 6 年代表の三浦輝晃君は、「今の僕には大きな力や知識はないけれど、この町を復興させたい思いはどこの誰よりも負けません（平成 23（2011）年 4 月 24 日　朝日新聞より）」と述べて、自分たちの学校の新しい頁を拓こうと自らの決意を全校児童に呼びかけている姿が新聞やテレビで報道され、多くの人々に人間の強さ、優しさ、逞しさ等を印象づけた。

　この三浦君をはじめ、多くの子どもたちにとって、被災地の不自由な学校でこれから身に付ける数値では計りきれない学力はまさに「生きる力」であり、明日の自分に向けて生きて働く力、自分という一人の人間を精一杯輝かせて生きようとする力であるに違いない。より端的な言葉で述べるなら、この「生きる力」とは人間誰しもが内に秘めた潜在力であり、外部からの教育的働きかけと学び手の内面から発現する自己成長力とが啐啄同時（雛鳥が中から殻を突いて破ろうとする時、好機を逃さず外側から母鳥が同時に突いて加勢すること）となった時に開花するものであろう。このような本来的な学びの力こそ、古今東西より人々が子どもを善くするために腐心し、希求して止まなかった「人間力 (humanity)」そのものであろう。本書ではこのような「生きる力の育成」を、個々の人間誰しもがもつ可能性、未来志向性という見地から「人間力の育成」、もしくは「人間力の開発 (human development)」と称して捉えている。

　学校教育におけるこの人間力の開発は、一人一人の子どもが自分の人生においてできる可能性を拡げること、自己実現することの幅を広げること、いわば

人的能力（human capabilities）の開発育成である。

　東日本大震災から1年余り経て、日本学校教育学会「東日本大震災と学校教育」調査研究プロジェクトが取りまとめた報告書『東日本大震災と学校教育〜震災は学校をどのように変えるのか』では、これまでわが国を65年以上も覆っていた戦後教育の呪縛を断ち切り、新たな災後教育へと価値転換する契機になったと指摘する。被災地となった岩手県宮古市立鍬ヶ崎（くわがさき）小学校の笹川正校長は同書に「それでも『地域の中の学校』であり続ける」と題する報告文を寄稿し、「学校教育の役割とは、子ども一人ひとりが、これからの人生を自らの手で築きあげることができるよう、その土台を確かなものにすることであり、思いやりをもってたくましく生きる力を育んでいくことだと考える」(註5)と明快に述べている。それを受けた編者は、東日本大震災被災地での人々の言動が21世紀の学校教育で育むべき「生きる力」としての資質・能力・技能を指し示しているとして5点に要約している。

①　相互扶助の精神と響感力（人の痛みを感ずる心）
②　つなぐ力（多様な違いを乗り越えて人々とつながっていく姿勢）
③　臨機応変の対応力（不測の事態における情報収集・判断・対応）
④　当事者意識と主体的行動力（気付き、発見、実感に基づく当事者意識）
⑤　対話力（良好な創造的関係を構築するための言語・非言語の表現力）

　以上のような資質・能力、技能をもう少し個性発揮の視点から整理するなら、人間力開発のための最も基本的な資質・能力として以下の3点に要約できるのではないかと考える。

【「人間力開発」において求められる基本的な資質・能力】
①　自分の思いや願いを実現するために必要な知識やスキル獲得力
②　自分の思いや願いの実現に向けた他者や社会とのかかわり力
③　健やかに自分の充実した人生を生きようとする意志力

（3）「人間力」の構成要素

　「生きる力」を「人間力」といった定義で捉えるなら、あまり構えることなくその資質・能力をイメージすることができよう。一般的に「人間力」といっ

た場合、それは特別な知識・スキルといったものを意味しない。むしろ、人間としての善さを前提とした、人間らしく自律的かつ個性的に生きる上で求められる内面的資質と考えられよう。その人間力の主体は個々人であって、その善さとして発揮される力は、人間誰もが内面に秘めている「人間らしさ」である。よって、激しく変化する社会にあって自分で考え、判断し、行動し、他者と調和しつつよりよい生き方を選択する力は、「人間味」、「人間性」、「人間らしさ」とも解釈でき、個性的な資質・能力、人間としての善さを発揮するための感性に裏打ちされた力こそ、いわゆる「人間力」であると説明できるのである。

　この「人間力」が注目されたのは、平成15（2003）年4月に内閣府より公表された人間力戦略研究会報告書（註6）である。そこで示された資質・能力は、以下のような内容であった。

　　Ⅰ．「知的能力的要素(基礎学力、専門的知識・ノウハウ、論理的思考力、創造力等)」
　　Ⅱ．「社会・対人関係力的要素(コミュニケーションスキル、リーダーシップ、公共心や規範意識、他者尊重と切磋琢磨・向上心等)」
　　Ⅲ．「自己制御的要素(意欲、忍耐力、自分らしい生き方、自己追求力等)」

　ただ、このような資質・能力を兼ね備えた具体像を想定することはそう容易ではない。ややもすると、人間離れして人間味に欠け、人間業(にんげんわざ)とは思えないマルチな人間像が浮かび上がってしまう。本書ではそのような全能の人間力をイメージしているわけではない。もっと大らかに、そして、もっと自然体で自分の善さを発揮しながら、充実した人生を歩む上で求められる資質・能力を想定するのである。

　人は誰しもが自らの内に秘めている夢や願いの実現に向け、これまで気づかないでいた潜在的な自分のよさや可能性を知ったり、そこに至る道筋を自分らしい方法で導き出したりするための主体性や意志力を発揮したいと願っている。それは個々の人間がただこの世に「存在」するのではなく、社会の構成員として容認され、その資質・能力を生涯にわたって発揮していけるような「尊在」（註7）になりたいと願うからである。このような力を自らの内に培うことこそ

が「人間力の育成」、「人間力の開発」であると定義することができよう。

　本書で目指すのは、子どもたち一人一人が有為な「尊在」として自らの内面の有り様を見つめながらより成長し、生きる喜びと充実感を支えていけるような資質・能力形成をしていけるようなカリキュラム編成の考え方と方法である。

　このような教育がイメージするものは、暗い部屋のテーブルに置かれた1本のろうそくである。ろうそくは、光りを放ちながら辺りを照らす。同時に、その目的を果たす時に期せずしてろうそくは自らの姿も照らし出してしまうのである。その時々を善く生きようと学ぶことは、自分が「尊在」するために外界へ懸命に光を放って働きかけるろうそくの姿そのものでもある。その時、同時に照らし出される自分自身を一歩離れた所から眺め、自己省察することができるなら、どのような学びによって自己成長を遂げたいのかという本来の自分の姿が見えてくるのではないだろうか。よく分かっている自分自身のことなのに、あるきっかけで知らなかったことにはっと気づかされるような体験、誰しも日常的に遭遇することである。このようなセルフモニタリング（self-monitoring）を可能にしてくれるのが、まさしく人間力そのものであろう。

　学校教育において、知識やスキルの獲得は重要なことである。しかし、個々人の存在が否定され、「損在」として損なわれる状況下に置かれるなら、それは何の価値ももたない。個々人が価値ある「尊在」として自らを実感し、未来志向的な意志力を充実させてこそ生きて働く知識やスキルとなるのである。そのプロセスにおいて求められる資質・能力も含めたトータルな学力形成のキーワードこそ、いわずもがな「人間力」なのである。

　人間力の発揮は、より善く生きようとする子ども自身の内的自己成長力と、それに呼応しながら外部から働きかけて子どもの可能性を引き出し、育む「啐啄同時」の働きかけによって可能となる。

　いわば、人間力を研ぎ澄ます教育というのは、自らを客我（内在化された他者の態度）の立場で観察・評価しようとするパースペクティブ（perspective：物事を見る時の視点）を拡げ、本来的な望ましさへの志向的かつ啓示的な気づきをもたらす個の変容を促すものである。善く生きたいという人間誰しもがもっている夢や願いは、自らの行動・態度・感情・思考等から客観的な気づきを

得ることで明確さを増し、その実現に向けての原動力を生み出す。人間力とは、そのような自己洞察力に裏打ちされた自己成長力でもある。そして、その先にあるのは、今日を精一杯生き、明日を「より善く生きたい」と願いつつ逞しく自己実現に向けて豊かに学び続ける個の姿である。

（4）学力としての「人間力」の意味

　人間らしさとしての「人間力」を学校教育で育むために、もう少しその用語がもつ意味を精査しておきたい。学校教育で子どもたちに育むのは、学力である。その学力の定義を巡っては様々な議論がなされてきたが、今日では大まかに「学んだ力」と「学ぶ力」の2通りに区分する場合が少なくない。

　最初の「学んだ力」とは、読解力や計算力、論述力、討論力、思考・判断力、問題発見・追求力といった子どもたちが教科学習等を通じて身に付けてきた知識、リコーダーの演奏技術や運動能力といった学んだ結果としてのスキルである。これらは「目に見える学力」であり、測定もしやすく、学習者同士の比較化も可能な要素を多分に含んでいる。

　もう一方の「学ぶ力」としての学力は、知的好奇心、学習意欲や集中・持続力、コミュニケーション能力、学びの方法洞察力等の目に見えにくく、そして外部から客観的に推し量りにくい「学習力」とも称される内容である。

　もちろん、これらの学力観は固定的なものではなく、時代推移や社会的要請等によっていずれかの部分がより強調されるというバランスシートの上に成り立っている。よって、わが国の今日的動向に当てはめて考えるなら、「学んだ力」を基底にしつつ「学ぶ力」の獲得を目指すという二層構造の学力観に拠ることが一般的な捉え方として受け止められているところである。しかし、このような学力観に至るには「振り子」のような二項対立的な偏り現象的に議論されることが少なくなかった。

　かつて、わが国においては前者の学力、「目に見える学力」が重視される時代が長く続いた。しかし、過度に受験競争が過熱した1960年代、70年代頃より子どもたちの心の闇が学校教育に陰を落とし始め、その学力観に綻びが生じてくる。特に、全国の学校でいじめや不登校、暴力行為、怠学等の生徒指導にか

かわる教育諸問題が一気に顕在化してくる1970年代後半より80年代になると、子どもたちの学習意欲低下が退っ引きならない問題として浮上する。その根底にあるのは、「なぜ学校に行かなければならないか」、「なぜ学校でよい成績をとらけ（け）ればならないのか」という「学校神話」に対する根源的な疑念である。特に、バブル景気（1980年代後半〜90年代初頭）と称される好況に沸いたわが国の経済があっという間に失速し、経済低迷の時代が続くと、よい学校を出ればよい仕事に就け、一生涯の安定が保証されるといった学校神話は一気に瓦解する。

　ただ、一度独り歩きを始めた学校神話を払拭することは容易なことではない。年齢層が高くなれば、その恩恵を目の当たりにしてきただけに価値観修正が難しい。一度身に染みついた価値観は例えそれが瓦解する様を目の当たりにしても、頭の中では分かっていても、その価値観転換をするための文脈（context）修正はできにくいのである。神話の呪縛からはみ出す子どもたち、収まりきらない子どもたちの存在を世代間の深層部分で容認し合えない世代間価値観断絶（generation gap）が歪みとなって吹き溜まり、昨今の様々な学校病理の誘因になっていると推察するのは難くないところである。

　このような本来的な意味での学びよりも、そのキャリア（制度的な学びの履歴）を無意図的に優遇する現象について、オーストリアの哲学者・文明批評家のイヴァン・イリッチは、早くから「学校の制度化」という問題点を指摘している。

　イリッチは、著書『脱学校の社会』において、制度として学校教育が社会に位置づけられると「学校化（schooling）」という現象が起こると述べている。イリッチは、「なぜ学校を廃止しなければならないか」という挑発的ななタイトルの第1章で、「学校化されると、生徒は教授されることと学習することとを混同するようになり、同じように、進級することはそれだけ教育を受けたこと、免状をもらえばそれだけ能力があること、よどみなく話せれば何か新しいことを言う能力があることだと取り違えるようなる」(註8)と、制度化社会における学校の本質的な問題点を指摘したのである。

　イリッチは、本来的に自分の主体的な欲求として位置づけられるはずの「学び」の価値が学校制度化よって疎外され、何を学んだかではなく、どんな学校

に通い、どこの学校を卒業したかということに関心が寄せられる価値の制度化という現象の本来的な意味をすり替えたと指摘した。

　イリッチは文明批評論の立場から、医療制度や福祉制度も同様の弊害に陥っていると指摘している。制度による近代化は、様々な利益を社会にもたらす反面、本来の姿を変貌させて人々を疎外するというイリッチの指摘をわが国の教育諸課題に当てはめてみると、大いに合致する点が思い浮かぶのである。つまり、制度としての学校がなければ、確かに学校における生徒指導上の諸問題は霧散する。そして、内面に問題を抱えた当事者である子ども自身の出口のない苦悩も解消される。しかし、それでは学校が社会的機能として累々と果たしてきた次世代への文化継承は途切れてしまうこととなる。ならば、そこには学力観のパラダイム・シフト（paradigm shift：認識の枠組み転換）が必要となってくるのは明白であろう。

（5）人間力形成における「教授」と「訓育」

　現代社会が創り出した学校神話の無意味さをいちばん敏感に感じ取っているのは、当事者である子どもたちであるに違いない。衝撃的なタイトルで話題となった『学びから逃走する子どもたち』の著者、佐藤学（2000年）は、学びの時代と称される21世紀に向けて学ぶ子どもの「ニヒリズム」を要因として挙げている。そして、「何を学んでも無駄」、「何を学んでも人生や社会はかわらない」、「学びの意味が分からない」といった子どもたちの心の叫びを鋭く指摘する。

　これまでの学校教育は、いわゆる知識やスキル獲得に重きを置く「教授（陶冶）機能」に偏り過ぎていたきらいがある。しかし、人間の本来的欲求としての自己成長的な学びを促すためには教授機能のみでなく、人格形成的な働きかけとしての「訓育機能」との調和的融合を前提とした学校知（school knowledge）の創造が不可欠なのである。

　学校における教育活動をイメージすると、つい陶冶と訓育とは異なるものと二分法的に捉えられがちである。教材（teaching material）を介して相対する学習者としての子どもと、教授者としての教師との関係を「教授＝学習」過程として捉えると、授業という場のプロセスで進められている活動の二側面は対

等な対の存在として捉える必要がある。つまり、純粋に教授機能だけが出現することは考えられないし、同様に訓育機能だけが出現するような教授過程も考えにくいのである。陶冶としての教授があるところには、必ず何らかの形で訓育も存在するのである。例えば、子どもが真面目に学ぶということは単に知識を獲得するのみではなく、同時に誠実に物事に取り組むという人格的特性も学んでいるのである。また、これとは逆の学びが生ずることも想像に難くない。

《教授における陶冶機能と訓育機能》
　陶冶機能・・・人類の経験、科学的知識、精神的身体的能力などを形成する側面（知識・技能等の形成）。
　訓育機能・・・人格の欲求や志向性、行動能力、感情と性格特性を形成する側面（人格形成）。

　もちろん、教授として機能する過程は画一的ではない。教材を介した「教える教師」と「教えられる学習者」との関係である指導過程の場合もあろうし、教材を介して「主体的に学ぶ学習者」とそれを「サポートする教師」の関係としての学習過程の場合もある。そこで問題となるのは、教師の指導性である。
　例えば、子どもの教育活動を実現する教育目標と教育内容、教材、指導時期や手順を示した具体的なカリキュラムがあったとしても、それだけで学びは成立するのかというと、決してそうではない。子ども自身の学びの欲求、学ぶためのレディネス(readiness:学習準備性)等の諸要件が満たされていなければ、その外部からの働きかけは用をなさないであろう。そこには、学びの主体である子どもを中心としたカリキュラム、教師と子どもの教育的関係、教授機能と訓育機能が渾然一体となった調和的融合が必要なのである。その点からも、教育は子どもを善くするための全人格的な働きかけ、つまり「人間力の育成」のための働きかけそのものなのである。
　こんな視点から子どもの主体的な学びを実現するカリキュラムを捉え、計画・編成する役割を担うのは、やはり教師である。その教師には、学びの創造者として「子ども理解力」や人間力形成に向けた「学力観」が問われるのである。つまり、限られた学校の教育的枠組みとしての教育課程において子どもに

何を教えるか、そして何を学ばせるか、という問いに対する深い理解と洞察力なしに学習へと導いていくことはできないということである。

（6）「人間力」を育む教育課程の基本構想

　前節でも述べた通り、「人間力」というのは特殊な知識・スキルといったものではなく、人間としてのよ（善）さ、人間らしく、自分らしく個性を発揮しながら自律的に生きていくための内面的資質である。よって、その人間力の主体は個々人であって、そのよさとして発揮される力は、人間誰もが内面にもっている「生きる力」である。ゆえに、変化する社会にあって自分で考え、判断し、行動し、他者と調和しつつよりよい生き方を選択する力としての生きる力は、「人間味」、「人間性」、「人間らしさ」とも称されて、個性的な個人の資質・能力、人間としてのよさを発揮するための力であると説明できるのである。

　このような人間力を育むための学校教育では、人間誰しもが自らの内に秘めている夢や願いの実現に向け、これまで気づかないでいた潜在的な自分のよさや可能性を知ったり、そこに至る道筋を自分らしいスタイルで導き出すための主体性や意志力を鼓舞したりできるような学びの場を設定しなければならない。しかし、それは何も特別なことではなく、小・中学校学習指導要領第1章「総則」第1「教育課程編成の一般方針」1にも述べられているように、各学校では「総意工夫を活かした特色ある教育活動を展開する中で、基礎的・基本的な知識及び技能を確実に習得させ、これらを活用して課題を解決するために必要な思考力、判断力、表現力その他の能力をはぐくむとともに、主体的に学習に取り組む態度を養い、個性を生かす教育の充実に努めなければならない」ということそのものなのである。

　つまり、「人間力」を育む学校教育とは、学びの主体である子どもが自らの学習への取り組みについて自覚を深め、その個性を発揮できるような教育課程を編成し、日々のカリキュラムとして具現化していくことに他ならないのである。いわば、学校が適切な目標を踏まえた教育活動を指向・推進した結果として、そのプロセスにおいて子ども自身が自らの内に人間力を培うことにつながっていくと捉えるのが至極妥当なのである。

では、学校教育においてこれらをバランスよく育んでいくためにはどのような視点が重要なのかを以下に述べたい。

前節で挙げた「人間力の開発」において求められる基本的な資質・能力、技能、つまり、Ⅰ：自分の思いや願いを実現するために必要な知識やスキル獲得力、Ⅱ：自分の思いや願いの実現に向けて他者や社会とのかかわり力、Ⅲ：健やかに自分の充実した人生を生きようとする意志力、である。これらを学校教育における人間力の育みとして想定した場合、学習内容に対する理解力・判断力といった認知的側面、具体的な表現の伴うスキルや関心・意欲・態度も含めた力としての行動的側面のみでは不十分である。そこには、心が動く、心が通い合うといった自分や他者への感性的な眼差しとしての情動に基づく理解や判断、行為への身構え等といった「情意的側面」の涵養が不可欠である。個々の子どもの情意的側面を前提として尊重しつつ、認知的側面、行動的側面を鍛え励ましながら主体的で個別な学習力形成を目指していくことに主眼を置く学校教育を構想するなら、そこで形成を目指す「人間力」のコア・コンピテンシーとなる要素は、以下の3点が浮かび上がってくると考えている。

―――――――――――――――――――――――――――――
［コア・コンピテンシーとしての「人間力」構成要素］
① 人間としての自然性（感性）に根ざした自己制御（コントロール）力
② 社会的存在として調和的かつ規範的に生きるための人間関係構築力
③ 自他存在の尊重と自律的意志に基づく価値志向意志力
―――――――――――――――――――――――――――――

人間は誰しも、本質的な願いとして自らを高めたいという「自己価値実現志向力」を内面に秘めている。しかし、同時に弱さや醜さといった人間的なもろさも併せもっている。この限りなく愛おしくも、厄介な存在が人間である。

例えば、わが国の戦後日本を代表する時代小説・歴史小説家として知られる池波正太郎（いけなみしょうたろう）（1923〜1990年）は、飢餓や打ち壊し、窃盗等が巷に横行した江戸中期は天保の時代、まっとうに生きることが難しい不安に満ちた世相の中で悪に敢然と挑む火付盗賊改方長官、長谷川平蔵宣為（はせがわへいぞうのぶため）の目を通して人間を見つめ続けた連載23年間に及ぶ大作『鬼平犯科帳』では、見事に人間の本質を射貫いて

いる。作中で、不遇な幼少時代を過ごした平蔵は「人間というやつ、遊びながらはたらく生き物さ。善事をおこないつつ、知らぬうちに悪事をやってのける。悪事をはたらきつつ、知らず識らず善事を楽しむ。これが人間だわさ」、「人間という生きものは、悪いことをしながら善（い）いこともするし、人にきらわれることをしながら、いつも人に好かれたいとおもっている・・・」（註9）と、人間の機微に通じた人情味溢れる言葉を思わず口にする。そこには、自分と他者、自分と人間社会という倫理学者和辻哲郎（1889～1960年）の言うところの「間柄的存在」の中に生きる人間への信頼感が垣間見えてくるのである。

　このような巨視的かつ複眼的な人間理解への眼差しをもつこと、そして、その眼差しを自己価値実現志向性の視点から豊かにしていくことこそ、本来的な意味での生きて働く力を育てること、すなわち「人間力」を育むことに結びついていくのである。

　学校教育では、このような人間力の培いが何よりも大切な姿勢であろう。そして、それを実現するためには自らをセルフコントロールする自己制御力、自分と他者との調和的で創造的な人間関係構築力、互いが尊重し合いながら自己価値実現志向的な生き方を目指そうとする価値志向意志力、これらの資質・能力が個々人の内面で調和的に開花させていくことが必要なのである。多様な側面をもつ人間存在としての子どもたちが、学校教育の場において「損在」として埋もれることなく、「尊在」として尊重されるなら、その社会的営みがもたらす効用は計り知れないものとなろう。

　ただ、言うのは容易いことである。しかし、現実的にはつい外部から比較的見えやすい学力の育みに目を奪われがちとなるのである。そして、個々人に内包される潜在的資質・能力、未来展望的な可能性といった生きる力を支え、発展させる見えにくい学力は後回しにされがちになるである。よって、人間力の育みは、感性的な人間理解という視点から出発しなくてはならない。そのためには、各々の主体的な学びを支える個々人の自己意識、社会的・道徳的価値観といったトータルな力をどう培っていくのかという学校教育構想を導き出すための方法論が必要となってくる。人間力形成の基となるコア・コンピテンシーを育むための教育課程編成はどうあるべきか、各教科等におけるカリキュラム

構成やカリキュラム・マネジメント（curriculum management：教育計画の適切な管理・運用）をどう進めるべきなのかという理論や方法論を抜きにしては語れないのである。

　ここで問う人間力の育みとは、究極的には「感性的な人間理解」の視点に立って人間特有の本性としての善を志向する性質、人間らしさとしての人間性を開発することに他ならない。それは、個々人が自己価値実現を可能にするための資質・能力の育みを一人の人間の育ちとしてホリスティック（holistic：包括的）な視点から進めていこうとすることそのものであり、そのための「豊かな学び」を創造する理論や方法論の基礎を検討することが本書で意図するところである。

【第1章の引用文献】
(1)　I．カント　『教育学講義他』勝田守一・伊勢田耀子訳　1971年　明治図書　pp.12～15
(2)　横山利弘　『道徳教育とは何だろう』　2007年　暁教育図書　p.38
(3)　貝原益軒　『養生訓・和俗童子訓』石川謙校訂　1961年　岩波文庫　p.207
(4)　村井　実　『教育思想～発生とその展開～』　1993年　東洋館出版社　p.12
(5)　日本学校教育学会編『東日本大震災と学校教育』　2012年　かもがわ出版　p.23
(6)　人間力戦略研究会　『人間力戦略研究会報告書』　2003年　内閣府公表資料　Ⅱ．「人間力の定義」①～③より引用
(7)　國學院大學　『人間開発学部ガイドブック～ヒトを育てる人になる～』　2012年度版　p.1　学部長挨拶「ようこそ、人間開発学部へ！」より引用。著者が所属する國學院大學人間開発学部では「未来志向型」人づくり学部として「損在」を「尊在」へ、「教育の前にその根底にある人間開発」という理念を全教職員で共有している。
(8)　I.D.イリッチ　『脱学校の社会』東洋、小澤周三訳　1977年　東京創元社　p.13
(9)　池波正太郎　『鬼平犯科帳』2「谷中・いろは茶屋」2000年　文春文庫　p.74、p.91

【第1章の参考文献】
(1)　新井郁男・牧昌見編　『教育学基礎資料』　2009年　樹村房
(2)　三井善止編　『教育の原理』　2002年　玉川大学出版部

(3) 大浦　猛　『教育の本質と目的』　2007年　学芸図書
(4) O・F・ボルノウ『教育を支えるもの』森昭・岡田渥美訳　1989年　黎明書房
(5) 行安　茂　『人間形成論入門』　2002年　北樹出版
(6) 安彦忠彦　『教育課程編成論』2002年　放送大学教育振興会
(7) 市川伸一編　『学力から人間力へ』　2003年　教育出版
(8) 有園　格　『人間力を育む学校づくり』　2006年　ぎょうせい
(9) 山田恵吾・貝塚茂樹編　『教育史からみる学校・教師・人間像』　2005年　梓出版社
(10) 日本学校教育学会編　「人間力と学力の関係を問う」　『学校教育研究』22号　2007年　教育開発研究所
(11) 日本教育方法学会編　『現代カリキュラム研究と教育方法学』2008年　図書文化

第2章　教育課程編成の基本原理とその内容

1　公的枠組みとしての教育課程
（1）公教育の目的と意義

　近年の学校教育は、様々な面からその制度や組織運用システムの是非を巡って社会的な批判にさらされてきた。特に、いじめや学級崩壊、不登校、校内暴力等、子どもの問題行動の顕在化、学力低下論に端を発した「学びからの逃走」（註1）と揶揄される学びの質と意欲の低下に起因した子ども間の学力格差拡大化傾向、教師の指導力にかかわる資質・能力や人間力も含む教職専門性への不信感、学校という閉鎖性や事なかれ主義による隠蔽体質の露呈等々の問題から、社会の不満が噴出している昨今の状況である。しかし、それはアジア・太平洋戦争へ突き進んだ戦前教育の在り方の反省に立って構築された戦後教育体制が半世紀以上を経て制度疲労を起こしていることに起因するものではないだろう。むしろ、学校教育に向ける社会の「まなざし」が変質したことが大きな要因であろう。また、同時に「教育」もしくは「学校」という枠組みそのものの捉え方が、社会状況の推移とともに変質してきていることも事実である。

図2-1　教育の基本的な枠組み

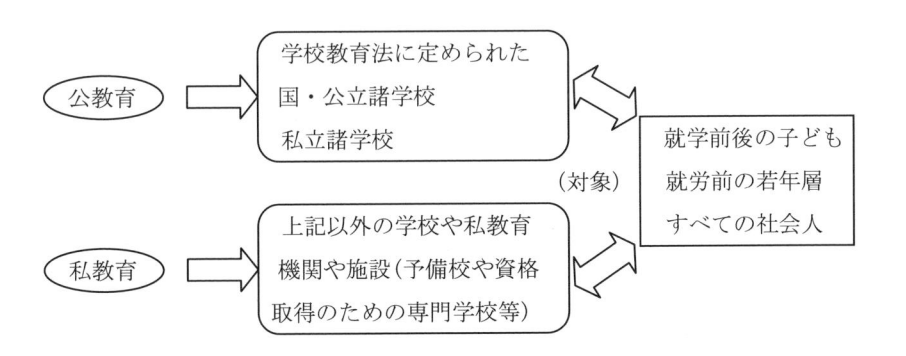

公教育	→	学校教育法に定められた国・公立諸学校　私立諸学校
私教育	→	上記以外の学校や私教育機関や施設（予備校や資格取得のための専門学校等）

（対象）⇔ 就学前後の子ども　就労前の若年層　すべての社会人

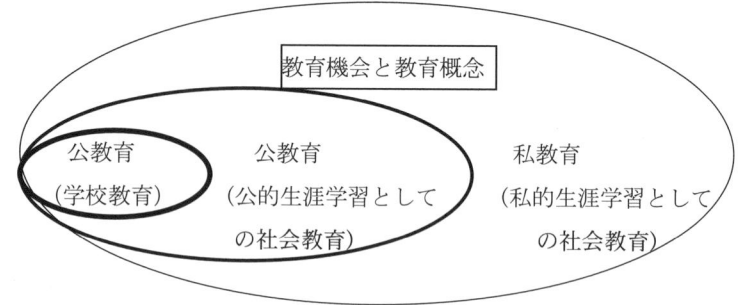

図2-2 教育における私教育と公教育の関係性

```
          ┌─────────────────┐
          │ 教育機会と教育概念 │
          └─────────────────┘
   ╭──────────────────────────────────────────╮
   │ ╭─────╮    公教育         私教育          │
   │ │公教育│  (公的生涯学習として (私的生涯学習として│
   │ │(学校教育)│  の社会教育)    の社会教育)    │
   │ ╰─────╯                                 │
   ╰──────────────────────────────────────────╯
```

　一口に「学校教育」もしくは、「公教育」といっても、その範囲は広範にわたる。学校教育法第1条に定められた幼稚園、小学校、中学校、高等学校、中等教育学校、特別支援学校、高等工業専門学校、大学等々の文部科学省所管の教育諸機関もあれば、他官庁所管の各種学校等も学校と総称されている。

　さらに、幼児教育において幼稚園と同様の機能を果たしている保育所は厚生労働省が所管し、児童福祉施設として「保育所保育指針」に則って就学前教育の実質的な部分を担っている。また、近年では文部科学省と厚生労働省とが協議・運用する「認定こども園」（平成18年10月より施行）も幼児教育の重要な役割を担ってきている。このように設置形態による差異はあるが、生涯教育の視点で捉えればいずれも個の人格形成にとっては不可欠な学びの場であり、それぞれの目的に応じた教育目標を達成するため、それに相応しい教育課程が求められているのである。

　幼児教育同様に、学齢期における児童・生徒の教育においてもそれは多様である。学校教育法に則って公教育として認可された国・地方自治体、学校組合、私立学校法人等々が主体となって運営している学校もあれば、予備校等の私塾やフリースクール、企業内人材養成や各種資格取得等の特定目的をもって私的経営で運営されている私教育もある。

　なお、私立学校については、公的な目的性や公法に基づく私学助成金等の財政支援・組織管理等の規制を受けることもあって、その基本的な立場は公教育として位置づけられる。ただ、公教育であろうと、私教育であろうと、いずれ

にあっても、その教育目的を達成するためには施設・設備の確保、教育活動をするための人的な裏づけ、教育内容を構成する枠組みとしての教育課程を編成していることが重要な点である。

このように多岐にわたる「学校」「教育」の位置づけであるが、学校教育といった場合は一般的に公教育を指し示している。ここでは、公教育の目的とその意義についてまず明確にしておきたい。

《公教育の目的と意義》
①**教育の機会均等**（教育基本法第4条「教育の機会均等」）
　すべての国民に、その能力に応じた教育機会を提供されることの保証。
②**教育水準の保証**（教育基本法第5条「義務教育」第6条「学校教育」）
　国家・社会の形成者として必要とされる基本的な資質の育成保証。
③**義務教育無償制**（教育基本法第5条「義務教育」）
　皆教育保証のため、国・地方自治体が設置する義務教育学校は全て無償化。

教育関係者の間では、子どもの主体的な学びの視点から、かねてより「押しつけ教育」を忌避する風潮がある。しかし、国家や社会の維持・発展を前提とした国民皆教育システムとしての公教育制度は、そもそもそれ自体が「押しつけ」であることを是認しなければ成り立たない性質のものであることを、まずは押さえておきたい。

（2）学校教育の内容

日本国憲法や教育基本法の定めに則って、国や地方自治体は国民に対して全国的規模で義務教育機会の無償提供、教育水準の維持向上を図ることが義務づけられている。その教育施策の範囲は広範で、実に多岐にわたっている。それらを統一的に教育計画として策定し、滞りなく実施しなければ、学校教育は1日たりとも立ちゆかないのである。

学校教育を考える時、ついその具体としての教育内容のみに目を奪われがちである。しかし、教育活動が実効性をもって営まれるためには、それを維持していくという諸条件整備が不可欠なのである。学校施設や設備、教員配置等の

物的・人的な条件整備といった「教育の外的事項」を担う文部科学省や都道府県・市町村単位で設置されている教育委員会という教育行政機関があってこそ、「教育の内的事項」としての各学校での教育方法にまで及ぶ教育計画としての教育課程が成り立つのである。これら教育の外的事項を前提に、主体者としての責任をもって教育課程編成し、具体的な教育活動に邁進するのが学校や教師の本分であることを肝に銘じておきたい。

よって、各学校の教育課程編成の自主編成権は「教育をつかさどる」教師にあり、本来的に教育行政における「教育の内的事項」への介入や干渉は本来的に望ましい姿ではない。しかし、公教育としてどのような目標をもって教育課程を編成し、その結果としてどのような資質・能力を学習者に培うことができたのかという成果報告を国民や地域住民に対して行うのは、学校のみでなく教育行政側も同様である。いわゆる、ローカル・オプティマム(local optimum：地域にとって最適なものを提供すること)が求められる公教育にあっては、各学校がどのような教育課程を編成し、どのように成果を得ることができたのかという経緯を保護者や学校の置かれた地域に対して説明責任(accountability)として果たしていくのは当然な手続きなのである。

以上のようなことから、都道府県教育委員会のみならず、市町村教育委員会にあっても、地域性や子どもの実態を念頭に置きつつ主体性を発揮しながら作成した各学校の教育課程を「教育課程編成届」等の形式で報告させ、その状況掌握をすることで教育行政実施者として「教育の外的事項」ばかりでなく、「教育の内的事項」についても最終的な説明責任を果たす義務を共に負っているとするのが妥当な捉え方であろう。

ただ、教育行政側は学校教育の内的事項への不干渉・不介入が本来的には望ましいことを常に自覚しつつ、両者間の信頼関係構築に努力すべきである。そして、学校の主体性、教師のモラール(morale：目標達成への意欲や態度・士気)維持の観点から、必要以上の過度な内的事項への要求は厳に慎むべきである。

(3)「学校知」としての教育課程編成

ここまで述べたように、学校での教育活動はまさに具体的な営みである。よ

って、それは意図的かつ計画的であることが必須条件である。この意図的かつ計画的な視点から編成された教育課程の敷衍こそが学校教育の目的であり、活動内容そのものなのである。いわば、教師が授業等の教育活動を通じて学習者である子どもたちに伝える知識や技能、さらには多様な経験や価値観、態度に至るまでの文化伝達内容そのものが学校教育の範疇で扱う内容なのである。これを「学校知（school knowledge）」と総称している。

「学校知」を具体化する教育計画編成方法論としては、「構成論」「編成論」「開発論」といった幾つかの立場を異にする視点がある。

「構成論」という考え方は、学校や教師の主体性にすべて委ねられた教育計画作成法である。この作成方法は、眼前の子どもの学びを創るという視点に立って計画される反面、各学校の教師の力量に左右されるため指導内容のばらつきが生じやすく、公教育としての基準性を担保することが難しい問題もある。

次に、今日一般的に行われている「編成論」であるが、これは学習指導要領という国家基準に照らしての教育計画作成法である。学習指導要領に則った教科書に基づいて作成される傾向が強く、各学校間の格差は生じにくい。反面、均一化されることによって画一的な計画になりやすく、子どもや地域の実態との齟齬が生じやすい。

最後の「開発論」であるが、学習者の「学びの履歴（学習経験の蓄積）」といった視点を重視して教育計画を立案する立場に立つものである。この「カリキュラム開発論」では、各時間における子どもの学びの拡大や発展的な蓄積を重視するため、常に「授業評価分析」や教師の指導力量向上のための継続的な「現職研修」が不可欠である。学校全体としての高度な教師の指導力維持、子どもの学びの継続的評価という煩雑さが普及を阻む難点でもある。

以上のように、学校教育の教育計画編成においては様々な立場の異なる方法論が試行錯誤されてきたが、そこには次のような共通する必須要件が含まれることを見逃してはならないであろう。

《教育課程編成における必須要件》
① **公的枠組みとしての学習指導要領遵守**
　　全国均一の教育水準を確保するため、教育課程の枠組みや学年別学習内

容を国家基準として定めた学習指導要領に準拠することが前提である。
② **学校が担う社会的機能としての教育内容と学びの質的担保**
　知の体系の全体から「価値あるもの」として選択され、公的なものとして正当化された内容が教育計画である。そして、それらは国家や地域の社会的、文化的、経済的な礎となるものであり、その質的担保は必須である。なぜなら、学校は構造的再生産を可能にするための社会的機能を担うものであるからである。

2　教育課程編成と学習指導要領
(1) 学習指導要領の役割とその構成
　ここまでの繰り返しとなるが、学習指導要領（course of study）は言うまでもなく、学校教育法施行規則に基づくわが国の学校教育の教育課程に関する国家基準（national　standard）であり、学校知を構成する大本でもある。
　学習指導要領は、小学校、中学校、高等学校、特別支援学校と学校種ごとの教育課程におけるスコープ（scope：学びの内容・範囲）、シークエンス（sequence：指導の順序性・体系性）として文部科学大臣によって告示される。また、幼稚園にあっては幼稚園教育要領が同様に定められている。
　学習指導要領は、昭和22（1947）年に各学校が教育課程編成する際の手引き書的な役割を期待し、「試案」として当時の文部省から示された。この試案学習指導要領は昭和26（1951）年に一度改訂の後、昭和33（1958）年改訂より文部省告示となって法的拘束力が明確にされた。以降、現在までわが国における学校教育の内容と水準を担保するための指針としての役割を果たしている。
　なお、わが国の就学前教育制度は主に幼児期における教育の場としての機能に主眼を置いた幼稚園、勤労世帯の幼児を養護と教育によって保育（保護育成）するという児童福祉施設としての保育所、さらには保護者就労の有無を問わずに受け入れて教育と保育を一体的に行ったり、地域の子育て支援を進めたりする機能を併せもたせた認定こども園と、複線型の制度設計となっている。
　よって、幼児教育施設である幼稚園は文部科学省所管で、幼稚園教育要領が適応される。また、保育所は厚生労働省所管で、保育所保育指針が適応される。

さらに、平成18（2006）年から幼稚園・保育所一体化総合施設としてスタートした「認定こども園」では、保育対象、教育対象に応じて両省が協議して適切な運営をするための「認定こども園　設備運営基準」（平成18年8月告示）に基づいて運用されるといった複雑な制度設計となっている。このようなことから、今後の幼稚園・保育所一体化に向けた「総合こども園」構想等の共生システム構築が、わが国における就学前教育の喫緊の課題となっている。

　幼稚園教育要領も含め、学習指導要領は次頁に示す通り、対象学校種毎に幾つかの内容のまとまりで章立てされている。また、従来からの中学校、高等学校に加え、特色ある教育課程編成による学びの機会の多様化を意図して制度化された中等教育学校では、生徒の該当学年に応じた学校種の学習指導要領が適応される。さらに、平成19（2007）年から法制化された特別支援学校では、障害のある幼児・児童・生徒の自立や社会参加に向けた主体的な取組を支援するという視点から、障害児一人一人の教育的ニーズを把握し、そのもてる力を高め、生活や学習上の困難を改善または克服するために適切な指導と必要な支援を行うことを目的とした特別支援学校学習指導要領が示されている。そこでは、それぞれの学齢期の子どもに応じた学校種毎の学習指導要領内容に障害の困難さを主体的に改善・克服することを意図した「自立活動」が加えられている。

図2-3　学習指導要領と幼稚園教育要領の関係

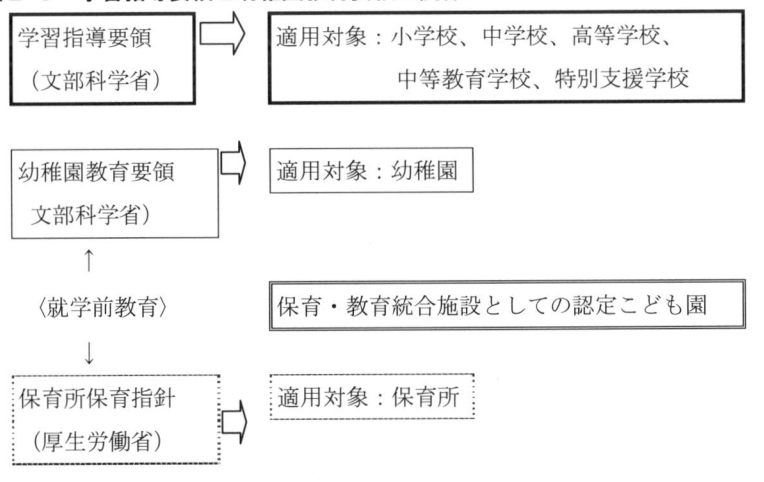

```
学習指導要領      ⇒  適用対象：小学校、中学校、高等学校、
（文部科学省）            中等教育学校、特別支援学校


幼稚園教育要領    ⇒  適用対象：幼稚園
（文部科学省）
   ↑
〈就学前教育〉       ┌──────────────────┐
                    │保育・教育統合施設としての認定こども園│
   ↓                └──────────────────┘
保育所保育指針    ⇒  適用対象：保育所
（厚生労働省）
```

《学校種別「教育要領」・「学習指導要領」の章立て》
〈幼稚園教育要領の構成　＊幼稚園にあっては「幼稚園教育要領」と称する〉
　第1章・・・総則
　第2章・・・ねらい及び内容（健康、人間関係、環境、言葉、表現の各領域）
　第3章・・・指導計画及び教育課程に係る教育時間の終了後等に行う教育活動などの留意事項

〈小学校学習指導要領の構成〉
　第1章・・・総則
　第2章・・・各教科（国語、社会、算数、理科、生活、音楽、図画工作、家庭、体育の各教科）
　第3章・・・道徳
　第4章・・・外国語活動
　第5章・・・総合的な学習の時間
　第6章・・・特別活動（学級活動、児童会活動、クラブ活動、学校行事）

〈中学校学習指導要領の構成〉
　第1章・・・総則
　第2章・・・各教科（国語、社会、数学、理科、音楽、美術、保健体育、技術・家庭、外国語）
　第3章・・・道徳
　第4章・・・総合的な学習の時間
　第5章・・・特別活動（学級活動、生徒会活動、学校行事）

〈高等学校学習指導要領の構成〉
　第1章・・・総則
　第2章・・・各学科に共通する各教科（国語、地理歴史、公民、数学、理科、保健体育、芸術、外国語、家庭、情報）
　　　　　　★各教科の下に細教科領域分野として科目が設定されている。

第3章・・・主として専門学科において開設される各教科
第4章・・・総合的な学習の時間
第5章・・・特別活動（ホームルーム活動、生徒会活動、学校行事）

　また、これまで障害種別に盲学校、聾学校、養護学校と称されていた各学校は、平成18（2006）年6月に「学校教育法等の一部を改訂する法律」が公布され、現在では「特別支援学校」と名称が一本化されている。この特別支援学校の教育課程にあっては、平成21（2009）年3月告示の「特別支援学校幼稚部教育要領」「特別支援学校小学部・中学部学習指導要領」「特別支援学校高等部学習指導要領」として学校教育法に基づいて別途定められている。

《「学校教育法」第8章「特別支援教育」の記述についての抜粋》
第七十二条　特別支援学校は、視覚障害者、聴覚障害者、知的障害者、肢体不自由者又は病弱者（身体虚弱者を含む。以下同じ。）に対して、幼稚園、小学校、中学校又は高等学校に準ずる教育を施すとともに、障害による学習上又は生活上の困難を克服し自立を図るために必要な知識技能を授けることを目的とする。
第七十四条　特別支援学校においては、第七十二条に規定する目的を実現するための教育を行うほか、幼稚園、小学校、中学校、高等学校又は中等教育学校の要請に応じて、第八十一条第一項に規定する幼児、児童又は生徒の教育に関し必要な助言又は援助を行うよう努めるものとする。
第七十七条　特別支援学校の幼稚部の教育課程その他の保育内容、小学部及び中学部の教育課程又は高等部の学科及び教育課程に関する事項は、幼稚園、小学校、中学校又は高等学校に準じて、文部科学大臣が定める。

　具体的に幼稚園教育要領と特別支援学校幼稚部の教育要領を対比的に比べると、第2章「ねらい及び内容等」に健康、人間関係、環境、言葉、表現の各領域と並んで「自立活動」の内容が述べられている。また、特別支援学校小学部・中学部学習指導要領の対比では、第7章でやはり「自立活動」について述べられている。さらに、特別支援学校高等部学習指導要領では第2章「各教科」第1

節と第2節、第3章「道徳」、第6章「自立活動」等で「特別支援学校」と明記されてその教育内容が述べられている。教育課程編成において、学習者個々のニーズに対応した教育内容と基準が示されている点に着目することが重要である。

（2）学習指導要領の意義および変遷

　学習指導要領は、法的拘束力をもつ教育の国家基準である。これが公教育全般に機能することでわが国の教育水準は保たれ、教育の機会均等を実現することにも大いに関係してくる。公教育、とりわけ義務教育学校においての学習指導要領の機能的な目的は、再掲となるが、以下の2点である。
《公教育における学習指導要領の機能的目的》
　① 教育の機会均等・・・権利としての教育機会均等を保証すること。
　② 教育水準の保証・・・教育結果においては最低水準を保障すること
　★前提として義務教育学校における教育は無償であること
　義務教育としての国民皆教育を保証するためには、国・地方自治体が設置する義務教育学校にあってはすべて無償でなければならないと同時に、全国どこで学んでもそこで身に付けるべき資質・能力は一律であらねばならない。そして、国民として求められる資質・能力に関する最低限の内容は国家によって担保されなければならないのである。その担保すべき教育水準（最低基準:minimum-standard）として示されるのが、国家基準としての学習指導要領ということになる。よって、学習指導要領はその点で国民すべてに対する教育サービス内容の保証と表裏一体の関係にあるといえるであろう。なぜなら、それを義務教育に限定して捉えるなら、国民一人一人の進学や就職、生涯にわたる社会生活において不利益を被らない状況を政策として担保することを前提にしているからである。

　このようなことから、国家基準としての学習指導要領が円滑に機能し、その成果を社会全体へ敷衍していくためには、やはり一定の拘束力が必要である。しかし、学習指導要領がもつ法的根拠に対する捉え方や、その影響力行使についての考え方も時代的背景によって異なってくるのは自明のことである。

　わが国における戦後教育草創期（1947年以降）から今日までを辿ると、学習

指導要領の時代的推移をおおよそ3期に区分することができる。特に、草創期の昭和22(1947)年3月に最初の学習指導要領として示された『学習指導要領一般編（試案）』は、アメリカのコース・オブ・スタディを模範としたもので、その内容に盛り込まれた教育目標、教育課程、指導方法、指導結果の考査法等の一般的概説編集はやや偏りが見られた。そこでの原則として取り上げられた「すべてが民主主義的な基礎の上に立つ」「自由と責任の原則」「社会の要求に応ずる」「児童の要求に応ずる」といった方針について藤田祐介等（2003年）は、「つまり、児童中心主義的、経験主義的な要素が教育内容に取り入れられ、指導原理となったのである」（註2）と、占領下にあった当時のわが国教育界の特殊事情を指摘するのである。

学習指導要領は、それからほぼ10年に1度の周期で改訂を重ねてきた。しかし、今日のような社会状況の変化が激しい現代社会においては、そのメルクマール（指標）としての役割すら陳腐化させる程に加速化していることを忘れてはならないであろう。

《小・中学校学習指導要領の内容に見る時代的変遷》
第1期・・・経験主義教育モデル提示期（1947年および1951年の改訂）
　　　　＊法的拘束力のない教育課程「試案」として示された時期
①昭和22(1947)年の学習指導要領(試案)内容　＊生活経験主義による教育
　〈教育課程の構成〉
　・小学校：教科（自由研究を含む）
　・中学校：必修教科（職業科含む）と選択教科（自由研究含む）
　〈年間総授業時数　＊（ ）内は週平均時数〉
　・小学校：770(22)〜1,190(34)時間　中学校：1,050(30)〜1,190(34)時間
　〈学習指導要領としての特色〉
　・小学校、中学校ともに「自由研究」が教科として位置づけられていた。
　・中学校必修教科の中に「職業科」が位置づけられ、農業、商業、水産業、工業、家庭といった実業内容が取り上げられた。

②昭和26(1951)年の学習指導要領(試案)内容　＊経験主義教育と単元学習
〈教育課程の構成〉
・小学校：教科(自由研究廃止)と教科外の教育活動
・中学校：教科(体育→保健体育、職業科→職業・家庭科)と特別教育活動
〈年間総授業時数　＊( )内は週平均時数〉
・小学校：870(23)～1,050(28)時間　中学校：最低時数 1,015(29)時間
〈学習指導要領としての特色〉
・従来の「教科課程」(小)「学科課程」(旧制中)が「教育課程」へ改称。
・小学校、中学校ともに「自由研究」が廃止され、小学校に「教科外の活動」、中学校に「特別教育活動」が教科外の一領域として位置づけられた。
・各教科を全国一律に固定時数で拘束することは不可能として、小学校では教科を学習技能発達に視点をおいた国語・算数領域、問題解決経験の発展を意図した社会科・理科領域、創造的表現活動を主眼とした音楽・図画工作・家庭領域、健康保持・増進を助ける体育科領域と、4つの経験領域に分け、各領域の授業時数は総授業時数からの配当比率(％)で定めた。
・小学校国語で毛筆習字が復活(第4学年以上)した。

第2期・・・系統性重視と法的拘束力強調期（1958年および1968年の改訂）
　　　　＊法的拘束力を背景に教育課程へ影響を及ぼした時期
③昭和33(1958)年の学習指導要領内容　＊授業時数増と問題解決学習の重視
〈教育課程の構成〉
・小学校：教科および道徳
　＊以降、年間授業日数は35週(第1学年は34週)とし、1単位時間は45分。
・中学校：必修教科と選択教科、道徳、特別教育活動
　＊以降、年間授業日数は35週とし、1単位時間は50分。
〈年間総授業時数　＊( )内は週平均時数〉
・小学校：最低時数 816(24)～1,085(31)時間(道徳は年間35時間＊1学年34)
・中学校：最低時数　必修945(27)～840(24)時間、選択105(3)～210(6)時間、道徳35時間、特別教育活動35時間

〈学習指導要領としての特色〉
・従来の生活経験重視の経験主義による教育課程を改め、科学性や論理性を重視した系統主義的な教育課程へと移行した。
・学習指導要領は官報へ「告示」という公示形式がとられ、教育課程の国家基準として法的拘束力を有するようになった。
・道徳教育充実のため、小・中学校に「道徳の時間」が特設され、教育課程の構成が各教科、道徳、特別教育活動、学校行事の4つとなった。
・基礎学力(いわゆる3R's(読み=read、書き=write、計算=arithmetic))の充実を図るため、小学校国語と算数の時間数が増加した。
・科学技術向上の観点から、中学校「職業・家庭科」が「技術・家庭科」へ改められた。

④昭和43(1968)年の学習指導要領内容　＊中学校改訂は44年
　＊「能力主義」の教育施策を背景にした「教育内容の現代化」へ転換
〈教育課程の構成〉
・小学校：教科および道徳、特別活動
　＊特別活動は、児童活動(学級会、児童会、クラブ)、学校行事、学級指導。
・中学校：必修教科と選択教科、道徳、特別活動
　＊特別活動は、生徒活動(学級会、生徒会、クラブ)、学級指導、学校行事。
〈年間総授業時数　＊( )内は週平均時数〉
・小学校：標準時数 816(24)～1,085(31)時間　(道徳は年間35時間)
・中学校：標準時数　必修840(24)～805(26.6)時間、選択140(6)時間、道徳35時間、特別活動50(1.4)時間
〈学習指導要領としての特色〉
・授業時数が従前の最低時数から標準時数に改められた。
・小・中学校の教育課程は、各教科、道徳、特別活動の3領域となった。
・小・中学校の算数・数学、理科において、「教育内容の現代化」が図られた。
・中学校のクラブ活動が必修となった。

第3期・・・人間性重視・実施主体尊重期（1977年以降から現在までの改訂）
　　　　　＊法的拘束力より教育課程編成者の主体性・自発性尊重期へ

⑤昭和52(1977)年の学習指導要領内容
　　＊人間中心カリキュラムへ転換した「ゆとり教育」で授業時数削減へ
〈教育課程の構成〉
・小学校：教科、道徳、特別活動
・中学校：必修教科と選択教科、道徳、特別活動
〈年間総授業時数　＊( )内は週平均時数〉
・小学校：標準時数 850(25)～1,015(29)時間(道徳35、特別活動35～70)
・中学校：標準時数　必修840(24)～805(23)時間、選択105(3)～140(4)時間、道徳35時間、特別活動70(2)時間
〈学習指導要領としての特色〉
・基本的な生活習慣の獲得、社会規範意識の涵養、自己抑止力等、教育荒廃を背景とした人間としての「生き方」教育重視へ転換した。
・生涯にわたる人間形成の基礎を培うために必要な基礎的・基本的内容の習得、自己教育力の育成が図られた。
・健康教育充実の視点から、道徳、特別活動、保健体育など関連教科の在り方が問われた。
・学習指導要領の大綱化が図られ、多様な創意工夫ある指導が可能となった。

⑥平成元(1989)年の学習指導要領内容
　　＊新学力観(知識獲得から学びの主体性重視へ)による豊かな人間性育成
〈教育課程の構成〉
・小学校：教科、道徳、特別活動
・中学校：必修教科と選択教科、道徳、特別活動
〈年間総授業時数　＊( )内は週平均時数〉
・小学校：標準時数 850(25)～1,015(29)時間(道徳35、特別活動35～70)
・中学校：標準時数　必修840(24)～700(20)時間、選択105(3)～280(8)時間、道徳35時間、特別活動35(1)～70(2)時間

〈学習指導要領としての特色〉
・学校教育が国際化、情報化、少子・高齢化社会に向けて生涯学習の基礎を培うという観点から、体験学習や問題解決学習が重視された。
・小学校低学年の社会科、理科が廃止され、「生活科」が新設された。
・中学校選択教科の履修幅を拡大し、習熟度別指導の導入が進められた。
・儀式的行事等における国旗・国歌の取扱いが明確化された。

⑦平成10(1998)年の学習指導要領内容
　＊完全学校5日制の下での「生きる力」と「確かな学力」の育成
◇学力低下論争の余波で、平成15(2003)年に学習指導要領が一部改訂された。
〈教育課程の構成〉
・小学校：教科、道徳、特別活動、総合的な学習の時間（3～6学年）
・中学校：必修教科と選択教科、道徳、特別活動、総合的な学習の時間
〈年間総授業時数　＊（）内は週平均時数〉
・小学校：標準時数 782(23)～945(27)時間（道徳35、特別活動35）
・中学校：標準時数　必修880(26)～580(17)時間、選択0～165(4.7)時間、道徳35時間、特別活動35時間、総合的な学習の時間70～130時間
〈学習指導要領としての特色〉
・ゆとり教育の視点から、小・中学校で学習内容3割削減、年間時数が70単位時間削減された。
・小・中学校で「総合的な学習の時間」が新設された。
・道徳や特別活動でボランティア活動や自然体験活動等の体験的な活動の充実が図られた。
・中学校で外国語が必修となり、クラブ活動が廃止された。
・中学校の技術・家庭科で「情報」に関する内容が取り上げられた。
・中学校において、「選択学習」の運用幅が一層拡大した。
・授業1単位時間(小学校45分、中学校50分)について弾力的な運用ができるようになった。
・教科の特質に応じて目標や内容が複数学年で示されるようになり、基準の

大綱化・弾力化が図られた。

⑧平成20(2008)年の学習指導要領内容＊知識基盤社会での「生きる力」育成
〈小学校教育課程の構成〉
・各教科、道徳、外国語活動、総合的な学習の時間、特別活動
(学校教育法施行規則第51条　別表第1より)

区　　分		第1学年	第2学年	第3学年	第4学年	第5学年	第6学年	合計
各教科の授業時数	国　語	306	315	245	245	175	175	1461
	社　会	＊	＊	70	90	100	105	365
	算　数	136	175	175	175	175	175	1011
	理　科	＊	＊	90	105	105	105	405
	生　活	102	105	＊	＊	＊	＊	207
	音　楽	68	70	60	60	50	50	358
	図画工作	68	70	60	60	50	50	358
	家　庭	＊	＊	＊	＊	60	55	115
	体　育	102	105	105	105	90	90	587
道　徳		34	35	35	35	35	35	209
外国語活動		＊	＊	＊	＊	35	35	70
総合的な学習の時間		＊	＊	70	70	70	70	280
特別活動		34	35	35	35	35	35	210
総授業時数		850	910	945	980	980	980	5636

(備考)
1. この表の授業時数の1単位時間は、45分とする。
2. 特別活動の授業時数は、小学校学習指導要領で定める学級活動(学校給食に係わるものを除く)に充てるものとする。
3. 第50条第2項の場合において、道徳のほかに宗教を加えるときは、宗教の授業時数をもってこの表の道徳の授業時数の一部に代えることができる。

〈中学校教育課程の構成〉

・教科、道徳、総合的な学習の時間、特別活動

（学校教育法施行規則第73条　別表第2より）

区　　　分		第1学年	第2学年	第3学年	合　計
各教科の授業時数	国　語	140	140	105	385
	社　会	105	105	140	350
	数　学	140	105	140	385
	理　科	105	140	140	385
	音　楽	45	35	35	115
	美　術	45	35	35	115
	保健体育	105	105	105	315
	技術・家庭	70	70	35	175
	外国語	140	140	140	420
道徳の授業時数		35	35	35	105
総合的な学習の時間の授業時数		50	70	70	195
特別活動の授業時数		35	35	35	105
総授業時数		1015	1015	1015	3,045

（備考）

1. この表の授業時数の1単位時間は、50分とする。
2. 特別活動の授業時数は、中学校学習指導要領で定める学級活動（学校給食に係わるものを除く）に充てるものとする。

◇**現行学習指導要領の基本的な考え方**
1．教育基本法改正（平成18年12月22日）等で明確となった教育の理念《人格の完成を目指し、平和で民主的な国家及び社会の形成者としての必要な資質（①学問の自由尊重、②幅広い知識と教養、③真理を求める態度、④豊かな情操と道徳心、⑤健やかな身体、⑥個人の価値尊重、⑦個人の能力伸長、⑧創造性、⑨自主・自律の精神、⑩勤労を重んじる態度、⑪正義と責任、⑫男女平等、⑬自他敬愛と協力、⑭公共心、⑮主体的な社会参画の態度、⑯生命尊重、⑰自然保護・環境保全、⑱伝統文化の尊重、⑲愛国心・愛郷心、⑳他国尊重と国際社会の平和的発展への寄与）を備えた心身ともに健康な国民の育成を踏まえ、「生きる力」を育成する。
2．「確かな学力」の確立については授業時数増を図り、基礎的・基本的な知識・技能の習得と、思考力・判断力・表現力等育成とのバランスを重視する。
3．道徳教育や体育等の充実より、「豊かな心」や「健やかな体」を育成する。

◇**教育内容の主な改善事項**
　①言語活動の充実
・国語をはじめ各教科等での記録、説明、批評、論述、討論などの活動重視。
　②理数教育の充実
・国際的な通用性、内容の系統性の観点から指導内容を充実。
・算数、数学・理科における反復（スパイラル）による指導、観察、実験、課題学習を充実。
　③伝統や文化に関する教育の充実。
・国語におけることわざ、古文、漢文の音読など古典に関する学習を充実。
・社会における狩猟・採集の生活や国の形成、近現代史の重視等の歴史教育、宗教、国宝や世界遺産等の文化遺産に関する学習を充実。
　④道徳教育の充実
・人間としてしてはならないことをしない・きまりを守る(小)、社会の形成への参画(中)など、発達の段階に応じて指導内容を重点化。
・体験活動の推進。
・先人の伝記、自然など児童生徒が感動する魅力的な教材を充実。

・道徳教育推進教師を中心とした指導体制を充実。

　⑤体験活動の充実
・特別活動等で発達段階に応じ、集団宿泊、自然体験、職場体験活動などの推進。

　⑥外国語活動の充実
・小学校5、6年に外国語活動を導入し、聞くこと、話すことを中心に指導。
・中学校で語数を増加(900語程度→1200語程度へ)、教材の題材の充実を図り、聞く・話す・読む・書く技能を総合的に充実。

　⑦社会の変化への対応の観点から教科等を横断して改善すべき事項
・幼稚園では幼小連携を推進、幼稚園と家庭の連続性を配慮、預かり保育や子育て支援を推進。
・環境、家族と家庭、消費者、食育、安全に関する学習を充実。
・情報の活用、情報モラルなどの情報教育を充実。
・部活動の意義や留意点を規定。
・特別支援教育における障害に応じた指導の工夫。
・「はどめ規定(詳細な内容事項は指導で扱わない等とした規定)」を原則削除。

図2-4　「生きる力」と「確かな学力」の概念構造

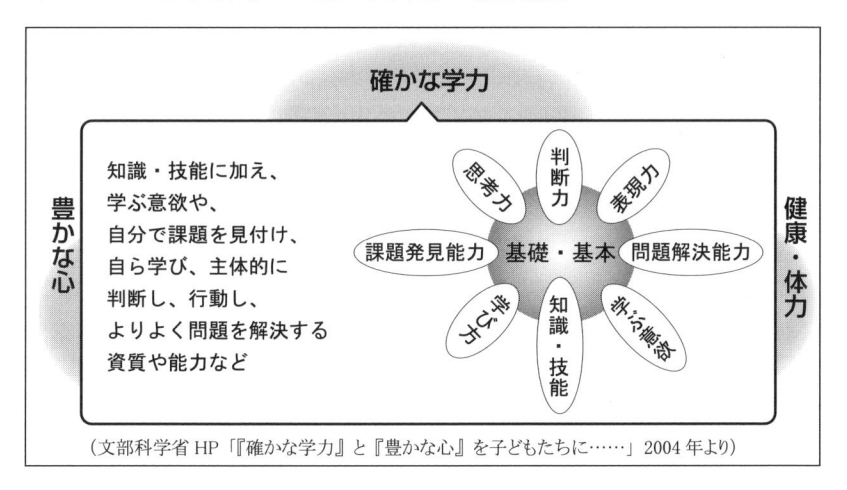

(文部科学省HP「『確かな学力』と『豊かな心』を子どもたちに……」2004年より)

＊「確かな学力」以下の隠れた二つの円は、「豊かな心」と「健康・体力」。

◇学習指導要領に見る学力構造と教育の進め方》

現行学習指導要領においては知識基盤社会における「生きる力」育成の観点から、学校教育で培うべき「確かな学力」を学ぶ意欲、課題発見能力、思考力、判断力、表現力、知識理解、学び方、問題解決能力といった資質・能力の総体として位置づけている。これらを日々の教育活動に当てはめると、どのような学習がイメージされるのであろうか。

学校教育において重視しなければならないことは、①基礎的・基本的な知識および技能を「習得」するとともに、②これらの「活用」を図る学習活動を通して、思考力、判断力、表現力等の育成を重視し、③その基盤となる言語に関する能力の育成等を図りながら自ら課題を発見・追求・解決しようとする「探求」的態度を身に付けさせていくことであろう。

より実践的な日々の学校における授業という具体イメージで語るなら、「**子どもが言語活動を重視しつつ主体的に学習へ取り組み、基礎的・基本的な知識や技能を習得しながらこれらを活用し、課題解決に必要な思考力、判断力、表現力等を自ら育んでいけるような体験的学習や問題解決的な学習活動を重視した授業**」ということになろう。

（3）学習指導要領に基づく教育課程編成の内容構造

学校において日々の教育活動として教師が子どもに施す内容は、広義には「文化内容」と考えられる。もちろん、文化内容の伝達という視点から捉えた場合、公教育としての学校教育のみでなく、カルチャー・スクールや各種専門学校、私塾等々での教育的営みもすべてこの中に包摂されることとなる。しかし、学校教育固有の機能的側面から捉えていくと、日常的な学校の教育的営みは文化内容の伝達のみではなく、学習者自身の価値創造的な側面も重視されている。学校教育において日々実施される様々な授業には、以下のような機能的概念が含まれる。

《授業のもつ意味概念的な2側面 (P.Jackson, 1986年による) 》
　①授業における模倣的様式 (mimetic mode)
　　模倣的様式とは再現（ミメシス）の伝統を概念に、知識や技能の伝達習

得を授業様式にしている。近代化に伴う増大した学智（確かな知：エピスメーテ）を効率的に文化伝承（伝達）するための授業概念が、この模倣的様式である。
②**授業における変容的様式**（transformative mode）
　変容的様式とは，ソクラテスの問答法(産婆術)を起源にする授業概念である。ソクラテスは単に知識・技能を教えるのではなく、対話を通して学習者自身の偏見や教条（ギリシャ語：doxa）を吟味して知を愛すること（哲学すること：philosophy）を目標とした。知識の再創造という授業概念である。

　学校教育の内容は、これらの機能的概念を踏まえながら学習指導要領に基づいて教育課程として組織されるのが一般的である。ただ、その時々の社会的要請によって学習指導要領が学校に求める学力（培う資質・能力）が異なってくることは言うまでもない。例えば、学習指導要領の時代的変容区分で第1期と位置づけられる「教育モデル提示期（学習指導要領が試案として示された戦後期）」では、新たな民主主義国家の担い手としての人材育成を意図し、授業においては子ども自身の問題意識や興味・関心に立脚して学習内容を構成していく経験カリキュラムとしての変容的様式が重視された。
　しかし、日本の社会が落ち着いてきて高度経済成長期に移行すると、それを担うための人材育成が求められるようなってきた。学習指導要領の時代的変容区分第2期の法的拘束力強調期では、当然のことであるが、学問体系で教科を分離する教科カリキュラム主体の模倣的様式が授業形式の主流となっている。
　カリキュラムの基本類型の詳細については後述するが、ここで大切なのはどちらかのカリキュラムへ極端に偏した教育課程編成とならないよう配慮することである。公教育としての学校教育にあっては、それぞれの教育活動の特質を踏まえながらカリキュラム構成し、バランスの取れた人材育成に努めることが求められるのである。
　なお、各学校での教育課程編成の具体的内容を構成する学習指導要領では、教科毎に示された「目標」と「内容」が「各教科教育内容」である。その各教科教育内容に対し、小・中学校における「道徳」および「特別活動」、小学校

外国語活動等の教育内容は「教科外教育」と呼ばれている。さらに，小学校第3学年から高等学校まで設定されている「総合的な学習の時間」は教科外教育に位置づけられているが，本来的には「時間」として位置づけられたものである。よって，学習指導要領では「目標」のみが示され，具体的な学習をするための「目標」や「内容」は各学校における主体的裁量権に委ねられている。

《各学校における教育課程の構成内容》
① 教科教育内容・・・各教科（＊高等学校にあっては各教科・科目）
② 教科外教育内容・・道徳、特別活動、外国語活動（小のみ）
　　　　　　　　　　＊これらの教育内容は一般的に「領域」と称される。
③ 時間としての教育内容・・・総合的な学習の時間（＊内容は各学校一任）
◇総合的な学習の時間の活動内容に関する例示（学習指導要領より）
A．横断的・総合的な課題（例：国際理解、情報、環境、福祉・健康等）
B．子どもの興味・関心に基づく探求的課題
C．地域や学校の特色に応じた課題などについて、学校の実態に応じた学習

　ここまで述べたように、学校の教育課程にはこのような「Ⅰ．文化伝承プロセス」として、あるいは学習者の自己変容を基底にした「Ⅱ．文化創造プロセス」としての教育計画が盛り込まれ、①「知識・技能・価値の文化内容」、②「体験・経験等の活動内容」、これらの双方の活動内容要素が含まれるのである。また、教育課程構成内容として挙げる教科教育、教科外教育ではその教育内容そのものも異なるが、決定的に異なる点はその教育活動における目標設定である。目標設定が異なれば、当然その指導法や教材、学習評価手続きも変わってくるのは言うまでもない。

　各教科等での教育内容は、それぞれの教科の特質に応じて系統的かつ発展的に配列されている。それに対して教科外教育は、その時間での指導成果というよりも学んだことが人間的な成長にどう寄与し、どう個の生き方に収斂されるのかといった長期的展望に立った教育活動である場合が多い。したがって、目標設定そのものに差違が生じてくるのは当然なのである。各教科・科目で身に付けた関心・意欲・態度をはじめとする思考力・判断力・表現力、技能、知識・

理解といった学習を支える資質・能力が教科外教育で発揮されたり、教科外教育で培った資質・能力が教科教育へ敷衍されたりする往還的関係なのである。

　教科教育と教科外教育の目標設定は、毎時間の授業における最終到達点となる学習活動としてのゴールが、内容的目標設定となっているか、活動そのものに意味をもたせた方向的目標設定となっているかが違いとなって表れる。

　教科学習では、その時間に到達すべき目標設定としてのゴールが明瞭である。例えば、小学校第3学年国語科で小単元「漢字の音と訓」を2時間扱いの学習計画で設定したとすると、1/2時間目の授業では「漢字には音読みと訓読みがあることを知り、その特徴を理解することができる」という、その時間で子どもたちに到達させるべき学習内容に関するゴールとしての到達目標が設定されるであろう。

　ところが、教科外教育では上述のような明瞭な目標設定にはならない。例えば、人間としての在り方や生き方そのものについて学習することが課題となる「道徳の時間」では、同じ小学校第3学年の主題名「わかり合える友だち」という授業での設定目標は、「互いに相手のことを理解し合えるよう努め、助け合っていこうとする心情を育む」といった方向的な目標設定となる。つまり、級友と互いの道徳的なものの見方・感じ方・考え方を語り合う過程で自分自身の在り方や生き方についての気づきを促すことそのものが目標となって、そこで目指すゴールはその時間だけで完結するようなものではなく、その学習以降もずっと追求していかなければならない継続的・発展的なものとなる。ならば、その時間の成果が問われないのであれば、目標設定する意味があるのかという疑念も生じようが、それは1回1回の授業での感情体験的な学びを丁寧に積み重ねていくことでしか、ねらいとする価値（例示したのは、信頼・友情についてであるが）についての自覚を促せないからである。望ましい集団活動を通じて、集団の一員としての自主的、実践的な態度や自己を生かす能力を育成することを目指す「特別活動」においても、その事情は同様である。学ぶべき内容が網羅された教科書があって、学習内容の定着度をテストや作品等で定量的に評価することが可能な教科教育と、教科書の中に一律に盛り込むべき具体的な学習内容を明示できず、学習結果をラベリングやランクづけしたりできない教

科外教育とでは自ずと目標設定が異なってくるのである。
《教科教育と教科外教育との目標設定の相違点》
　教科教育・・・内容的目標設定
　　　　　　各教科を構成する学習内容を体系的・発展的に習得させるために設定する具体的な到達内容が明示された目標設定である。
　教科外（領域）教育・・・方向的目標設定
　　　　　　個としての人格的成長を目指す上で求められる望ましい在り方や生き方を実現するため、継続性や発展志向性をもった目標設定となっている。
　総合的な学習の時間等・・・複合的目標設定
　　　　　　関心・意欲・態度、思考力、判断力、表現力、技能、知識・理解等の資質・能力形成を視野に置いて、それが教科や教科外教育と結びついたり、学習と日々の生活経験が結びついたりして、生きた学力としてトータルに機能する「知の総合化」によって個としての学び方や生き方への自覚までも促す広範的学習目標設定となっている。

3　教育課程編成の原理
（1）教育課程における内容選択原理と構成
　各学校の教育課程を構成する内容は、学習指導要領という教育の国家基準に基づいて具体的に編成されることとなる。
　もちろん、学習指導要領に示された目標や内容がそのまま各学校の教育課程に具現化されるわけではない。なぜなら、そこには学習者の学びとなる具体性を伴う詳細な内容事項、次の新たな学びを引き出したりする教材や資料といった具体的な学習材や学習活動形態まで示されてはいないからである。もちろん、それを日々の授業の中で効果的に活用するための指導法等も含まれていない。よって、授業展開まで見据えた教育活動内容の選択原理が働かなければ、各学校の具体的に機能する教育課程編成は叶わないのである。
　前章でも述べた通り、各学校が具体的な教育活動を伴って機能するための教

育計画としての教育課程は、対象校種・対象学年に応じて各教科、教科外（領域および時間設定としての総合的な学習の時間、学校裁量時間等）での学びの範囲としてのスコープ、学びの体系性や順序性としてのシークエンス、さらには学習者である子どもの発達段階や実態に即した活動欲求を考慮して決定されなければならないのである。

もちろん、公教育としての学校教育である限り、その編成過程では国や地方教育行政機関が示す教育方針にしたがうのはもちろんのこと、学校が置かれている地域性や子どもの実態、保護者や地域住民の思いや願い等も反映されたものとなるよう配慮しながら編成するのは言うまでもないことである。

このように、法令や文部科学省令、さらには各地方教育委員等の方針を踏まえ、学習指導要領に基づいて地域性や子どもの実態、保護者・地域の要望等を活かしながら編成される各学校の教育課程であるが、そこには一定の基本原理がある。「学校知」と称される各学校の教育課程の内容は、以下のような一定の原理によって選択・構成される。

《教育内容選択の基本原理》
　①学問的要請・・・より上位の学問的活動をする上で必要とされる内容
　　　例：医学を学ぶ前提として教科「生物」を履修していること等
　②社会的要請・・・その時代や将来の社会が次世代の構成員に求める内容
　　　例：国際理解化、情報化、環境保全、少子高齢化、福祉・健康等
　③心理的要請・・・学習者の発達段階や個性の違いにより必要とされる内容
　　　例：子どもの興味・関心、学びへの欲求、発達段階との適合性等
　④人間的要請・・・人間の独自性や固有性、他生物との共生を問う内容
　　　例：人間存在にかかわる倫理、環境、人権、平和等の内容領域

教育課程（curriculum）編成における第一歩は、教育目的を具現化するために設定した教育目標に則って、学習者の発達段階等に即して身に付けるべき学習内容を学年別、月別、教科・領域・時間別に構造化していくことにある。

いわゆる、教育課程編成のための内容構成とその順序の確定である。前者はスコープ（scope：学びの範囲）と呼ばれ、後者はシークエンス（sequence：学

びの系統性や順序性）と呼ばれている。このスコープとシークエンスとで構造化したものが、つまり各学校における教育課程である。

図2-5　学校における教育課程の構造

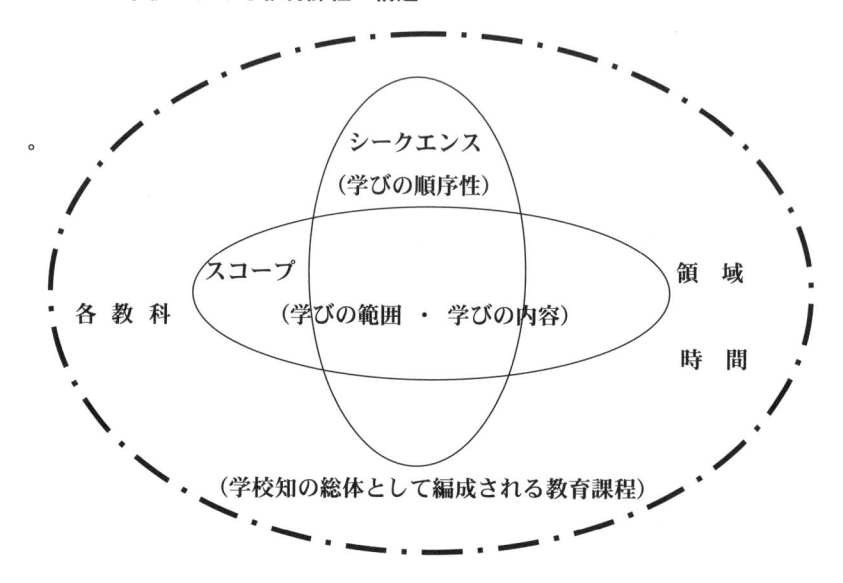

```
                    シークエンス
                   （学びの順序性）

           スコープ                    領　域
  各 教 科
           （学びの範囲・学びの内容）
                                      時　間


        （学校知の総体として編成される教育課程）
```

《教育課程の基本要素》
　◇スコープ：教育内容として何を選択するかという「学習範囲」や「学習領
　　　　　　域」のことである。これが教育課程編成における前提となる。
　◇シークエンス：選択された教育内容をどのように配列するかという「順序
　　　　　　　性」や「系統性」を意味する。子どもの発達段階との関連
　　　　　　　で重要なファクターとなる。

　上図に少し解説を加えると、スコープとシークエンスが重なり合う部分が学習指導要領で規定された学びの内容、つまり、学校の教育課程として全国のどの子どもも共通して学ぶ共通領域部分である。そして、スコープとシークエンスの重なりから突出している範囲が共通的な学びから発展（個としての興味・関心に基づく先行的な学びや個別的な学習経験、発展的な学習経験）して学ぶ

個人領域の部分となる。その点で、共通領域部分となる学校の教育課程をどのように編成するのかという創意工夫によって、子ども個々の個別な学びへと発展する可能性も拡大すると考えられよう。

つまり、教育課程編成において、その基本要素であるスコープに何を盛り込み、シークエンスとして何をどのように体系づけていくのかと考えていった時、学習者への「学習転移（transfer of learning： ある学習が後の異なる学習促進へ及ぼす影響）」という視点から捉えていく必要があるということである。したがって、各学校での教育課程が学習者の後々の学びにまで影響を及ぼす学習転移という側面から考慮すると教育課程の二面的な考え方が見えてくる。

《学習転移の側面からみた教育課程の二面性》
　①構造化された知識としての教育課程
　教育課程は、あくまでも構造化された知識と捉えて編成をすればよいとする考え方である。よって、横糸としてのスコープと縦糸としてのシークエンスをいかに有機的かつ機能的に網羅していくのかという視点が重視される。
　②学びの経験の積み重ねとしての教育課程
　教育課程は、子どもの学びの経験の総体であるという立場に立つ。よって、個々の子どもたちにどのような学びの経験を積み重ねていくことが必要なのかという視点から、スコープとシークエンスを考慮して教育課程編成をすべきであるというカリキュラム論的な考え方が重視される。

　前者の発想は、学校教育活動の総体である教育内容の計画、教育活動実践のための公的な計画の枠組みとして教育課程編成しようとする側、いわゆる、教育を施す教師側の立場を鮮明にした考え方である。後者の考え方は、学習者である子どもの連続的に拡大する学習経験の総体としてカリキュラム論的に捉えて教育課程編成する立場である。
　わが国の教育課程編成の実情からいえば、「教育課程論的視点」、つまり学校や教師側の視点から編成されることが一般的傾向となっている。もちろん、小学校生活科や各学校種における総合的な学習の時間等においては、学校の実態や子どもの主体的な学びを求め、適宜「カリキュラム論的視点」を盛り込むと

いった混在型の手法による工夫がされていることは付しておきたい。

（2）学校における教育課程編成の視点

　前節でも触れたように、各学校における教育課程は教育内容選択原理に基づいて編成されるわけであるが、現実的対応場面においては矛盾が露呈するようなことも少なくない。つまり、学問的要請としては必須であるが、子どもの学習負担への配慮として意図的に教育課程編成段階で除外するといった問題も過去には生じている。いわば、国家基準として定められた学習指導要領に基づく教育目標達成と、子どもや保護者・地域の要請として求められる受験学力形成に関する公然と語られない現実的基準の兼ね合いの矛盾等はダブル・スタンダード（double standard）問題として日常的に生じているのも現実である。

　例えば、大学医学部進学の際に必須であろう高等学校での履修科目「生物」が受験科目から除外されていたり、大学で経済学を学ぼうとする受験生が「数学」を選択しなかったりといった混乱は、かつて幾度も問題点として指摘されてきた経緯がある。

　また、平成18（2006）年に社会問題化した公立高校8%、私立高校20%が該当したとされる必修教科（1994年から世界史を含む2科目が必履修科目となった地理歴史科において世界史を取り扱わなかった事例や、2003年に必履修教科として新設された情報科を取り扱わなかった事例等の裏カリキュラム問題）の未履修偽装疑惑は、大学受験学力保証と学校5日制に伴う授業時間数削減下での学習指導要領遵守の困難さを露呈した事例であろう。学習指導要領に基づくトータルな学力形成と受験学力形成のダブル・スタンダード問題の解消はその時々の学校における教育課程編成における良心にかかわる課題でもある。

　これらの諸課題を踏まえた教育課程は、具体的にどのような手続きで編成されるのであろうか。教育課程編成の構成要件も視座しながら検討してみたい。

　一般に教育課程を編成する場合、その前提となるのは学齢主義を前提として編成するのか、それとも課程主義という履修原理等上の立場で進めるのかがまず問われよう。

　わが国の義務教育では、就学猶予または免除（学校教育法第18条により、

病弱や発育不完全その他やむを得ない事由に限って、就学困難と認める法的措置）等の事情がなければ、学齢に達すると誰もが小学校へ入学し、6年間経てば卒業となって、そのまま中学校へ進学し、9年間を経て誰もが義務教育を終了することになる。このように、就学義務年齢に応じた教育課程編成にする立場を学齢主義という。それに対し、高等学校や大学等の中等・高等教育においては、学習者の課程内容の履修状況に応じて原級留置（落第・留年）といった措置がなされる教育課程編成の立場が課程主義と呼ばれるものである。

　そのような教育課程上の履修原理の前提に立ち、編成上の具体的な構成要件を満たしつつ計画されるのが学校における教育課程である。

《教育課程編成の構成要件》
【Ⅰ　基本要件】
　①学校教育の目的や教育目標
　　　・教育理念や校風・校訓、学校教育目標や教育方針
　②学校教育計画の構造
　　　・スコープとシークエンスとを構成する教育内容や系統性の構造
　③前提となる履修原理
　　　・学齢主義か課程主義か、必修か選択か
【Ⅱ　教育条件】
　①時間配分
　　　・年間・月別教育活動の流れ、日課表、各学年・教科別日時数配当等々。
　②学習集団編制
　　　・編制規模、固定的集団か目的別集団か、同質集団か異質集団か等々。
　③教員配置
　　　・学級担任制か教科担任制か、ＴＴ指導（team teaching：複数の教師が協力して指導する授業方法）か少人数指導（学ぶ側の学習状況に配慮するための少人数によるきめ細やかな授業形式）か等々。
　④施設・設備・教材・教具
　　　・学校の各種教育施設や特別教室・普通教室の配置やスペースの確保状況、教材や教具・教育機器等の種類や数量等々。

【Ⅲ　環境条件】
①学習者の実態
・そこに在学する児童・生徒の学力やモチベーション、ニーズ等々。
②保護者・地域社会
・学校への期待、支援体制、地域文化等々。
③学校の環境
・地域の文化的・社会的な特色、伝統、各種教育資源の有無等々。
④地域諸学校との連携
・学校評価の視点も含めた就学前教育機関、下学校、上学校、特別支援学校、近隣学校等との連携状況等々。

　上述のような教育課程編成要件を踏まえ、実際に各学校の独自で個性溢れる教育計画として立案していくのは、やはり日々子どもたちを前にしている教師である。よって、その編制主体となるのは学校教育法において「校長は、校務をつかさどり、所属職員を監督する」と規定されている学校の長、校長を責任者とはするが、全教員の責任においてなされるべきものである。
　学校は言うまでもなく組織体であるから、そこには校長、副校長や教頭、教務主任、学年主任、教科主任等のラインが存在する。その組織体としてのラインに基づいて全教員が共通理解し合い、協力し合って編成するところに単なるお飾りではない、実践的に運用され、改善しつつ日々機能する教育課程が創出されるのである。
　このような、実践的に改善されつつ活用される「生きて働く教育課程」として機能させていくためには、以下のような教育課程運用上の配慮事項が求められよう。

《教育課程運用における配慮事項》
①　レリバンス（relevance：教育内容の適切性）
　変化の激しい社会にあっては、その時々の教育内容の適切性が常に問われる。教育内容は社会や子どものニーズ、さらには現実社会の課題にマッチしなければならないからである。このレリバンスという用語には、現実の社

会的課題としての「社会的レリバンス」と、個々の子どもにとって意味のある学びとしての「個人的レリバンス」との2つの意味が含意されている。
② **タイム・オン・タスク**（Time on Task：指導計画の弾力的運用）
　決められた時間割や単位時間の枠に従ってただ授業構成するのではなく、指導課題や内容、子どもの学びの文脈に即して弾力的に指導計画を運用するフレキシブル・スケジューリング（flexible scheduling）によって教育課程を進めようとするのが、タイム・オン・タスクの発想である。
③ **タクト**（tact／(独)takt：教育的タクトと呼ばれる教師の応答力）
　同じ学年、同じ指導計画、同じ指導教材であっても、全く同一の授業には決してならない。なぜなら、そこには教師の子どもに対する応答力、組織力、指導技量の違いが授業に影響を及ぼすからである。教師が子どもと呼応し合い、調和的かつ適切に教育活動を展開するための教師力の主要素である「教育的タクト」の向上は不可欠であると同時に、教育課程実施において留意すべき重要な事柄でもある。教師力としての教育的タクトが十分に発揮されるような活動の場が設定できる教育課程編成の姿勢こそが必須なのである。

（3）カリキュラム・デザイナーとしての教師

　学校教育の教育課程が意味するのは単なる形式的な教育計画ではなく、これからの新しい時代を生きる子どもたちに必要とされる資質・能力を培うための「学びの総体」、つまり「学校知」であることが見えてくるであろう。
　現代の学校教育に求められているのは、その学校らしさとしての独自性、その学校ならではの特色ある教育が求められている。そのような活気と自信に満ち溢れた教育活動を具現化するのが、各学校における公的な教育枠組みとしての教育課程であり、個々の子どもの学びを組織化していく明文化された公的教育カリキュラム(official curriculum)である。言い換えると、**顕在的**カリキュラムである。それらの顕在的カリキュラムは、各学校が置かれた教育環境（地域性、子どもや保護者の教育への関心度、教師集団の専門性や士気等々）と緊密に関連し合って独自の学校文化を醸成する。このような公的カリキュラムに影響を及ぼす教育環境は明文化されていない見えないカリキュラム（裏カリキュ

ラム)、つまり潜在的(せんざいてき)カリキュラム(hidden curriculum)と呼ばれる。これらも肯定的に受け入れ、教育活動に相乗効果をもたらすようなカリキュラム編成を担う主役は誰かと問われれば、それは他ならぬ各学校の教師そのものである。教師一人一人が時代や地域のニーズ、子どもの思いや願いを受け止めつつ、眼前で展開する教育活動をデザインするところに教育課程編成やカリキュラム開発の神髄があるのである。教師はその意味で、今日の学校が求められる特色ある学校作り、地域や子どもたちの願いを具現化するカリキュラム作りを進めていくためのカリキュラム・デザイナーであると考えることができよう。

　もちろん、カリキュラム・デザイナーといってもそれは決して難しい役割ではなく、その学校としての教育力をどの方向に向けていくのかという極めてベーシックな課題への真摯(しんし)な対応ができればよいのである。

　カリキュラム・デザインの要素は、①「学びの構成」、②「学びの内容」、③「学びの手立て」である。この基本要素としての3本の軸が交差し合い、調和的に統合し合いながら学びを組み立てるようにしていくところに、日々子どもと対峙し、子ども一人一人の学びのニーズを理解している教師ならではのカリキュラム・デザイナーたる本領が発揮されるのである。その点では、日々の多忙感からつい研究実践先進校や教科書会社等が作成した教育計画のデッドコピーをしたくなるのを堪え、目の前の子どもや保護者・地域の思いや願い、そして専門職としての教師の誇りと自信が結晶したオリジナル・カリキュラムを編成していくところに学校知の創造が可能となるのである。

《カリキュラム・デザイン(curriculum design)の3要素》
　①学びの構成・・各教科・領域の目的に照らした目標設定、時間配分等。
　②学びの内容・・・どのような資質・能力形成を目指して何を学ばせるか。
　③学びの手立て・・学びを成立させるための教材、指導過程、指導法等。

　カリキュラムがプランニング(計画立案)でなく、デザイン(具体的な設計図案)だと称される背景には、どのような意味が内包されるのであろうか。

　後章ともかかわるが、カリキュラムがA.目的から目標へ→B.目標に即した教育的経験の選択→C.選択された経験の組織化→D.学習成果の測定・評価と

いう定式化されたものであるという「**工学的接近（technological approach）**」の立場に立つラルフ・W・タイラー(R. W. Tyler, 1949年)の古典的カリキュラム計画モデルは「タイラーの原理」と称され、プランニングといった発想に立つ。よって、学習者の習得度合いがチェックできる行動目標として予め設定されるので、学習過程が明確に系統化でき、構造化できるので、一定の知識や技能を習得するのには適したアプローチである。原理的には、一般的目標を具体的な知識・技能の習得という特殊目標まで明示し、より明確な行動目標設定さえできていれば、その学習過程で重視されるのは、教師よりも教材内容と教材配列であるとすることができる。

　それに対し、デザイナーである教師がカリキュラムを作成する際にA.「生活の中の学校」という視点からカリキュラムそのものに目的としての価値をもたせる→B.具体的で豊富なデータを収集してカリキュラムを構成していく→C.学習構造と学習形式と学習内容が構成される際に教師の創造性や発揮される、といったハロルド・O・ラッグ(H. O. Wragg, 1939年)の美学的・哲学的アプローチ、別称「**羅生門的接近（rashomon approach）**」と呼ばれる立場に立つカリキュラムモデルの発想である。

　このラッグの美学的・哲学的接近カリキュラムモデルがわが国で羅生門的アプローチと称されるのは、昭和49（1974）年に東京で当時の文部省が経済協力開発機構（OECD）の教育研究革新センター（CERI）と共同開催した「カリキュラム開発に関する国際セミナー」第2分科会でアメリカの教育心理学者J. M. アトキン（J. M. Atkin,）が従来の工学的アプローチとは異なるもう一つの方法、オルタナティブ（alternative）なカリキュラム構成方法として提唱した形容句に由来する。

　『羅生門』とは、芥川龍之介の小説『藪の中（1921年）』を映画化し、昭和26（1951）年にヴェネツィア国際映画祭で金獅子賞を獲得して世界にその名を馳せた黒澤明監督の作品名である。映画では、目撃者の誰もいない山中で発生した殺人事件を巡った裁判で、被害者の侍と妻、加害者の山賊、それぞれの証言が全く食い違うというミステリアスな展開とその顛末を描いている。つまり、物事の捉え方は人それぞれで正解は1つではないという隠喩（metaphor）であ

る。これをカリキュラムモデルとして援用すると、個々の学習者の学習目的やその目標は常に高次なものへと移行していくので、教師はそれぞれの個に応じた学習過程を柔軟かつ複線的、多様に展開できるよう配慮していくべきであるという考え方が生まれてくる。工学的アプローチではどの学習者も同一のレベルの知識や技能の獲得を目指すが、羅生門的アプローチでは学習者一人一人が学習成果として自ら創り出すもの、表現するものは多様で全く違うことを前提に教育内容や教材はそのきっかけになればよいといったスタンスである。これらのアプローチの違いは、教科の性格によって生ずるということではなく、具体的な授業イメージしたカリキュラム構想をする際に不可欠な視点である。

図2-6　カリキュラム・デザインのイメージ

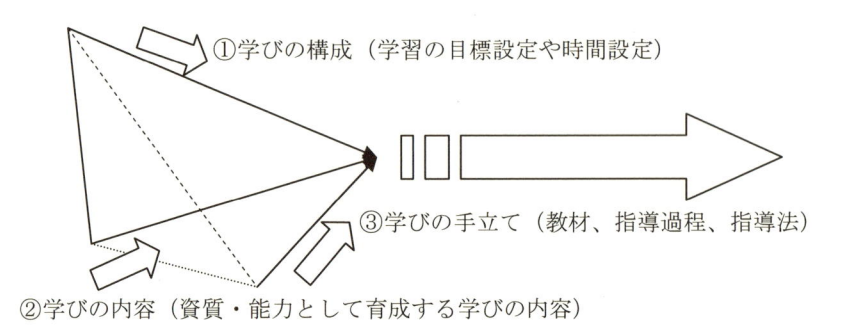

①学びの構成（学習の目標設定や時間設定）
③学びの手立て（教材、指導過程、指導法）
②学びの内容（資質・能力として育成する学びの内容）

　工学的アプローチと羅生門的アプローチとを対比的に捉えるなら、前者は特殊化された行動目標に対してどのレベルまで迫れたかという数量的評価の視点に立つものであり、後者は1つの事象を異なる視点から記述し合って全体論的に意味付ける質的評価の視点を前提とするものとなっている。この相違を佐藤学（1999年）は、「『カリキュラム』から『教師』へと中心軸を移行した過程におけるカリキュラムの概念と教師の役割の変化」(註3)と意味づけている。このような教育界におけるパラダイム・シフトの背景には、何をどれだけたくさん学ぶことができたかという従来からの数量的な生産性と効率性を最優先してきたトップダウン方式によるカリキュラム開発の視点か

ら、個々の学習者が必要とするものをどのような個別の学びの経験として積み重ねてきたかという教育問題の構造と質を求める社会的ニーズが反映されていると佐藤は説明している。ただ、教育カリキュラム編成の視点が各教科における「プログラム開発」から、子どもの「学びの経験」という教室での教師の「教育実践」へと中心軸を移しても、そこには交互作用が伴うので、適切な組み合わせを考えていくことが現実的である。このような融合的視点に立つカリキュラムを安彦忠彦（2002年）は「ハイブリッド・モデル」と説明している。安彦は「『工学的方法』は『技能』の習得などを目的とする場合によいのに対して、『羅生門的方法』は『創造的思考力』の育成を目的とする場合によい。したがって、同じ国語科のカリキュラムの中でも、工学的アプローチを取った方がよい部分と、羅生門的アプローチを取った方がよい部分とがあると考えるべきである」(註4)と各学校における日々の教室で展開される具体的な授業レベルでの教育カリキュラム編成の在り方を論じている。いわば、教室の子どもたちに最良の学びを提供するためにはどのような教育カリキュラムが望ましいのか、学校の教育活動全体で子どもたちに培う学校知としての最良の教育課程課程編成はどうあればよいのかということの問題に尽きるのである。

このような相反するカリキュラムの考え方は、もしかすると水と油のような融合しにくい二項対立的な立場に立つのではないかとする捉え方もあろう。この点については、現行学習指導要領へ改訂する前提となった中央教育審議会答申「幼稚園、小学校、中学校、高等学校及び特別支援学校の学習指導要領等の改善について」（平成20(2008)年1月17日）で、「教育については、『ゆとり』か『詰め込み』かといった二項対立で議論がなされやすい。しかし、変化の激しい時代を担う子どもたちには、この二項対立を乗り越え、敢えて、基礎的・基本的な知識・技能を習得とこれらを活用する思考力・判断力・表現力等をいわば車の両輪として相互に関連させながら伸ばしていくことが求められている。このことは『知識基盤社会』の時代にあってますます重要になっている」(註5)といった提言からも頷けることであり、今後の学校教育が克服すべき課題ともなっている。

図2-7 工学的アプローチと羅生門的アプローチの対比

工学的接近	羅生門的接近
（一般的手続き）	（一般的手続き）
一般的目標	一般的目標
↓	↓
特殊目標	創造的教授・学習活動
↓	
「行動目標」	
↓	↓
教　　材	
↓	
教授・学習過程	記　　述
↓	↓
行動的目標に照らした評価	一般的目標に照らした判断評価
（評価と研究）	（評価と研究）
目標に準拠した評価　↓	目標にとらわれない評価　↓
↓　一般的な評価枠組み	↓　さまざまな視点
心理測定的テスト　　↓	常識的記述　　　↓
標本抽出法	事例法
（目標、教材、教授・学習過程）	（目標、教材、教授・学習過程）
目標：「行動的目標を」	目標：「非行動的目標を」
（特殊的であれ）	（一般的であれ）
教材：教材のプールからサンプルし、計画的に配置せよ。	教材：教授学習過程の中で教材の価値を発見せよ。
教授学習過程：既定のコースを辿る。	教授学習過程：即興を重視する。
強調点：教材の精選。配置	強調点：教員養成

出典：文部省大臣官房調査統計課『カリキュラム開発の課題～カリキュラム開発に関する国際セミナー報告書』1975年の本文中 p. 50「第1表」、p. 52「第2表」、p. 54「第3表」。

（4）学校の創意工夫で描くカリキュラム・デザイン

　近年の学校では、ただ単に学習指導要領に則って教育活動を展開するだけでは保護者や地域社会のニーズに対応できなくなってきている。急激な社会変化が予想されるこれからの知識基盤社会においては、教育活動の多様さや柔軟さが子どもの「生きる力」の形成において重要なポイントとなってくる。その学校らしさ、その学校の特色が見える教育のみならず、時代のニーズに呼応した教育活動がますます求められるのである。そして，それは学校評価という具体的な手続きによって取り組まれ、日々改善に向けた見取りが行われることとなっている。

　従前の学校では、そこでの取り組みに対する評価や、それに基づく保護者や地域社会への説明をしていくといった「開かれた学校」の発想はあまりなかった。むしろ、閉鎖的であった。しかし、平成18(2006)年3月にそれぞれの自治体や学校が参考にできることを目的に「学校評価ガイドライン」が策定されるに至り、学校の取り組みを広く説明し、地域の教育力も活用しながら教育活動活性化を推進しようとする説明責任の発想は日常的なものとなった。学校が活用できる保護者や地域社会のリソース（resource：資源）を明らかにし、「共育・共創」を実現していくという発想による特色ある教育課程編成が求められているのである。

　つまり、学校は何を改善することで最良の教育成果をあげることができるのか、そのためには保護者や地域からのどのような支援を必要としているのかを説明し、それぞれがもつ教育力を統合して学校の教育カリキュラム編成力を高めていくという発想が何よりも大切なのである。そのためには、各学校の実相を明らかにしていくことが第一歩となる。それを明らかにしないままに教育課程編成を進めたり、各教科のカリキュラム改善を進めたりしても、それは具体的な実践的背景をもたないものとして徒労に終わってしまうことに留意すべきである。

【第2章の引用文献】
(1) 佐藤　学　『学力を問い直す』岩波ブックレット NO.548　2001年　岩波書店　p.28
(2) 山田恵吾、藤田祐介、貝塚茂樹　『学校教育とカリキュラム』　1971年　文化書房博文社　p.117
(3) 佐藤学　「カリキュラム研究と教師研究」　安彦忠彦編『新版　カリキュラム研究入門』1999年　勁草書房　p.159
(4) 安彦忠彦　『改訂版　教育課程編成論』　2002年　放送大学教育振興会　p.127
(5) 中央教育審議会答申　『幼稚園、小学校、中学校、高等学校及び特別支援学校の学習指導要領等の改善について』　2008年1月17日の「これまでの経緯」の「4.課題の背景・原因」本文中「(2)学習指導要領の理念を実現するための具体的な手立て」の1番目の項目として指摘している。

【第2の参考文献】
(1) 文部科学省　『幼稚園　教育要領』　2008年　教育出版
(2) 文部科学省　『小学校　学習指導要領』　2008年　東京書籍
(3) 文部科学省　『中学校　学習指導要領』　2008年　東山書房
(4) 文部科学省　『高等学校学習指導要領』　2008年　東山書房
(5) 文部科学省　『特別支援学校幼稚部教育要領　特別支援学校小学部・中学部学習指導要領　特別支援学校高等部学習指導要領』　2008年　海文堂出版
(6) 文部省　『学制百年史』　1972年　帝国地方行政学会
(7) 文部省　『学制百二十年史』　1992年　ぎょうせい
(8) 柴田義松　『教育課程論』　2001年　学文社
(9) 山田恵吾・藤田祐介・貝塚茂樹『学校教育とカリキュラム』2003年　文化書房博文社
(10) 田中耕治・水原克敏・三石初雄・西岡加名恵『新しい時代の教育課程』2005年　有斐閣
(11) 梶田叡一　『新しい学習指導要領の理念と課題』2008年　文化図書
(12) 加藤幸次　『教育課程編成論』　2010年　玉川大学出版部
(13) 文部省大臣官房調査統計課　『カリキュラム開発の課題〜カリキュラム開発に関する国際セミナー報告書』　1975年　大蔵省印刷局

第3章　教育課程の基本理論と編成方法

1　教育カリキュラムの基本理論
（1）カリキュラムの基本要件

　学校の教育活動は、学習指導要領や各自治体の行政組織である教育委員会の教育施策方針等に基づきながら、各々の個性や特色を盛り込んだ教育課程によって実現される。この教育課程編成の在り方については、小・中学校学習指導要領「第1章　総則」冒頭において、通則的事項が明記されている。この記述を分析的に精査すると、教育課程編成の基本要素が見えてくる。

> 　各学校においては、教育基本法及び学校教育法その他の法令並びにこの章以下に示すところに従い、児童（生徒）の人間として調和のとれた育成を目指し、地域や学校の実態及び児童（生徒）の心身の発達の段階や特性を十分考慮して、適切な教育課程を編成するものとし、これらに掲げる目標を達成するよう教育を行うものとする。（総則第1「教育課程編成の一般方針」より）

　この学習指導要領の記述は、わが国の学校教育における教育課程編成、つまり「学校知」の在り方を規定していると考えることができよう。

　学校の教育課程編成の考え方としては、公教育の基準性の担保という面で難点はあるが目の前の子どもが必要とする学びを創るという構成論的な立場、やや画一的になってしまう難点はあるが国家基準である学習指導要領やそれに準ずる教科書をベースに均一化された学校知を担保しようとする編成論的な立場、教師の高度な指導力や子どもの学びの継続的評価という煩雑さが伴うが子どもの学びの蓄積を重視する開発論的な立場、このような分類ができる。

　先に挙げた学習指導要領第1章「総則」冒頭の規定は、教育の国家基準である学習指導要領も含めた教育基本法や学校教育法等の法令に則っての「理念的領域軸」としての目的・目標、地域や学校の子どもたちの実態を前提とした学

びを創るという「現実的領域軸」、教育理念と学び手の実態という両者を結びつけつつどう学ばせるのかという「実践的領域軸」という三軸統合型カリキュラムの具現化を示唆したものと考えることができよう。つまり、これからの学校教育においては、カリキュラム構成論もしくは開発論的視点に立った教育課程編成を目指すことが潮流となってこよう。よって、その編成プロセスにおいては、教師の指導力(教師力)や教育評価の問題は避けて通れない必須要件であると考えるべきであろう。

図3-1　教育課程編成の基本的概念図

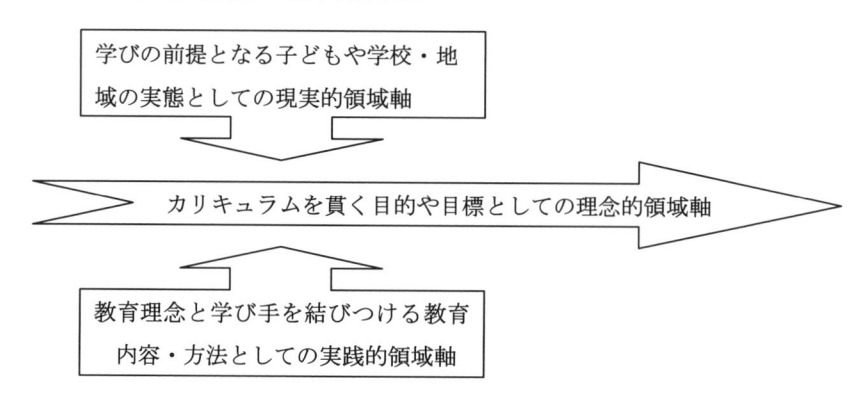

```
┌─────────────────────────┐
│ 学びの前提となる子どもや学校・地 │
│ 域の実態としての現実的領域軸    │
└─────────────────────────┘
         ↓↓
 ⇨ カリキュラムを貫く目的や目標としての理念的領域軸 ⇨
         ↑↑
┌─────────────────────────┐
│ 教育理念と学び手を結びつける教育 │
│ 内容・方法としての実践的領域軸  │
└─────────────────────────┘
```

ここで称する理念的領域軸としての「目的・目標」、現実的領域軸としての「学びの実態」、実践的領域軸としての「学びの構成」は、各学校における教育課程編成をその「学びの主人公としての子ども」の視点から捉えるなら、まさにカリキュラム開発の中核要素である。

《カリキュラム開発における中核要素の意味》
① 目的・目標：何のためにカリキュラムを開発するのか
　　　　　　目的は目指すべき理想としての方向性(ゴール、道標)を示唆し、目標は具体的な一つ一つの達成されるべきポイント、つまり到達目標を意味する。
②学びの実態：誰のためにそのカリキュラムを開発するのか
　　　　　　学びの適切性・妥当性(relevance)を規定する要因としては

地域や時代性といった社会的特性、学習者個々の個人的特性が問題とされる。社会的特性としての必要ニーズ、個人的特性としての学習者が求める、あるいは学習者へ求める要求ニーズを考慮していく必要性を意味する。

③**学びの構成：学びの計画をどのように組み立てていくのか**

具体的な教育活動を実現していくためには、予め設定された目標に照らして様々な学びの特性をもつ学習者にどのような内容を用意し、どのような手順・方法でかかわらせたらより効果的な学びを創出できるのかということを意味する。

前章でわが国の学習指導要領の歴史的変遷を概観してきたが、そこでは学習者である子どもの多様性ある日常的生活経験や興味・関心に基づく学びを構成しようとする「経験主義」という考え方、さらには、子ども一人一人の統一された発達的人格形成や資質・能力形成には系統的かつ計画的な学びを編成していく必要があるという「系統主義」という考え方が、それこそ交互に台頭した歴史的経緯が読み取れる。こうした教育目的・目標から教育内容・方法へと至る教育活動プロセスは、不可逆的であることが前提となる。つまり、教育活動としての内容や方法が目標を決定づけたり、目的そのものに意味を付与したりするわけではない。目的・目標をより効果的に具現化するための必須要件として子どもたちの日常的生活経験や興味・関心を中核にした「学びの経験の有機的連続性」をいかに実現していけるかが、大きなポイントとなるのである。その意味で、カリキュラム開発におけるスコープとシークエンスが意味するものは大きいと言わざるを得ない。

また、学校知という全体的な枠組みで考えた場合、そこで子どもたちに育む資質・能力をどう調和的に統合させるのかという視点も必要である。義務教育学校等では、学習指導要領に大筋としての到達すべき学びの目標は示されている。しかし、地域にあって地域の子どもたちを育む学校には、その他に保護者や地域、あるいは教師の思いや願いが謳いあげられた学校教育目標が設定され、目指すべき子ども像がその中に体現されている。そのような教育理想としての

理念的領域での目標達成を図っていくためには、それぞれの教育活動としての学びが学校の教育課程上に適切に配置され、その課程履修をすれば学び手である子どもたちの内面で調和的に統合され、具体性の伴う資質・能力として身に付くという「予定調和論」的な考え方が必要となってくる。

しかし、そのプロセスが適切でなければ、それは単なる画餅(がへい)の域を出ないことになる。よって、教育課程をどう編成していくのかという基本構造がそこで問われることとなるのである。それを決定づけるのが、教育すべき領域・内容範囲としてのスコープであり、教育内容を発達段階や学習者の興味・関心等を踏まえて配置する視点としてのシークエンスである。

（2）カリキュラムの基本類型

学校の教育課程を編成する際にまず問題とされるのは、やはり、スコープとシークエンスをどう組み合わせて構成していくかという点である。

つまり、人類の歴史の中で営々と引き継がれてきた様々な文化情報の中から子どもたちにどのような事柄や経験を選択して伝達していくのかという側面と、選択された学びの内容を発達の視点や系統性の視点から学年段階的にどう配置するのかという側面が重要なポイントとなるのである。換言するなら、学びの場設定の視点と時系列的な視点、この2側面である。以下に、教育課程編成の基本類型を示していきたい。

① 分化と統合の視点から捉えるカリキュラム類型

前章で触れたが、工学的アプローチと羅生門的アプローチの発想での類型である。カリキュラムがA.目的から目標へ→B.目標に即した教育的経験の選択→C.選択された経験の組織化→D.学習成果の測定・評価という一定の定式化された「教える」という視点からの「教科中心型」と、カリキュラムを作成する際にA.「生活の中の学校」という視点からカリキュラムそのものに目的としての価値をもたせる→B.具体的で豊富なデータを収集してカリキュラムを構成していく→C.学習構造と学習形式と学習内容が統合されることで「生きることを学ぶ」という「生活体験統合型」、さらにその「中間型」とに分けられる。

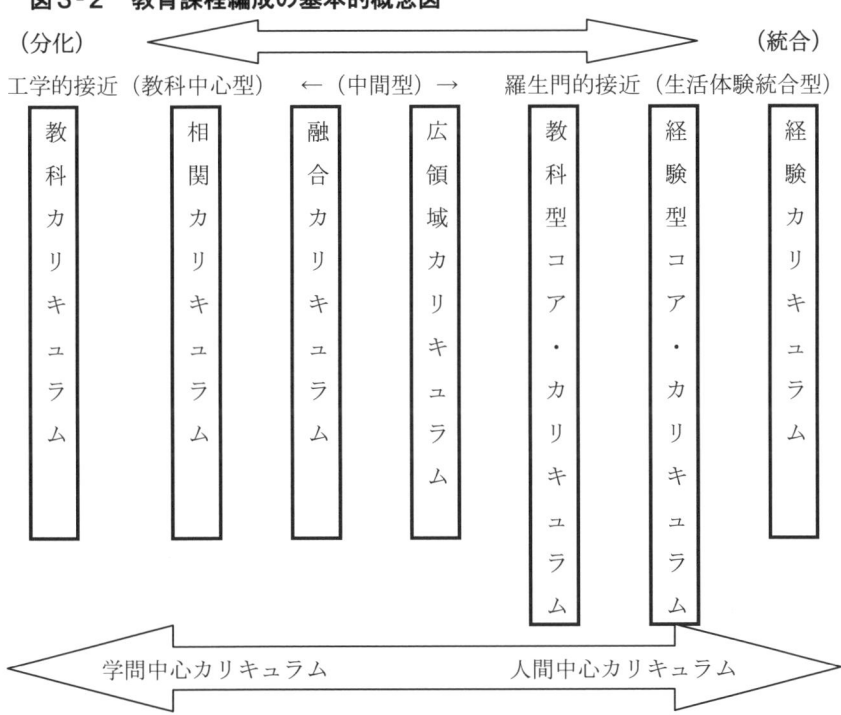

図3-2 教育課程編成の基本的概念図

（分化）←――――――――――――――→（統合）

工学的接近（教科中心型）　←（中間型）→　羅生門的接近（生活体験統合型）

| 教科カリキュラム | 相関カリキュラム | 融合カリキュラム | 広領域カリキュラム | 教科型コア・カリキュラム | 経験型コア・カリキュラム | 経験カリキュラム |

←―――― 学問中心カリキュラム　　　　　人間中心カリキュラム ――――→

② 学問中心カリキュラムの基本類型

A. 教科カリキュラム

　教科カリキュラム（subject curriculum）とは、今日の学校では一般的な教科や科目といった括りで時間割上に位置づけられるカリキュラム類型である。この教科カリキュラムは、人類の歴史の中で蓄積され連綿と引き継がれてきた文化遺産の中から、その目的に応じて選択・組織化された知識とスキルのまとまりとして相互に独立的かつ並立的に組織構成された学問体系カリキュラムを意味する。

　例えば、小学校で考えるなら、国語、社会、算数、理科、生活、音楽、図画工作、家庭、体育等が、それに該当する。古くは今日の大学の原型とも言われる古代ギリシャの都市国家アテナイでアカデメイヤを創設した哲学者プラトン

(Platon, : B.C.427～B.C.347年) がそこで教育内容として取り上げた7自由科 (seven liberal arts : 3学＝文法学、論理学、修辞学と4科＝幾何学、算術、天文学、音楽)、あるいは、わが国の封建社会にあって武士の精神的支柱となった儒教の経典である四書五経 (四書＝大学、中庸、論語、孟子。五経＝易経、詩経、書経、礼記、春秋) 等も、この教科カリキュラムに含まれる。

わが国では明治維新以降、急速な近代化政策を推進するにあたって、合理的に大量の知識やスキルを導入するためのもっとも効果的な教育方法として定着した。学校教育の段階的な視点で捉えると、初等教育 (小学校) より中等教育 (中学校・高等学校・中等教育学校等)、中等教育より高等教育 (短期大学・4年制大学・大学院等) へと学校種段階が進むにつれて教科・科目が分化していく傾向にある。それは、専門性が高くなることで細分化されるためである。

《教科カリキュラム類型例》

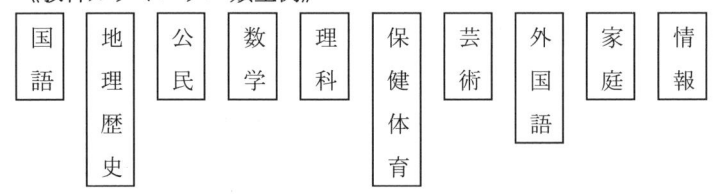

| 国語 | 地理歴史 | 公民 | 数学 | 理科 | 保健体育 | 芸術 | 外国語 | 家庭 | 情報 |

B. 相関カリキュラム

教科カリキュラムは、それぞれが独立的で教科・科目相互の関連性が希薄である。しかし、いくら独立性が高いといってもそこには重複し合う学習内容や関連づけた方が効果的に指導できる内容が含まれるものである。このように内容面で複数の教科を相互に関連づけて編成しようとする発想が、相関カリキュラム (correlated curriculum) である。例えば、中学校社会科では地理的分野、歴史的分野、公民的分野と分かれているが、それぞれを学年毎に単独で指導するよりも、地理と歴史を並行して指導する場合の方がより総合的に理解できることもあろう。

《相関カリキュラム類型例》

地理 ⇔ 歴史
例：京都での本能寺の変

地理 ⇔ 歴史 〉発展〉公民
例：土佐の自由民権運動とわが国の政治

C. 融合カリキュラム

融合カリキュラム（fused curriculum）は、相関カリキュラムの発想をより進め、関連の深いいくつかの教科・科目を統合して共通性のある広い領域をカリキュラム編成しようとする考え方である。これらは既に中学校や高等学校の教科編成例として散見できることでもある。

例えば、中学校の社会科は先にも述べた通り、地理的分野、歴史的分野、公民的分野で構成されているし、同様に理科も物理・化学的領域を扱う第1分野、生物・地学的分野を扱う第2分野で構成されている。また、高等学校の教科「地理歴史」は世界史、日本史、地理で構成されているし、「公民」では現代社会、倫理、政治・経済という科目構成となっている。

《融合カリキュラム類型例》

科目：国語総合	科目：国語表現

教科：国語

科目：現代文A・B	科目：古　典A・B

D. 広領域カリキュラム

広領域カリキュラム（broad-field curriculum）は、広域カリキュラムとも称される。このカリキュラムの発想は、相関カリキュラムや融合カリキュラムよりもさらに教科全体を広範な領域によって構想しようとするものである。このカリキュラムの特徴は、学問体系によって細分化されがちな学びを学習者の日常的学習課題と関連づけることで学問領域の横のつながりをもちながらトータルな学びをさせることが可能な点にある。

例えば、大学教育では専門教育への橋渡しとして、導入段階で人文領域、社会領域、自然領域といった括りをもつ一般教育を施している。これは専門教育を支える学問的基礎の習得を意図したものである。

このような広領域カリキュラムによる領域設定構想の発想は、1930年代の米国を中心とした教育改革運動が盛んな時代に多くの事例が実施されている。

《広領域カリキュラム類型事例》
★1930年代における米国の小学校での広領域カリキュラム構想例
◇テキサス州フォート・ウォース：英語、美術、科学、社会科、数学
◇ニューヨーク州ロチェスター：学習の道具、健康と自然、社会関係、美術、工芸
◇デラウエア州ウイルミントン：社会科、科学、修辞学、芸術、数学

③ 人間中心カリキュラムの基本類型
A. コア・カリキュラム

　このコア・カリキュラム（core curriculum）の発想も、やはり世界的な教育改革（新教育運動：「新教育」(new education)または「新学校」(new school)をキーワードに世界各地で展開された教育改革運動）が盛んに展開された時代に誕生したものである。

　このカリキュラムの特徴は、学習者である子どもをカリキュラムの中心に据え、教科の生活化と統合を図っていこうとするところにある。つまり、このカリキュラムでは、子どもが現実生活の中で抱く自らの課題、あるいは興味・関心のある事柄を解決するための単元学習からなる「中心課程（コア）」と、それを支えるものとしての専門分化した体系的な知識、技術等の習得を目的とする「周辺課程」とから構成されている。このカリキュラムは科学技術が飛躍的な発展を遂げたり、経済活動がグローバル化したりした20世紀社会において教科や科目数が著しく増大した状況を改善するため、整理・統合し、再構成しようとする編成原理に端を発した考え方である。

　1920年代以降の米国で考案された代表的なコア・カリキュラムとしては、ドルトン・プラン、ウィネトカ・プラン、モリソン・プラン等がわが国の教育界へ少なからぬ影響を与えたことでよく知られている。特に、昭和9（1934）年に米国ヴァージニア州教育委員会が小学校の学習カリキュラムプランとして発表したヴァージニア・プランは、教育内容に相互関連性を欠いたまま知識や技能を羅列的に暗記・習得させようとする従来からの教育の在り方を問い直し、社会生活上の様々な機能の中で子どもたちに求められる資質・能力の領域を設

定することでこの課題を克服しようとした点が注目された。特に、スコープとシークエンスの関係でいえば、ア.「生活、富、自然資源の保護と保存」、イ.「商品生産、サービスと生産利益の分配」、ウ.「商品とサービスの消費」、エ.「商品と人の交通と輸送」、オ.「レクリエーション」、カ.「美的衝動の表現」、キ.「宗教的衝動の表現」、ク.「教育」、ケ.「自由の拡大」、コ.「個人の統合」、サ.「探求」、の具体的な11領域を明確に示した点が特徴的であり、社会機能法として先駆的な改革事例として注目された。

また、このコア・カリキュラムの発想は「這い回る経験主義」と揶揄されながらも、戦後のわが国における民主主義教育に大きな影響力を及ぼした。

なお、コア・カリキュラムには「教科型」と「経験型」に大別され、教科型では特定の専門分野ではなく、学習者の誰もが共通して学習すべき内容である「共通必修科目」（今日的に捉えれば「情報」等が該当しよう）を指し、「経験型」は特定の教科・科目ではない学習者の個別なニーズや興味・関心に応えて用意される教育内容を「コア」とし、それを取り巻く周辺課程を配置するようなカリキュラム構想である。

《コア・カリキュラムの基本類型》
ア.教科型コア・カリキュラム

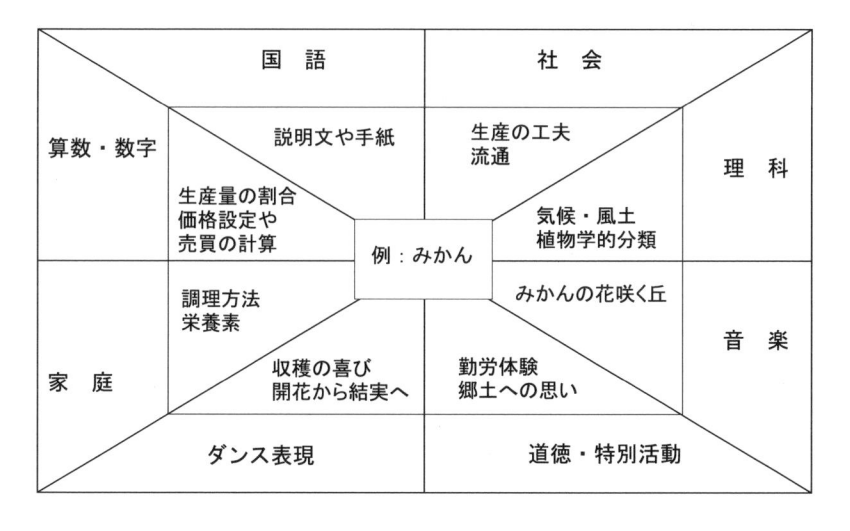

算数・数字	国　語	社　会	理　科
	説明文や手紙	生産の工夫 流通	
	生産量の割合 価格設定や 売買の計算	気候・風土 植物学的分類	
		例：みかん	
	調理方法 栄養素	みかんの花咲く丘	音　楽
家　庭	収穫の喜び 開花から結実へ	勤労体験 郷土への思い	
	ダンス表現	道徳・特別活動	

イ. 経験型コア・カリキュラム

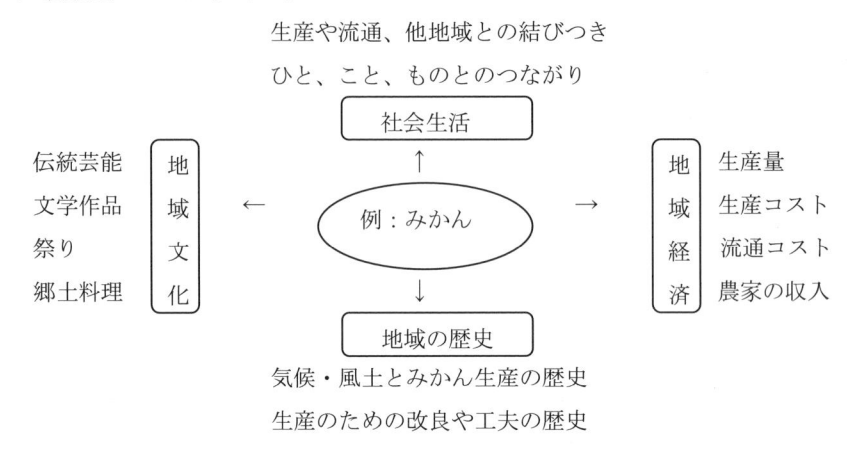

```
                    生産や流通、他地域との結びつき
                    ひと、こと、ものとのつながり
                        ┌──────┐
                        │社会生活│
                        └──────┘
                           ↑
 伝統芸能  ┌──┐         ┌──────┐         ┌──┐  生産量
 文学作品  │地│         │      │         │地│  生産コスト
 祭り     │域│  ←     │例：みかん│  →     │域│  流通コスト
 郷土料理  │文│         │      │         │経│  農家の収入
          │化│         └──────┘         │済│
          └──┘            ↓              └──┘
                        ┌──────┐
                        │地域の歴史│
                        └──────┘
                    気候・風土とみかん生産の歴史
                    生産のための改良や工夫の歴史
```

＊キーワードとなる単語をコア(核)にしながら、その周辺に学びの要素となる学習内容事項を配置し、さらに具体的な学びの事項をつなげていくといったマッピング（mapping）のイメージでカリキュラム化していく。

B. 経験カリキュラム

　教育内容を教師の側からカリキュラム化するのではなく、学習者である子どもの側から構築しようとする発想に基づく構想方法である。よって、その学習内容は学問体系による伝統的な教科枠組みに縛られたものとはならず、子どもたちの日常生活経験に基づいた問題意識、興味・関心によりベースを置いたものとなる。そのようなことから、学習者の動機づけという点では教科型カリキュラムに比べて期待できるが、個々の子どもの課題意識や個人差に対応した学習展開とならざるを得ず、少人数の個別学習やグループ学習による授業をどう構成していくのかという指導する教師側の解決すべき課題も同時に発生する。

　さらに、子どもの身近な生活から派生する課題を前提に学習カリキュラムを構成するため、ややもすると学問体系に基づいた系統的な教育内容の伝達が疎かになったり、教育評価活動を進めていく際に個別の到達目標設定に困難が生じたりする点も懸念されることである。

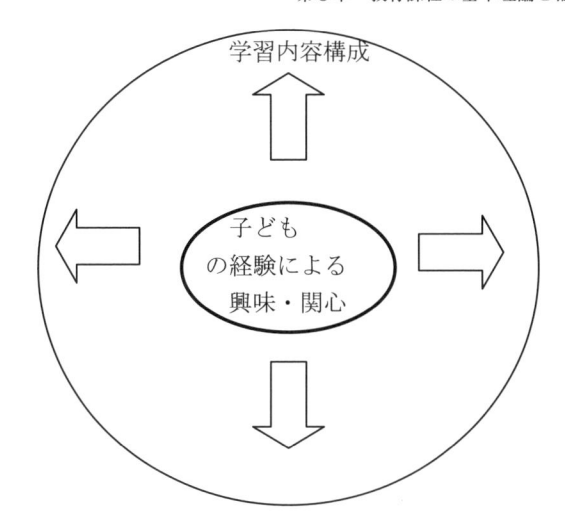

```
              学習内容構成
                  ↑
         ┌──────────────┐
    ←    │   子ども      │    →
         │ の経験による  │
         │  興味・関心   │
         └──────────────┘
                  ↓
```

④ 学問中心カリキュラムと人間中心カリキュラムの融合

　ここまで見てきたように、学習者である子どもに対し、教育目的に応じて人類が営々と築き上げてきた文化遺産の中から内容を選択・組織化して体系的に伝達しようとすると、当然のことであるが教科中心型の工学的アプローチ、学問中心カリキュラムとならざるを得ない。それに対し、子どもにとって興味・関心の高い身近な日常生活経験を組織化してカリキュラムするという生活経験中心型の羅生門的アプローチ、人間中心カリキュラムは学習者中心ではあるが、学習の個別化対応や学習評価、さらには学問的体系化という点で解決すべき多くの課題を抱えている。分化と統合という対極にあるこれらのカリキュラム類型を調和的かつ融合的に編成する手立てはないものかと一計を案ずるのは世の常である。

　以下に紹介するのは、そのような試みの理論的提唱者である米国の認知心理学者、ジェローム・シーモア・ブルーナー（J.S.Bruner,）のスパイラル（spiral：螺旋状）型カリキュラム論である。わが国でも、教科中心カリキュラムから人間中心カリキュラムへと脱皮を模索していた昭和30年代後半〜昭和40（1960〜70）年代後半にかけて大いに注目された教育カリキュラム論でもある。

　ブルーナーがその著書『教育の過程』（1961年）で提唱したスパイラル型カ

リキュラム論の主たる主張は、「どの教科でも、知的性格をそのままに保って、発達のどの段階のどの子どもにも効果的に教えることができる」（註1）という仮説に基づくものであった。

　ブルーナーが提唱したのは、教科教育の改造にあたっては、教科を構成している細部にわたる知識内容すべてを網羅的にカバーしていこうとする発想ではなく、それぞれの教科の基底にある内容原理に着目し、それぞれの教科内容構造への深い理解を通して教科カリキュラム編成をすることが大切であるという仮説である。このようなブルーナー仮説の前提には、教科内容を編成する原理として教科がもつ知識や内容の構造化を進めるという中心概念「構造」の発想がある。具体的には、まず、ある学問領域全体に含まれる多くの細かな構成要素を抽出する。そして、それらパーツ化された構成要素一つ一つを吟味・検討し、その学問の基底をなす基本的観念と、そこから2次的、3次的に発展・派生している観念とに分類する。さらに、その分類された諸観念の間に論理的かつ意義を認められるつながりをつけていこうとするのである。

　このように基本的観念の上にさらに螺旋状に連なる第2次的観念、第3次的観念と拡大していければ、知識や教科内容が効率的に学習者に獲得されるという教授・カリキュラム理論である。このスパイラル型カリキュラムであれば、学習者が異なる時期、個別な発達段階において、その教科の重要な知識や学習内容に繰り返し接することで、各学問領域で絶対に欠かせない本質的な部分と学習者である子どもの知的発達段階に即応して完全習得を実現できるという大胆な発想に基づくものである。

　この理論が発想された背景には、20世紀における科学技術の加速度的発展に伴う教科内容の多様化・複雑化と、教材の質的・量的変化という教材多量化現象がある。いわば、数学や物理といった自然科学分野の急激な発展によって引き起こされた歪みを是正しようとするものであった。限られた指導時間の中で、精選された教育内容を構造的に取り扱うことで教科全体の理解を容易にし、記憶の長期的保持、再生能力や転移力（先行学習が後続学習との相互作用で影響を及ぼす力）を増大させ、最先端分野の知識や成果獲得に有効に機能するはずであった。しかし、その反面において、諸科学の進展や社会的要請によって新

教科が乱立し、学習者に過度の負担を強いる要因となったり、各教科間の有機的関連性に配慮できなかったりした結果、新たな取り組みも断片的かつ羅列的な学習成果で終わったりした。また、内容の構造化が進められた結果として学問的な普遍性が強調され、学習の主体者であるべき子どもの日常的な興味・関心から乖離した学習カリキュラムになってしまっているといった批判が投げかけられて、学問中心プログラムと人間中心プログラムの調和的融合によるカリキュラム編成方法理論は未だ具体化していない現状にある。

（3）カリキュラム編成の基本型

　近年の学校教育を取り巻く状況は複雑化する一方、反面では学校教育に求められる社会的ニーズが多様化してきている。さらに、公教育としての学校はその教育活動の成果を可視化された公的機関として予め定められたガイドライン（2007年改正「学校教育法」第42条で、①教育活動その他の学校運営についての組織的・継続的な改善を図ること、②適切に説明責任を果たし、保護者・地域住民等から理解を得ること、③学校の設置者等が学校に対する支援や条件整備等の改善措置を講ずることが規定された）に基づいて公表することが義務づけられている。このような学校評価が日常的に求められる社会にあっては、日々の教育的営みを支え、改善していくためのカリキュラムにかかわる基本構成要素やその編成手順、編成されたカリキュラムを日常的に改善していくためのカリキュラム・マネジメントの理論が求められるのは自明のこととなっている。

　それでは、各学校の教育課程はどのような内的要素によって編成されるのであろうか。教育課程の編成については、文部科学省の小中学校学習指導要領解説「総則編」に、「学校において編成する教育課程とは、学校教育の目的や目標を達成するために、教育の内容を児童（生徒）の心身の発達に応じ、授業時数との関連において総合的に組織した学校の教育計画である」（小学校 p.8、中学校 p.9）と説明されている。

　ちなみに、「編成」という用語であるが、学習指導要領が試案という位置づけであった時代は、教育課程の「構成」と標記するのが一般的であった。それ

が、「構成」という用語から「編成」という行政用語に置き換えられたのは昭和33(1958)年の学習指導要領改訂からで、安彦忠彦の分析によれば、「それは、『教育課程』をつくる際には、国や地方がつくる『基準』に原則的に従うべきで、それまでの、学校の教師が、学習指導要領を手引きとして、ほぼ自由に、ほとんどゼロからつくることのできる『構成』とは違うのだ、ということを明示したかったためであろう。『編成』はその意味で『作業』という面に強調点があり、そのもとになる『理念』や『思想』は含まれない」（註2）といった性格を有しているためと説明できるようである。

また、カリキュラムの「開発」といった用法は、①授業研究などの実践による分析的評価が伴うこと、②教師の力量向上のための研修が伴うこと、といったニュアンスで世界的に用いられているが、その点から考慮するなら、わが国の教育課程における「編成」というのは、教育カリキュラムの「開発」とほぼ同様の意図を含意したものであるとすることができよう。

《カリキュラム編成の基本型》
① 教育目的の設定・共有
　　　⇩
② 教育内容の構成・確認
　　　⇩
③ 教育課程の編成
　　（教育内容、教科等の組織原理、履修原理、教材、授業時数、指導形態等）
　　　⇩
④ 実践方法と評価計画立案
　　　⇩
⑤ 授業実践によるカリキュラム改善

大まかに順序立てれば、上述のようなプロセスを辿るであろう。各学校における教育課程は、教科等で各々に編成された個別なカリキュラムの集合体でもある。特に教育課程編成について説明を加えるなら、教育内容というのは「何を、どのような順序で教えるのか」というスコープとシークエンスにかかわる

重要な部分である。また、教科等の組織原理は、子どもの発達的視点や実態等を踏まえながら「どのような教科窓口でどのように教えるか」というカリキュラム・デザインにかかわる部分である。さらに、履修原理とは学習者がクリアすべきハードルの設定に関する部分である。つまり、達成水準は問わずに学齢（履修）主義でよしとするのか、それとも厳しく達成すべき目標水準を課するという課程（修得）主義を貫くのかという、カリキュラム編成のポリシーとでも表現すべき側面である。ただ、これは各々の国家における文教政策によって規定される部分でもある。

　上述のような前提に立って、より具体的なカリキュラム編成に踏み出すと、そこには年間授業時数を生み出すために課業日（学校の教育活動実施日）を何日設定するのかとか、各学年に教科等をどう配置し、どの程度の時間を割くのかといった枠組みが決定されてくる。授業時数という量的部分にこだわれば学習者である子どもの負担加重となり、質的部分にこだわれば授業時数がいくらあっても足りないこととなってしまう。ゆえに、学校の教育活動計画を総合的に組織化する教育課程編成が重要なのである。

《学校における教育計画細分化の構造例》
　　　　① 学校教育全体計画（教育理念や目標、教育方針）
　　　　　　　　　⇩
　　　　② 各学年別・各教科等別年間指導計画（目標、内容構成、時数配当）
　　　　　　　　　⇩
　　　　③ 各月別指導計画（年間指導計画をより詳細かつ具体的に体現）
　　　　　　　　　⇩
　　　　④ 週指導計画案（教科担当、担任として１週間の具体的指導を体現）
　　　　　　　　　⇩
　　　　⑤ 各教科等学習指導案、幼稚園等における全日指導計画案（日案）

（4）カリキュラムと教科書

　学校の教育課程編成において不可欠な要件が教材である。その主たる教材としての役割を果たすのが、教科書である。一般的に教科教育において用いられ

るものを「教科書」と称し、教科外教育の道徳の時間、小学校外国語活動、場合によっては特別活動等で用いる教材集は「副読本」等と区別して呼称する。

教科書とは、この教科固有の目標を達成できるよう、指導時期までも視野におきながら教科内容を体系的に組織した児童・生徒の学習用図書のことである。この教科書は一つのメディアであり、子どもたちに学習内容を定着させるためにその方法と学び方の手順を示す役割を果たしている。その点で、教科書には機能的2側面が含まれている。

A. 学習内容（文化伝達内容）を体系的に示す役割
B. 学びの方法と手順（学びの創造）を示す役割

教科書は、わが国の学校教育制度の成立と共にその発展を遂げてきたが、現在の教科書は文部科学省告示の学習指導要領を基準に編纂され、国の検定を経て各地域や学校（私学や中等教育学校等）で採択される制度となっている。前者を「教科書検定制度」と呼び、後者を「教科書採択制度」と呼んでいる。

さらに、公立学校だけでなく、私立学校も含む義務教育諸学校にあっては、教科書無償（「義務教育諸学校の教科用図書の無償措置に関する法律」1963年制定）が原則である。教科書採択制度は、教科書無償化制度の成立と共にスタートしたものである。

① 教科書検定制度

学校教育の運営について定めた学校教育法第34条には、「小学校においては、文部科学大臣の検定を経た教科用図書又は文部科学省が著作の名義を有する教科用図書を使用しなければならない」（中、高等学校については、同法第49条、第62条にて準用規定）と定められている。よって、わが国の小学校から高等学校（中等教育学校、特別支援学校も含めて）までの学校教育は、検定制度を経た教科書が使われることでその中立性や学習内容の質が担保されるのである。

教科書検定の基準は、日本国憲法、教育基本法、学校教育法等の関連条文および学習指導要領とされているが、教科書に記載された各教科、各学年の教育内容を検定する過程では、その適合性を巡って著作者側と検定側との見解の食い違いから裁判にもち込まれるケースも少なくない。主な教科書裁判として知

られているのは、昭和40（1965）年に『新日本史』教科書が検定不合格となったことを理由に第1次訴訟を提起してから平成10（1998）年に集結するまで33年間にわたり、教科書検定の違法・不当性を唱えて争った歴史学者で東京教育大学教授家永三郎（いえながさぶろう）の教科書裁判がある。その他に、平成5（1993）年の琉球大学教授高嶋伸欣（たかしまのぶよし）を提訴者とする横浜教科書訴訟等も5年余りの歳月を費やしている。これらの裁判は、教師の勤務評定（教師の業務遂行成績や能力、態度を評価・記録し、その後の人事に反映させること）を巡る裁判（1957年）、全国一斉学力テスト（1960年前後に当時の文部省が学力状況を把握するために実施したが、当時の教職員団体等によって中止に追い込まれた。その後、文部科学省では全国的の子どもたちの学力状況を把握するため、「全国学力・学習状況調査」を平成19年度から実施している）を巡る裁判（1961）と共に、戦後の主要教育裁判として数えられている。

② 教科書採択制度

教科書採択とは、各学校が授業で使用する教科書をどの出版社が発行したものにするかを選定することである。

公立義務教育学校において使用される教科用図書は、学校毎に採択するのではなく、予め設定された採択地域毎に同一の教科書を選定して使用することとなっている。この制度は「広域採択制度」と呼ばれている。また、一度採択された教科書は途中で学習指導要領改訂に伴う教科書改訂がない限り、原則的4年間続けて同一出版社のものを用いることとなっている。よって、時には採択区域内で齟齬（そご）が生じて政治問題化するような場合も少なくない。

例えば、平成23（2011）年の中学校教科書採択を巡って沖縄県八重山地区で石垣市、与那国町と竹富町の採択した社会科教科書が異なり、採択協議会では意見がまとまらず、採択手順の不明朗さを理由に竹富町が単独で採択したものを使用することとなった。その際に問題となったのは、義務教育諸学校で使用する教科書はすべて国庫負担による無償化が原則ではあるが、その対象は採択制度によって選定された教科書のみである。文部科学省は八重山地区採択協議会の決定に従わない竹富町に対し、教科書無償措置法が適用されないという立

場を取り、竹富町は地方自治体が自費で教科書を購入して使用することを禁じる法律はないと主張して寄付金を募って応じようとする立場を取り、両者間の溝を深める事態となった。今後も同様のケースが懸念されるため、学校毎の採択や採択区域の小規模化が火急の課題となっている。

③ わが国における教科書制度の変遷

わが国に近代教育制度がスタートしたのは、明治5（1872）年の学制発布（学制頒布）によってである。尋常小学は4年間の教育を授ける下等小学と同じく4年間の上等小学に分けられていた。下等小学では、綴字(ていじ)・習字・単語・会話・読本・修身(ぎょうぎのさとし)・書牘(しょとく)（手紙文）、文法、算術、養生法、地学大意、理学大意、体術、唱歌の14教科が正課として取り上げられていたが、そこでの教科書は師範学校を中心とした教科書編纂が間に合わないため、外国の翻訳書、寺子屋時代の往来物、民間出版社の啓蒙書等が暫定的に採用された。いわば、国家による統制が伴わない自由発行・自由採択教科書の時代である。

明治12（1879）年には学制が廃止され、教育令が公布された。そして翌年に国民教育の根本方針としての「教学聖旨(きょうがくせいし)」が示され、改正教育令が公布された。小学校は初等科3年、中等科3年、高等科2年と改められ、上級学校への進学は初等科・中等科の都合6年修了が要件となった。その初等科での教科は修身(しゅうしん)・読書・習字・算術・唱歌（条件が整えば）・体操であったが、そこでの使用教科書は文部省編纂教科書や民間出版社の教科書で、各府県に届け出るという開申制度となっていた。その後、教科書の統制はさらに強化され、明治16（1883）年からは文部省の認可を受けなければ使用できない認可制度に変わり、明治19（1886）年にはさらに進んで文部省による教科書の検定制度が開始された。このような経緯を辿ったのは、近代化を目指すわが国の文教政策において、教科書が果たす役割の重要性が増してきたからである。

やがて明治33（1900）年に小学校令が改正され、尋常小学校を4年制に統一し、国民基礎教育課程（教科は、修身・国語・算術・体操・図画・唱歌・手工・裁縫等）として義務化した。また、高等科は2～4年制とした。その時点ではすべての小学校教科書は国定教科書化が進められていた。まず、明治29（1899）

年の第9帝国議会で、修身科教育は国家の将来に重大な影響を及ぼすものであるから、その教科書は国家が責任をもって編纂すべきであるという建議が貴族院から提出された。また、翌年には国語読本の国定教科書化も要望されたことを受け、衆議院でも全教科国定教科書化が建議された。そして、明治37（1904）年より国定教科書の使用が開始されたのである。その背景には、全国的規模での教科書発行出版社と行政関係者の贈収賄事件が多発した（教科書疑獄事件と称される）事情もある。

　その後、明治40（1907）年に小学校令が改正されて義務教育の年限が6年に延長（教科編成は、修身・国語・算術・体操・図画・唱歌・日本歴史・地理・裁縫・工作・理科・武道等）されたり、戦争の深刻化に伴って昭和16（1941）年からの国民学校令よる尋常小学校から国民学校（制度案としては初等科6年、高等科2年の8年間を義務教育とする構想であった。初等科の教科構成は、修身・国語・習字・算術・体操・図画・音楽・国史・地理・裁縫・工作・理科・武道）へと切り替えされたりしたが、国定教科書制度はアジア・太平洋戦争が終結するまでわが国の義務教育の根幹にかかわる枠組みとして堅持された。

《国定教科書改訂の変遷》
　第1期国定教科書期：明治37（1904）年4月〜　折衷型教科書
　　＊国民の近代的知識啓発と国家的主義的精神とを意図する折衷型である。
　第2期国定教科書期：明治43（1910）年4月〜　家族国家観型教科書
　　＊義務教育が6ヶ年に延長されたこの時期、国家主義的色彩が色濃く反映されている。
　第3期国定教科書期：大正7（1918）年4月〜　国際協調型教科書
　　＊第1次世界大戦後の大正民本主義、児童中心主義を基底にした新教育運動の最中に改訂された国定教科書である。その社会的背景が反映され、国際協調色が色濃くなっている。
　第4期国定教科書期：昭和9（1934）年4月〜　超国家主義型教科書
　　＊世界恐慌、労働運動弾圧、満州事変勃発という世相の中で、一気にファシズムが台頭した時期である。子どもの生活や心理を重視したり、カラー化を図ったりする等の工夫が施されている。

第5期国定教科書期：昭和16（1941）年4月〜　臨戦教育型教科書

＊戦時下版教科書である。この年に国民学校令が公布され、尋常小学校は国民学校へとその姿を変えた。修身科では皇国思想や戦時下の臣民の心構えが強調され、神話が歴史的事実であるとして取り扱ったり、戦争を神国日本の聖戦と位置づけたりと、極端な編纂方針であった。

戦後の民主主義教育制度が開始されてからは、学校教育を質的側面で担保するという立場から、現在のような教科書検定制度が堅持されている。

④　わが国における教科書無償化の流れ

今日、私たちが手にする義務諸教育学校での教科書の定価はどの程度のものなのであろうか。先にも触れたように、義務教育における教科書は昭和38（1963）年に制定された「義務教育諸学校の教科用図書の無償措置に関する法律」によって無償化されている。ちなみに、学年別の大凡の平均的な教科書総合計は、小学校1年生で3,500円程度、小学校6年生で4,100円程度、中学校3年生で1年次から購入して使用するものを含まないで4,500円程度である。この経済的負担を軽いとみるか、重いとみるかは時代的な背景抜きに考えることはできない。

戦後の新教育が開始された昭和20年代から30年代にかけて、個人が使用する教科書は受益者負担という考え方で進んできた。しかし、各家庭の経済格差や憲法第26条2項に示された「義務教育は、これを無償とする」という条文に照らして異議を唱える声が上がってきた。それまで経済的に余裕のない家庭は、兄弟や近隣の年長の子どもが使用した教科書を譲り受けて使用するといった使い回しが当たり前のように行われてきた。しかし、教科書改訂時の負担や新しい教科書を開く友だちの前で使い古した教科書を机上に置く子どもの心情はどのようなものであったかは想像に難くない。

教科書無償化運動の発端となったのは、明治維新の立役者である坂本龍馬や中岡慎太郎、あるいは土佐勤王等の武市半平太等を輩出した南国土佐、高知市長浜地区の主婦たちのささやかな教科書ボイコット運動である。昭和36（1961）

年3月、差別的な扱いを受けても泣き寝入りしてきた長浜地区の漁業に携わっている貧しい母親たちが、高価な教科書購入への素朴な疑問を訴え始めた。かけ蕎麦一杯約40円、カレーライス一皿約110円という当時の物価の中で、小学校の教科書が平均700円、中学校の教科書が平均1,200円であった。被差別地区の母親たちが朝から晩まで汗水垂らして1日中働いても、その日給は300円程度の時代である。本来は憲法で無償化が謳われているはずの義務教育で法外な教科書代を負担しなければならないことへの素朴な異議申し立ては、地域の教師をはじめとする地域の民主化団体、地域外の人々や世論にも影響を及ぼし、「長浜地区小中学校教科書をタダにする会」が結成された。1週間もたたずに長浜地区で1,600人分の署名が集められ、教科書の不買運動へと大きく展開した。新学期から約1ヶ月間続いた自主運営学校、地域内の教師もプリントをガリ版で刷るなどして運動を大きく盛り上げた。

その結果、この教科書無償化運動は全国民的な民主化運動へと拡大していった。やがて、国会でもこの問題が取り上げられ、昭和38（1963）年12月に長く続いたこの運動は結実し、教科書無償化が実現した。

それから半世紀近くの時が過ぎ去り、今日では教科書など無償で配布されるのは当たり前といった風潮が支配的である。教科書を自らの過失で紛失しても平然としている子どもたち、当該学年が過ぎれば当然のように廃品回収業者へ教科書を回してしまう保護者、権利を守るために要求をようやく勝ち取った先人たちの恩恵に預かっていることを今一度噛みしめたいものである。私事ではあるが、高知大学教育学部に奉職していた著者としては、その事情を知るだけにやるせない思いがある。事実、国会では事ある度に教科書無償化法の見直し論が取り沙汰ざたされている実情をしっかりと自覚すべきであろう。

⑤ 教科書が教師と学習者にもたらすメリット

教科書を巡っては、あまりにも様々な問題を内包するだけに紙幅が尽きることはない。しかし、いくらそれを巡って議論してみたところで、わが国の学校教育に占める教科書の地位は微動だにしない。今日においても、教科書抜きの学校教育など考えられないのである。それほどまで重宝される教科書、教師の

側は勿論のこと、学習者である子どもたちにとって、どのような活用上の利点があるのであろうか。以下に主なメリットを列挙してみたい。

表3-1　教科書があることのメリット

【教師側】	【学習者側】
① 教科書通りに進めれば、当該学年で取り扱うべき教育内容を漏れなく押さえることができる。	① 教科書を手にすることで、その後の学習への見通しをもつことができる。
② 教職経験の深浅に関係なく、均質な授業が展開できる。	② 教科書があることで、予習・復習をすることができる。
③ 教科書の豊富な資料を活用することで深みのある授業を展開することができる。	③ 自己課題解決の方策として、教科書にある豊富な資料を活用することができる。
④ 教科書の通りに展開することで、教材研究に費やす手間を軽減することができる。	④ 授業時に理解が不十分にできなかった箇所の見直しと学び直しが自分でできる。
⑤ 教科書の中にある練習問題や発展課題を家庭学習として提示することで、学習内容の定着を図ることができる。	⑤ 学習者自身が教科書の課題や練習問題等を有効に活用することで、学習内容を確実に身に付けたり、学習を発展させたりすることができる。

⑥　教育課程編成の視点から見る教科書の功罪

　学校教育において、教科書が様々なメリットをもたらすことはここまで触れた通りである。しかし、教育課程編成という視点で、さらにカリキュラム開発という側面から教科書の機能的役割を捉えるなら、決してメリットばかりではないことに気づいてくる。以下に、教育課程編成における教科書のメリット、デメリットを検討してみたい。

　教育の世界では、「教科書を教えるのではなく、教科書で教えることが大切」といった教職に携わる者の継承文化が色濃く息づいている。いわば、目の前の子どもたちの実態も見ずして教科書をそのまま教えるようでは半人前、教科書

を子どもたちの興味・関心と結びつけながら学習意欲を喚起して学習を創造するのがプロ教師であるといった意味合いで語り継がれている教職としての心構えである。

　教科書は学校教育法にも明記されている通り、その使用は義務づけられている。しかし、教科書そのものをそのまま教えるだけでは、やはり教師としては半人前である。教科書を手にすればすぐに気づくことであるが、その限られた紙面には授業に直結する様々な工夫と豊富な情報が詰め込まれている。それを授業のねらいとのかかわりで上手に引き出し、効果的に活用するのはやはり教師個々の技量次第である。教科書にそのまま頼るのではなく、授業の中で積極的に活用する方途を探るべく常に意識していくことが専門職としての教師には求められるのである。

　教師の世界では、悪しき例えとして「学校の教育課程編成3S」というのがある。そのローマ字頭文字の3Sとは、①（教科書会社作成の）指導書（S）丸写しの教育計画、②（研究）先進校（S）の実践事例をそのままデッドコピー、③言われなければ担当教科の指導計画すら面倒がって作成しない指示待ち（S）の姿勢、こんなことがかつての学校では囁かれていた。学校評価で常にその教育姿勢が問われる昨今の学校では考えにくいことではあるが、他力本願的な教育課程編成に教科書が未だ一役買っている側面を否定できないのは、検定制度による完成度が一様に高い証左であるとすることもできよう。このような「優れもの」としての教科書をどう活用するのかは、やはり教師次第である。

2　教育カリキュラムの歴史的変遷
（1）教育カリキュラムに影響を及ぼした教育理論
　学校教育と聞くと、その歴史は随分と長いという先入観に囚われがちである。しかし、教育史を繙くなら、今日のような教育制度や学校組織運用システムが一般化した歴史はそれほど古くはない。本項では、今日の学校教育やその教育課程編成に影響を及ぼした教育理論提唱者を概観してみたい。
　まず、教育史の中から今日の学校教育あるいはそのカリキュラムに影響を及ぼした主たる人物、さらにはその教育課程にかかわる人物の系譜を辿ってみた

い。そして、その潮流の中から今日の学校教育の教育課程編成に影響を及ぼしたカリキュラム諸理論を再考してみたい。結論的には、1920～30年代に提唱された教育カリキュラム論の様々な要素が、今日の学校教育における教育カリキュラムにおいて違和感なく定着しているのである。よって、近代以降の学校にかかわる教育思想や教育カリキュラム開発論を概観することで現代の学校教育の望ましい姿、望まし教育カリキュラム編成の在り方を見据えることができるのである。その様な観点から大まかにまとめたのが、図3-3の教育思想・教育カリキュラム論の系譜図である。以下、補説していきたい。

図3-3　教育思想・教育カリキュラムの系譜

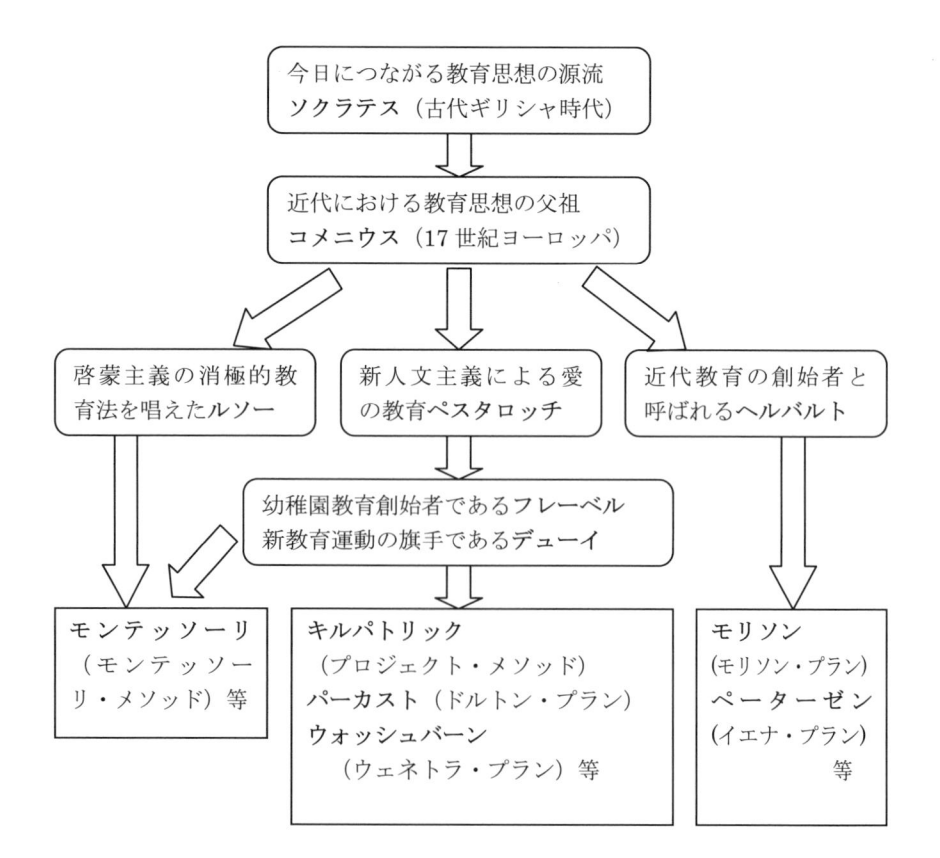

```
        今日につながる教育思想の源流
        ソクラテス（古代ギリシャ時代）
                 ↓
        近代における教育思想の父祖
        コメニウス（17世紀ヨーロッパ）
         ↙        ↓        ↘
  啓蒙主義の消極的   新人文主義による愛   近代教育の創始者と
  教育法を唱えたルソー  の教育ペスタロッチ   呼ばれるヘルバルト
                      ↓
             幼稚園教育創始者であるフレーベル
             新教育運動の旗手であるデューイ

  モンテッソーリ    キルパトリック         モリソン
  （モンテッソー   （プロジェクト・メソッド）  （モリソン・プラン）
  リ・メソッド）等  パーカスト（ドルトン・プラン） ペーターゼン
                  ウォッシュバーン        （イエナ・プラン）
                    （ウェネトラ・プラン）等    等
```

① ソクラテス（Socrates, B.C.470？～399年頃）

☆「対話法」で真理を追究した古代ギリシャの偉大なる教育思想家

　古代ギリシャの都市国家アテナイの市民であったソクラテスは、理性によって導かれた良心によって徳性とは何かを探求し続けた。ソクラテスは「知行一致（知の知恵である徳を探求し、徳に従って自らの生き方を導く）」「知徳合一」という「自分の魂の世話をすること＝善く生きる」の大切さを主張した。

　ソフィスト（職業教師）が博識の伝承を「教育」と見なしたのに対し、ソクラテスは「私は、少なくとも自ら知らぬことを知っていると思っていないかぎりにおいて、あの男より智慧の上で少しばかり優っているらしく思われる」(註3)という名言「無知の知」を掲げ、問答による対話を通してドクサ（教条）から解放し真理へ接近させるフィロソフィー（智を愛する）を探求した。ソクラテスは、その過程において対話者を共通の問題を追及する仲間と考える「対話法」を教育活動の主要な方法と考えた。対話法では、話者が真理だと信じている見識を矛盾に導き、そこから自らの力で真理へ辿れるように必要な助言を与えるといった方法論を重視する。それをソクラテスは、苦しみ抜いて新たな生命の誕生を迎える妊婦の手助けをする産婆（ソクラテスの母は産婆であった）になぞらえ、自らを魂の産婆と称する「産婆術」を駆使するのが自らの教育的使命であると考えた。

　このような相手の偽善を白日の下にさらすような問答は、知識層の反発を招き、青年たちを堕落させ、国家の奉ずる神を信じないという濡れ衣で訴えられる。そして、毒杯を自らあおって刑死する。ソクラテスは一切著作を残さなかったが、当時20代の弟子であったプラトンがソクラテスの思想を後世に伝えたことで、その思想や足跡を辿ることができるのである。教育の原点としての「対話法」は、未だに重視され続けている。

　ソクラテスの対話法には、その前提となるものがある。それは、対話者が真、善、美を求めようとして生きる存在であることである。そして、普遍的なものとしての正しい知（エピステーメー）を求める人間の本質的な働きが知であるとした。よって、人間の善さとしての行為、生き方というのは倫理的な認識に基づく意識的行為であるから、徳は知であるという帰結に至り、徳は教えられ

るとしたのである。ただ、ソクラテスと他の都市国家から訪れた若者メノンとの対話を描いたプラトンの『メノン』によれば、徳は知であるので教えられるが、自分は徳を教える教師を未だ見たことがないと語るのである。そこでの「道徳は教えられるか」という命題は、古代ギリシャの時代から現代に至るまで常に問い続けられてきた本質的問題でもある。

② コメニウス（J.A.Comenius, 1592～1670年）
☆教科書による事物主義（汎知学）を展開した近代教育の祖

学校教育が注目され始めた時代に、「すべての事を、すべての人々に教えるための普遍的な技術を論述したる」（註4）と喝破(かっぱ)したのが、『大教授学』（1632年）を著したチェコスロバキアのヤン・アーモス・コメニウスである。

コメニウスが近代教育の父と呼ばれる所以は、A．一般の民衆に一般教育を施すことを理想としたこと、B．ラテン語で組織された学問を母国語に翻案して特権階級からの知識の解放を標榜したこと、C．あらゆる学問知識を一般教養「汎知学(はんちがく)（ありとあらゆる知識を国民に普及させるという思想）」として体系化したこと、D．挿絵付き教科書を編纂したこと、E．ベーコンの帰納法的認識論（具体事例から原理・原則を導き出す手法）を基に先入観や偏見・言語主義を克服しようとしたこと、F．多数の人に大量の知識を迅速にという「教刷術(きょうさつじゅつ)（didacographia）」をモデルとしたこと、等である。

また、コメニウスの名言としては、「教師はインク、子どもは白紙」がよく知られている。含意は、子どもという「白紙」に教師の声（＝インク）を一斉に刷り込むという「一斉授業」方法論の提唱である。コメニウスの時代にそれは普及することはなかったが、近代になると世界各国が義務教育制度を整備する過程で、その効率性や経済性に着目し、急速に採用されていった。今日ではあまりにも当たり前となっている「一斉授業」方式によるメディア・リテラシー（media literacy：情報収集活用能力）の実現を最初に構想した人も、やはりコメニウスである。

コメニウスの教育思想は感覚主義であり、感覚は根源性や真実性、的確性の根拠であり、認識の出発点であること、視覚や聴覚等の外部感覚だけでなく、

記憶力、認識力、判断力、意思力といった内部感覚までも教育によって形成しようと考えた。そして、その感覚の認識は事物主義から始まること、つまりあらゆる事柄を汎知学的に的確、平易、着実、敏速に一定の事物の体系にしたがって構成されたものを教授するという「自然的方法」に立脚している。一見、コメニウスの教育手法は伝統的な言語主義、注入主義と捉えられがちである。だが、その教育の究極的目的は来世で神と合一するために現世で学術、徳行、敬神を深めることであり、神の創造した事物を知り、支配・活用し、神に返すために教授があるという事物主義を貫くのである。

コメニウスの教育教授思想が体現されたとする『世界図絵』(1658年)では、教授内容が自然界、技術界、人間界、宗教界からその構成原理によって体系化された自然的方法で抽出された事柄が150項目にわたって記されている。それを母親学校（1〜6歳対象）、国語学校（7〜12歳対象）、ラテン語学校（13〜18歳対象）、アカデミー（19〜24歳対象）において的確に順序立てて身に付けていくことで汎知学の理想は実現されると考えたのである。そこには、今日の学校教育の底流となっている特徴が少なからず垣間見られるのである。

③　ルソー（J.J.Rousseau,　1712〜1778年）
☆児童中心主義教育思想－子どもの発見

スイス・ジュネーブ生まれでフランスの思想家として活躍したジャン・ジャック・ルソーは、『エミール』において「人は子どもというものを知らない。子どもについてまちがった観念をもっているので、議論を進めれば進めるほど迷路にはいりこむ。このうえなく賢明な人々でさえ、大人が知らなければならないことに熱中して、子どもにはなにが学べるかを考えない。かれらは子どものうちに大人をもとめ、大人になるまえに子どもがどういうものであるかを考えない」（註5）とあまりにも有名な言葉を残している。つまり、子どもには子ども固有の世界があり、その世界に生きる存在として子どもの論理にしたがった教育をしなければならないという必然性を主張したのである。

また、ルソーは「自然に帰れ」という名句でも知られるように、大人が子どもに大人の準備をさせるのではなく、自然の法則に従って子ども自身の固有の

成長論理に立って考え、支援することが大切という「消極教育」の立場を強調する。その思想の基底にあるのは、子どもの独自性や主体性を尊重した教育、子どもの心身の発達に即した教育、経験から直接に学ぶ教育を重視するという自然の摂理を重んずる啓蒙主義である。

　ルソーは本来的に思想家であり、教育の専門家ではない。事実、ルソーは内縁の妻テレーズとの間にもうけた5人の子どもたちを養育することなく、すべて孤児院に送って、その後の消息にすら興味を示さなかったといったエピソードも語り継がれている。当時の社会において、このような慣行は特段珍しいことではなかったのであるが、ルソーはこのような自らの行為を悔恨し、『エミール』に注ぐ子どもへの愛情となって顕れているといった指摘もある。その点で、子どもの教育の在り方を論じた啓蒙思想家としてのルソーへの高い評価は格別なものではあるが、思想家即教育家ということではない。ただ、ルソーの唱えた子ども観、教育手法は、その後の世界中の教育界へとてつもない影響を及ぼしたことは紛れもない事実である。以下に概要を述べたい。

　ルソーは『エミール』の冒頭で、「植物は栽培によってつくられ、人間は教育によってつくられる」という名言をしたためている。ルソーによれば、人間の教育というのは「自然」「人間」「事物」から成り立つが、自然は人間に内在する心身を発達させる力、人間とは他者から意図的・無意図的に働きかけられる教育的な力は、事物は人間を取り巻く物質的環境であると説明する。そして、その中で人間が介在することのできない力が「自然」であると述べている。ならば、自然、人間、事物という三者が調和的に教育として機能していくためには、人間や事物による教育を「自然」による教育に合わせていくしかないというのが、ルソーのいうところの合自然の教育である。よって、子どもの教育は子どもの本性に従った教育、つまり、大人があれこれと介入して直接指示して教えるような教育ではなく、直接事物とかかわり、自分の身の回りで豊かな体験を積み重ねていくことでさらなる好奇心を呼び覚まし、自ら学ぶことの重要さと知識を得ることの有用性をしっかりと学んで身に付けていくのである。このような教育を、ルソーは「消極教育」と呼

称したのである。よって、大人が介入することなく放置しているといったニュアンスでは決してないことを付け加えておきたい。

　先に挙げた『エミール』では、第3編までで「教育の本質的条件」「消極教育の時期」「教育の有用性」といった事項に触れ、子ども自身の体験を通して学ぶ重要性を語っている。そして、第4編では「青年期における理性の教育」を取り上げている。いわば、感性的存在としての子ども期の消極教育から、青年期における理性教育への移行を論じている。この15歳の時期は感性的存在から理性的・道徳的存在へ移行する時期で「第2の誕生」と呼ばれている。この理性を通して学ぶ時期に理論的、抽象的な真の学習を可能にしていくのは、子ども時代に十分に感覚を鍛え、実感の伴った学習を積み重ねておくことが必要であるとルソーは主張する。さらに、第5編ではエミールが恋人ソフィーと恋愛し、結婚に至る過程を通してその在り方が語られている。

　このような一人の人間の成長過程に寄り添う形で論じられた教育論がルソーの『エミール』であるが、そこでは画一的に発達期を区切って述べてはいない。おおよその年齢的なものは記されているが、その期間の区切りは画一的ではない。つまり、子どもの成長・発達を量的な拡大過程と捉えるのではなく、質的変化と捉えていたところにルソーならではの斬新な人間教育観を窺い知ることができるのである。

④　ペスタロッチ（J.H. Pestalozzi,　1746～1827年）
☆児童中心主義－合自然・教育愛の実践者

　ルソーの教育観は観念論であった。それに対し、スイス・チューリッヒ生まれのヨハン・ハインリッヒ・ペスタロッチは、優れた教育実践家であると同時に近代教育思想の確立者でもある。「玉座の上にあっても木の葉の屋根の蔭に住まっても同じ人間、その本質から見た人間、そも彼は何であるか」(註6)といった人間観に立脚するペスタロッチの教育論は、「生活が陶冶（本来的にもっている資質・能力を望ましい方向へ育むこと）する」という名言に凝縮されるように、実際生活に即して自分で活動（自己活動）し、自分で考え、自分で

感じる（直感原理）という生活教育が基本原理である。

　ペスタロッチもコメニウスやルソー等と同様に、教育のスタートは抽象的な文字や数概念ではなく、子どもたちの具体的体験の中に見出される生き生きとした経験への直接的所与であると考えた。ただ、この具体的な事物に体験的に触れたり、興味・関心をもって事象にかかわったりする中での経験こそ、真の意味での知識を獲得することであるとしたルソーとは立場を異にし、事物・事象への直接的所与の中から求められる学びの要素を抽出し、その要素を意図的に組み立てることをもって「直観教授」としたところにペスタロッチの「開発教授法」という特徴が見出せるのである。具体的体験から体験知を獲得し、客観的要素を踏まえた経験知へと高めようとするところに直接教授としての開発教授法の意義があり、後述するJ.F.ヘルバルトの系統主義的な教授法とは対極的に捉えられているのである。

　ペスタロッチの教育原理が確立したのは、スイスが独立国として民主化を進める拠点となった街、シュタンツで戦災孤児の教育に奔走した実践経験を踏まえてのことである。ペスタロッチ教育の前提は、どんなに貧しくても、どんなに不良な子どもであっても、その中には神が与えたもうた人間性の力が必ず内在しているという「メトーデ（独：Methode：体系的方法）」に基づく人間信頼の思想である。ペスタロッチは、誰しもがもっている基本的諸力である精神的な力（head）、道徳的な力（heart）、身体的な力（hand）、これらを調和的に発達させることで、人間の内面に愛と信頼を中心に全体的・調和的に統合された人間性（「聖なる力」）へと高められるとし、子どもの教育可能性を主張したのである。

　また、「人類の家庭的関係は最初の且つまた最も優れた自然の関係である」（註7）とするように、家庭的な愛情が教育の基盤にあってこそ「生活が陶冶する」（晩年の著書『白鳥の歌』で自らの教育方法メトーデを、すべての人にとっての教育「基礎陶冶」という理念へ発展させた）という思想を展開した。すべての子どもに「人間力」があり、それを開花させる基盤が「愛情ある家庭的雰囲気」であるとする新人文主義（近代の主知主義・合理主義に対し、人格の全体的・調和的形成を唱える思想）による愛の教育思想を提唱したのがペスタ

ロッチその人であった。

　また、学習指導法としては具体的物事に対する直観が子どもの認識を明瞭概念に発展させる直観教授の理論を唱え、教育は子どもの内部から開発するもので外部から注入すべきではないという開発主義の教育思想は、ヘルバルトやフレーベルといった教育学者への影響に留まらず、主知主義から実物教育や体験教育による生活教育へという合自然性に基づく教育方法改善の潮流を世界中へ広めることとなった。

　冒頭に挙げたペスタロッチの人間観は、本来平等であるはずの人間に差別が厳然と存在するが、それを改善するのは教育であるとする思想である。ペスタロッチは、社会現実を三層の家に例える。最上階に住まう少数の人々は学問の恩恵を受けているが、その下の階に住まう最も多くの人は上階への梯子を外されているためにその恩恵を受けることができない。さらに最階下に住まう最も多くの人々は劣悪な環境でうごめいている。そこから子どもたちを救うには教育しか方法がなく、それを抜きにして国家の繁栄・発展はあり得ないとするのが児童中心主義を標榜したペスタロッチの教育思想である。

　この思想は明治初頭のわが国の近代教育制度確立期、20世紀初頭に世界中を席巻した新教育運動、さらには戦後日本の新教育制度にも大きな影響を与えた。また、今日の「生きる力」に象徴される子ども自身が自らの課題に気づき、考え、判断し、より主体的に問題解決していくという小学校生活科や総合的な学習の時間等での学習方法の源流はペスタロッチの開発主義に端を発している。

⑤　ヘルバルト（J. F.Herbart,　1776〜1841年）
☆国民国家制度としての教育方法論――一斉授業の普及と制度化

　ドイツのヨハン・フリードリッヒ・ヘルバルトは、科学としての教育学を倫理学と心理学を基底に理論構築したことから、近代教育学の創建者として知られている。イエナ大学で哲学を学んだヘルバルトは、スイスで家庭教師を務めながら教育経験を積み、やがてケーニヒスベルク大学でカントの後任として哲学と教育学を講ずることとなった。そこで教育学研究室を創設し、実習学校を開校するなどして一学問領域としての教育学を体系づけた。その後、講師として

勤めたことがあるゲッチンゲン大学に戻って著作活動を展開した。ヘルバルト教育学は、『一般教育学』(1806年)、『教育学講義綱要』(1835年)等で概観することができる。

ヘルバルト教育学は、恩師であるドイツ観念哲学者のフィヒテ (J. G. Fichte, 1762〜1814年)や、スイスで訪ねたペスタロッチの人間観および世界観に影響を受けている。そして、その教育学は2つの学問原理、つまり、教育の目的は哲学的倫理学によって決定され、その目的実現の方法論は心理学によって基礎づけられるという理論的基礎の下、個人教授を立脚点として構想された。

ヘルバルトは教育の目的を必然的目的と可能的目的とに分類した。必然的目的とは道徳的品性であり、道徳的判断の前提となるのは直感的判断や美的判断といったもので、それらは意志によってなされると説明する。そして、その道徳的意志の在り方について、「内的自由の理念」「完全性の理念」「好意の理念」「正義の理念」「公正の理念」といった5類型で関連づけている。もう一方の可能的目的とは、子どもの多方面的な興味であるとしている。

次に、ヘルバルト教育学ではこのような目的を実現するため、「管理」、「教授」、「訓練」という3側面から教育を捉えている。まず、「管理」とは教授や訓練をするための予備的な内容を指す。子どもの無秩序な面を愛と権威という簡潔な力(作業、監視、威嚇、懲罰)によって抑制し、秩序を取り戻すことである。また、「訓練」とは、教材等を媒介としないで直接的陶冶を行う教育方法で、外部的方法と内部的方法とに大別されて「A. 保持」→「B. 規定」→「C. 規制」→「E. 助成」という4段階の訓練プロセスを挙げている。

次に「教授」であるが、ヘルバルトの思想としての教授は、子どもたちの既習知識の拡充・深化を図ることで道徳的品性を陶冶し、その品性の発展への方向性を与えるものであるとしている。ヘルバルトは、このような教育と陶冶の一体化を図る有意味な「教育的教授」を支える子どもの興味の多面性を「知識」と「同情」に分類した。そして、知識については経験的興味、思弁的興味、趣味的興味に、同情については同情的興味、社会的興味、宗教的興味とそれぞれに細分化した。それらを前提に、ヘルバルトは個々の子どもの専心没頭する側面と、そこから得たものを人格に統合させるための教授プロセスを開発した。

その教授プロセスは、「専心」と「致思」に大別される。さらにそれらは、一つの事柄を明確にとらえる働きとしての「静的専心」、一つの事柄から他の事柄へと移行する働きとしての「動的専心」、それぞれの事柄を秩序立てて統一する働きとしての「静的致思」、知識として統一されたものを応用する働きとしての「動的致思」と4段階に区分した。つまり、ヘルバルト教授法として世界中に普及した「A.明瞭」→「B.連合」→「C.系統」→「E.方法」という「4段階教授法」である。

この4段階教授法は、ヘルバルト教育学を受け継ぐヘルバルト学派のチラー(T. Ziller, 1817～1882年)の「A.分析」→「B.総合」→「C.連合」→「D.系統」→「E.方法」と中心統合理論に基づいた5段階教授法、ライン(W. Rein, 1847～1929年)による5段階教授法の開発へと発展し、わが国には明治20年代に雇われ教師として来日したハウスクネヒト(E. Hausknecht, 1853～1927年)によって伝えられ、教育学者である京都大学の谷本富(1867～1946年)等によって全国へ広められた。そのラインによる5段階教授法とは、「A.予備(学習目的の明示)」→「B.提示(学習展開のための教材等提示)」→「C.比較(教材から派生した学習内容を比較・検討して吟味)」→「E.概括(比較・検討した学習内容を統合的に体系化)」→「F.応用(学習内容を応用できるよう一般化)」の教授プロセスである。このようなプロセスは今日の学校においても日常的に活用されているポピュラーな指導過程論でもある。

ヘルバルトは著書『一般教育学』において、「教育学は、教育者にとって必要な科学であるが、しかしまた教育者は、相手に伝達するための必要な科学知識を持っていなければならない。そして、私は、この際、教授のない教育などというものの存在を認めないしまた逆に、少なくともこの書物においては、教育しないいかなる教授もみとめない」(註8)と述べている。

ヘルバルトの生きた19世紀ドイツにおいて、児童労働禁止、犯罪防止等を背景に急速に発展した近代学校制度化下では一斉教授法の開発は必然だったのである。同時に、教授理論が未だ存在しなかった各国教育界に教育学的視点から物事を捉えようとする「教育学的心術」や、教師の子どもへの応答力である「教育的タクト」といった考え方が及ぼした影響力は計り知れないものがある。

それは後の新教育運動での教授法、カリキュラム開発の布石ともなっていった。

⑥ フレーベル（F.W.A.Fröbel, 1782～1852年）
☆児童中心主義教育思想－幼稚園の創始者

　ドイツの教育者、フリードリヒ・ヴィルヘルム・アウグスト・フレーベルは、ペスタロッチが唱えた直観教授による教育法の影響を受け、幼児の成長の論理を探求し、1840年にバット・ブランケンブルク（Bad Blankenburg）で世界最初の幼稚園モデル施設キンダーガーデン（独：Kindergarten　キンダーガルテン＝子どもの園）を開設したことから、幼稚園教育の創始者と称されている。

　フレーベルの教育思想は、その著『人間の教育』の中から垣間見ることができる。フレーベルの教育思想は、当時の思想的背景が反映された汎神論的性格を帯びているが、幼児の遊戯中心という考え方である。フレーベルは、「教育は、人間が、自己自身に関して、また自己自身において、自己を明確に認識し、自然と調和し、神とひとつになるように、人間を導くべきであり、またそうでなくてはならない。それゆえ、教育は、人間として、自己自身および人間を認識せしめ、さらに神および自然を認識せしめ、そしてかかる認識に基づいて、純粋神聖な生命を実現せしめるように、人間を高めなければならない」（註9）と、人格的成長の初期段階における幼児教育の重要性を指摘した。

　フレーベルの幼児教育思想の斬新さは、知育中心であった当時の幼児教育諸学校に遊戯を中心とした子どもの活動衝動を基底にする方法論的発想を持ち込んだことである。その中心的役割を担ったのが、幼児教育における子どもの主体的な活動としての遊戯、お絵かき、生活体験等を引き出し、社会性を育むための方法論として開発したのが恩物（英：Froebel Gifts、独：Fröbelgaben　授かり物）である。この積み木や球等の第1から第20まである様々な恩物と呼ばれる独自の幼児教育用教具は1838年に開発され、今日の幼児教育現場においても日常的に目にすることができる。

　恩物の内容は、第1恩物「六球」、第2恩物「三体」、第3恩物「立方体積み木」、第4恩物「直方体積み木」、第5恩物「立方体と三角柱の積み木」、第6恩物「立方体と直方体の積み木」、第7恩物「色板」、第8恩物「棒」、

第9恩物「環」、第10恩物「粒」、第11恩物「穴あけ」、第12恩物「縫う」、第13恩物「描く」、第14恩物「組む・編む・織る」、第15恩物「紙折り」、第16恩物「紙切り」、第17恩物「豆細工」、第18恩物「厚紙細工」、第19恩物「砂遊び」、第20恩物「粘土遊び」である。これら神によってもたらされたとするフレーベルの恩物は、万物の諸法則的な深遠な意味をもち、幼児の個性的な創造力を引き出す役割を果たすとされている。また、恩物は個々の子どもの自由で主体的な活動としての「遊び」も引き出すが、それが組織化されれば心身を助長し、社会性を育む源になると考えられたのである。

子どもの「遊ぶ」という活動衝動を引き出し、活動そのものを通して人間の本質と物事の本質を体験的に体得するというフレーベルの教育思想は、そこに内意された汎神論、つまり、万物には神が宿っており、一切が神そのものであるといった宗教・哲学観ゆえに、当時の国家からは危険思想として弾圧された。しかし、近代教育思想の成熟は幼児教育の必然性を後押しし、フレーベルの幼児教育思想はやがて世界中に普及していくこととなった。

⑦ モンテッソーリ（M. Montessori, 1870〜1952年）
☆児童中心主義思想－幼児の権利擁護

図3-3の教育思潮の系統図を前提にするなら、イタリアの医師であるマリア・モンテッソーリが開発したモンテッソーリ教育方法（Montessori method）について述べるためには、その思想的位置づけについて新たに項立てすることが適切かとも思われる。ただ、モンテッソーリの教育思想に少なからぬ影響を及ぼしたのがルソーの啓蒙主義、フレーベルの児童中心主義である点を考慮するなら、敢えてこの部分で取り上げることが妥当であろうと判断した。その前提に立って先へ論を進めることとする。

モンテッソーリの教育理論は、現在でも世界中の多くの幼児教育現場で支持されている。モッテッソーリは、教育を発達のそれ自身の法則に従って子どもの生命を助成することであると定義する。つまり、「教師が自分自身を子どもの心に押しつけるのではなく、子どもの発達を共感的に見守るとき、子どもはよりよく学ぶだけでなく、そこには子どもの人格の拡張があります」（註10）と

述べているように、子どもの自主性、独立心、知的好奇心等を育み、社会貢献できる人格形成をその目的としているのである。

このモンテッソーリ教育法は、欧米ではオルタナティブ教育として、わが国においては子ども個々の潜在能力を引き出す、知的能力を高めるといった早期教育として注目されている。ややもすると、早期教育や英才教育といった幼児教育法だと誤解されがちであるが、モンテッソーリが目指したのは子どもたちの欲求に沿って進める教育の重要性である。それゆえに、子どもの自発性を引き出す心遣いや集中して活動する際の教師のかかわり方等ができる技術をもった独自の教員育成に力を注いでもきたのである。このようなモンテッソーリ教育法や、それを可能にする教員養成方法は現在も世界各国で実践されているが、このような広範な支持を得た背景には、知的・発達障害の治療教育法として、あるいは貧困家庭の子どもたちの知的能力を引き出す教育法として発展してきた経緯があることを忘れてはならないであろう。

この幼児教育法（構想としては 24 歳までを対象とした開発教育法である）の創始者モンテッソーリは、イタリアで最初の女性医学博士となった精神科の医師であった。モンテッソーリは、当時の精神病院や精薄児施設で治療にあたりながら教育学的な研究を同時に進めてきた。その過程で学んだのは、精神遅滞児の教育と治療の必要性と可能性であった。また、1907 年にローマ優良建築協会の依頼によって開設した「子どもの家（Casa dei bambini)」で貧しい家庭の 3 歳から 7 歳の子どもたちに教育を施したことも踏まえ、一つの結論を得たのであった。

その結論とは、子どものある特定な心機能は一定の時期に敏感に環境へ反応するということであった。これはつまり、この時期に感覚運動機能を十分に鍛えれば、その後の知育や徳育といった諸能力の発達に大きく寄与するという「敏感期（sensitive period）」の理論であった。そして、その際に重視すべきであるとしたのが、子どもの知的好奇心に基づく自発性であった。この教育方法では、子どもに自己活動の自由と個々のニーズに合わせた環境を与え、助手たちと共に開発したモンテッソーリ教具と呼ばれる感覚練習教材を使用させ、感覚運動能力に働きかける「構成された環境」を実現するなら、子どもの発達に

かかわる生命現象としての「集中現象」や、「敏感期」の特質活用ができるとしたのである。そして、このような幼児期における子どもたちの自由で自発的な活動と活動環境を保証し、感覚教材を効果的に活用させるためにはその指導スキルを身に付けた教師が大きな役割を果たすとしたのである。

モンテッソーリ教育では、子どもが伸び伸びと自由に遊び、自由に活動できる環境を実現し、清潔に保たれた教室で子どもたちの活動が引き出せる配慮のできる教師が求められるのである。また、モンテッソーリ教具として特徴的な木製玩具の形や大きさ、手触り、重さ、材質等々、子どもたちの繊細な五感をやわらかく刺激するような配慮が施された教具を扱う技術や管理の能力も要求される。そして、何よりも肝心な要素とされたのは子どもの活動そのものであり、それを注意深く引き出し、観察する能力と態度を身に付けた教師の存在であるとしたのである。

幼児の教育には、衛生的で安全な生活環境と教具による学習環境整備が必要であるとして、ローマのスラムに「子どもの家」を開設して実践活動を行い、保育環境整備が幼児の発達を最大限に実現させることを証明した。この点で、モンテッソーリの教育思想・実践は子どもの権利擁護という面で高く評価されている。

⑧ デューイ（J. Dewey, 1859～1952年）
☆進歩的経験主義－学びの個性化と協同化の教育

ジョン・デューイは、20世紀の米国を代表するプラグマティズム（pragmatism：知性は問題を解決する道具という立場）の哲学者であると同時に、戦前、戦後を通じてわが国の教育界に大きな影響を与えた偉大な教育思想家でもある。

米国のみならず、世界を席巻したデューイの教育思想は、道具主義、実験主義、経験主義等々と称される。その由来は「経験の拡大」という点に集約される。「なすことによって学ぶ（Learning by Doing）」という名言は、まさにそれを体現しているものである。

デューイは、人間が様々な活動によって得る「経験」の発展性に着目した。

人間は、何かをする時に道具を使う。そして、その結果を踏まえて道具も徐々に扱いやすいように改良される。それは、知性も同様である。例えば、人は自分の知性を活用して導き出した結果によって、その都度修正を加えなければならない。つまり、知性は具体的（実験的）に経験することで、その都度新たなものへと修正されるのである。このような経験に基づいた知性が活用され、行動に適切に反映されるところに人間の自由と進歩の道筋を見出したのである。このような人間の主体性に基づく自由と知性によって導かれる行動の自由とを確保することで、他者への寛容さと思考の柔軟さを与え、社会の調和と発展のための協同を実現するとデューイは唱えたのでる。

このような経験主義の思想を教育へ援用したのが、1896年から1903年まで続けられたシカゴ大学での実験学校（別名「デューイ・スクール」）での教育実践である。デューイは、1894年にシカゴ大学教育（哲学・心理・教育学が統合された）学部の学部長として招かれる。そこで、デューイは「生きた人間の社会生活を実験材料とする実験室」としてのシカゴ大学付属小学校つまり、デューイ・スクールを開設するのである。この学校では暗記と試験に明け暮れる受動的な一斉授業はなく、子どもの興味・関心を出発点に手仕事によるオキュペーション（occupation）と呼ばれる「知的側面と実践的側面の連続的・全体的発達バランス」で構成した活動的な学習経験で構成される個別的な授業が展開される。

このラボ（laboratory：実験室）と呼ばれる実験学校の試みは、子どもというのは遊びを通して無意識のうち自発的に学習するので、それを助長してやるのが学校教育の役割であるとしたパーカー（F.W.Parker, 1937〜1902年）の教育思想を発展させた進歩主義教育運動（Progressive Eeducation Movement）と称され、デューイはその理論的指導者と仰がれるに至った。デューイの、学校とは子どもたちが自発的な社会生活を営む「小社会」でなくてはならないという主張は、伝統的な学校教育関係者へ突きつけた大胆な挑戦状でもあった。

そこでの3年間におよぶ教育実践を、保護者やデューイの思想に賛同する協力者の人々に報告した内容を収めたのが、教育三部作（『学校と社会』1899年、『民主主義と教育』1916年、『経験と教育』1938年）として知られる中の1

冊、『学校と社会』である。

　その中でデューイは、「旧教育は、これを要約すれば、重力の中心が子どもたち以外にあるという一言につきる。重力の中心が、教師・教科書、その他どこであろうとよいが、とにかく子ども自身の直接の本能と活動以外のところにある。それでゆくなら、子どもの生活はあまり問題にはならない。子どもの学習については多くのことが語られるかもしれない。しかし、学校はそこで子どもが生活する場所ではない。いまやわれわれの教育に到来しつつある変革は、重力の中心の移動である。それはコペルニクスによって天体の中心が地球から太陽に移されたときと同様の変革であり革命である。このたびは子どもが太陽となり、その周囲を教育の諸々のいとなみが回転する。子ども中心であり、この中心のまわりに諸々のいとなみが組織される」（註11）と新教育の考え方を明確に語っている。デューイの意図する学校とは、「子どもが実際に生活する場所であり、子どもがそれをたのしみとし、またそれ自体のための意義をみいだすような生活体験を与える場」（註12）なのである。

　よって、そのような学校での学習内容や方法は個性化と協同化によって組織化され、直接経験に潜む可能性が体系的学問経験と社会経験との連続性をもつ学習経験となるよう意図したことから「なすことによって学ぶ」という経験主義を象徴する言葉で称されるようになったのである。このようなデューイの新教育思想の原点には、「成長としての教育」という考え方がある。つまり、「成長は生命の特質であるから、教育は成長することと全く同一である。すなわち、成長には成長そのものを越えたどんな目的もない。学校教育の価値の基準は、学校教育がどこまで連続的成長への欲求を生み出し、しかもその欲求を実際に有効なものにするための手段をどこまで提供するか」（註13）ということなのである。

　デューイの教育思想は、大正時代から昭和初頭の時代に隆盛を極めたわが国の新教育運動期、戦後期に「這い回る経験主義」と揶揄されつつも子どもの生活経験から興味・関心を引き出して主体的な問題解決学習による学びを具体化した民主主義教育の主な理論的バックボーン（他には、独の哲学者・教育学者であるE.シュプランガー〈E. Spranger, 1882〜1963年〉の提唱した文化教育

学の潮流を受け継いだ田島体験学校〈川崎・田島小学校〉の体験教育や郷土教育を主軸とした新教育実践もよく知られている）となった。

　ただ、留意しなければならないのは、デューイ自身が自著『経験と教育』の中でも述べているように、新教育対旧教育といった捉え方ではなく、それぞれいずれの教育の中でも実現されている子どもの教育的経験の質をどう維持し、次へつなげていけるのかという教師の力量を問うている点である。わが国の戦後民主主義教育草創期の体験的教育、平成元年学習指導要領改訂で創設された小学校生活科の教科目標となっている「具体的な活動や体験」の教育的経験の質、平成10年学習指導要領改訂で小学校第3学年から高等学校までを対象に新設された「総合的な学習の時間」の進め方を巡る混乱ぶり等々を勘案すると、やはり、そこにはそれらの教育活動を体現するための教育課程編成や教育カリキュラム開発への教師力が課題として浮かび上がってくるのである。

（2）新教育運動にみるカリキュラム開発の基本型

　前項では、今日の学校教育の理論的前提となっている教育思想や教育カリキュラム論の基底となっている代表的な先駆者について概観してきた。本項ではそれを受け、それらの教育思想や教育カリキュラム理論を具体的な学校教育運営の場に敷衍する役割を果たした先駆者について考察していきたい。

　教育は具体である。よって、様々な教育理論は教育実践の場としての学校において活用され、血を通わせることでその意味をもつ。学校という実践の場で具体的な教育課程編成論、さらには教育カリキュラム開発論を展開し、理論と実践を往還させる役割を果たした代表的な教育者を取り上げていきたい。その意図は、これから述べる1世紀近く前の20世紀前半に提唱され、実践的に積み重ねられてきた新教育改革運動家の取り組みが、今日のわが国の様々な先進的教育実践、学校教育改革施策と呼ばれるもののベースとなっている場合がほとんどであるからである。

　よく、「歴史は繰り返す」といった表現が用いられるが、教育とて同様である。時空を一気に越えて再び蘇る教育理論、教育カリキュラム論を数え上げたらそれこそ枚挙に遑がないのである。つまり、教育の本質にかかわる不易な部

分をどうその時代の状況にアレンジしつつ援用するかが問われるのである。それは、「不易」という概念的な括りの中に含意される「流行」という部分でもあるのである。

　ちなみに、今日の学校教育に諸々の影響力を及ぼし続けている新教育運動とは、20世紀初頭あたりから各国で問題視されるようになった教育の質的改善を目指す国民レベルでの改革運動である。19世紀から20世紀初頭にかけて多くの国々では公教育制度が整備され、量的な制度は完成する。しかし、その教育内容の質的な面においては、あくまでも知識伝達優先で、その教育方法は知識を教え込んでいく注入的、画一的なものが支配的であった。このような教育制度整備の延長線上に連なる教育の質的改善要求の高まりが新教育運動として全世界的に展開されたのである。

　新教育運動は、おおよそ以下のような4つの教育改革への論点を帯びているのが一般的である。

Ⅰ. 児童中心主義
　それまでの教科中心型の教育でなく、子どもの成長を教育の中心に据えて何をどのような方法で教えていくのかという発想の立場に立つ。

Ⅱ. 全人教育主義
　学校では知識のみを教えるのではなく、子どもの道徳性や社会性といった人格形成にかかわる部分も含め、知育・徳育・体育を調和的・統一的に教育していこうとする立場に立つ。

Ⅲ. 活動中心主義
　座学を前提に、言葉を介して知識や技術を伝達していく教育手法に対し、子どもの興味・関心を前提にしてその主体的な活動を中心に教育展開しようとする立場に立つ。

Ⅳ. 生活中心主義
　学校をただ単に知識伝達の場と捉えるのではなく、子ども自身が他者とかかわり、その中で互いが協同し合いながら自らの力で成長し合っていく場と位置づけていく立場に立つ。

このように新しい教育のあり方を模索していく「新教育運動」は、児童中心主義、全人教育主義、活動中心主義、生活中心主義といった幾つかの要素で区分されるような特徴性に裏打ちされた教育の在り方運動であると言えよう。

本項では全てを取り上げるわけにはいかないので、先に挙げた図3‐3の系統図で二大潮流となっているデューイの経験主義教育思想に連なる教育課程編成論・教育カリキュラムの系譜、ヘルバルトの教育的教授思想に連なる教育課程編成論・カリキュラム開発論の系譜、この両者の体表的な理論を紹介していきたい。

《デューイの経験主義教育思想に連なる系譜》
① プロジェクト・メソッド（1918年 米国）
　★キルパトリック（W.H. Kilpatrick, 1871〜1965年）

ウィリアム・ヒアド・キルパトリックは、マーサー大学卒業後にジョンズ・ホプキンス大学大学院に学び、高等学校の数学教師になった。その後、マーサー大学で教鞭をとることとなるが、シカゴ大学での教師のためのサマー・セミナーでデューイと出会い、1907年にデューイが異動したコロンビア大学の教育学部に再入学する。デューイの下で教育哲学を志す決心を固め、1952年のデューイの死に至るまで共に緊密な共同研究を進めることとなった。特に1919年、デューイとキルパトリックは「プロジェクト・メソッド」という新しい教育方法論を構想し、その基礎理論と実践方法を次々と発表したことで世界的な反響を及ぼすこととなった。

このプロジェクト・メソッドという教育手法は、1920年代に米国教育界で普及した。キルパトリックは、この教育法を「社会的環境の中で行われる全心的目的活動」と定義し、個の内面的態度に委ねている部分から別名「構案法」とも称されている。構案という発想は、学習者である子ども自身が学習計画を立て、その計画に従って現実生活の中で生じた自らの問題解決をするという実践的活動を重視するからである。つまり、学習を計画（構案）するのは他ならぬ子ども自身であるところに方法論的な特徴が見出されるのである。

このプロジェクト・メソッドは、A.漠然とした困難の知覚→B.問題の整理

→C.問題解決のための仮説設定→D.推論による仮説の吟味→E.作業実行による研修、というデューイの経験主義の問題解決学習原理に基づき、実践的な作業を通して子ども自身が学習課題となる問題を発見し、様々な仮説に基づいて計画的かつ主体的な問題解決を目指す教育方法である。その学習プロセスは、A.遂行目的設定→B.見通しと解決方法の計画立案→C.計画に基づく実践活動→D.評価による活動の見取り、という4段階の過程をもつ「作業単元」として構想される。

このプロジェクト・メソッドは、マサチューセッツ州の農業学校で試みられた実践が有名であるが、そこで指摘された問題点は、経験の連続の原理に基づいて子どもの日常生活の中から問題を発見し、解決するという際の学校と学校外の生活との遊離であった。このメソッドでは、デューイの唱えた実際的生活における反省的思考（reflexive thinking）を標榜しつつも、生活経験を学校での学習活動と見なさなければならないという特殊な問題解決型学習にならざるを得なかった部分が課題として指摘されている。ただ、キルパトリックの指摘した学習者自身の目的意識や課題意識に支えられた学習活動というのは、学習者に内発的動機づけとなるだけでなく、学習プロセスにおける課題やその解決のための教材とのかかわりが豊かになり、学習内容の定着をより確かなものにできることは間違いのないところである。

大正期に日本にも導入されたこの教育法は、目的的活動を通して付随的な学習が可能となり、自立心、協働的態度、私心からの脱却、他者への配慮といった望ましい社会的態度形成といったメリットから、戦後の職業高校等でホームプロジェクトといった形で取り入れられた。この精神は、今日の「総合的な学習の時間」の趣旨や指導の在り方にも通底している。

② ドルトン・プラン（1920年　米国）

★パーカスト（H．Parkhurst，1887～1973年）

ドルトン・プラン（Dalton laboratory Plan：ダルトン・実験室プランとも称される）とは、ヘレン・パーカストが米国マサチューセッツ州ドルトン（ダルトン）市のハイスクールで実施した教育実践方法である。

パーカストがこの教育法を考案するきっかけとなったのは、大学卒業後に勤務した小さな単学級小学校で、1人で40人の生徒を教えるという経験をしたことである。そこでパーカストは、子どもたち一人一人に個別の課題を与え、それぞれがそれぞれのペースで学習するのを支援したことで想定外の教育成果を収めるという貴重な経験をすることとなった。そこで得た学習スタイル、つまり、個別の学習指導によって子ども一人一人の能力に応じた学習計画が作成され、それに基づいて子どもが個別に自学・自習することで自分にとって最適な学習を可能にするという教育方法論である。

　パーカストは、その後にイタリアに渡って学んだモンテッソーリの自発性、自主性を重視する教育観やデューイの問題解決学習等のメリットを柔軟に取り入れ、クラスの人数が多くとも子ども一人一人の能力を伸ばすことを可能にする目的で新教育法としてのプロジェクト・メソッドを考案したのである。この教育法の根本原理となるのは、「自由の原理」と「協同の原理」という考えである。

　「自由の原理」とは、子どもが教師と「契約」して学ぶことを意味する。子どもは、自分が立案した学習計画に従って教師と約束を取り交わす。1ヶ月といった一定の期間内に、どの科目をどこまで学習するのかというコントラクト（contract：契約）をするのである。学校では、学級単位の一斉指導による教科教育は廃止され、数学、歴史、科学、英語といった教科毎の実験室（つまり教室でラボと呼ばれる）に分けられ、助言者（つまり教師）のサポートを受けながら自己学習を進めるのである。ラボには、そこで学習する問題の解答や教師からの支援を受けるための質問カードが置かれている。子どもは自分の学習進度の進行応じて自学し、その結果を助言者に提出して合格すればポイントを獲得できる。このポイントはアサインメント（assignment：学習進度表）として貼り出され、教師はそれで学習状況確認しながら助言を重ねることとなる。このような子どもの主体性に基づく個別化された学習方法は、個々の能力や理解度に応じた学習スタイルを実現しやすく、世界中の国々における初等教育で改良されながら活用されている。

　次に「協同の原理」であるが、これはハウス（house：ホームルーム）での

議論や話合い活動を通して、子どもが所属している集団とのかかわりから他者との協調性、集団の一員としての立ち振る舞い等を週1回、クラスで会議が行われ、クラス全員が興味を持てるような話題を選ぶために議論・討議をすることで協調性を身に着けることを目的としている。

このドルトン・プランでは、子どもの自学・自習という自由と協同の原理に基づきながら進める教育方法論としての斬新さと裏腹に、カリキュラム論としては伝統的な教科カリキュラムを採用している。教科は大科目と呼ばれる主要教科群としての数学、歴史、科学、英語、地理、外国語等と、小科目と呼ばれる副次的教科群である音楽、芸術、手芸、家事、手工、体操等に大別される。それらは、午前中には助言者である教科担任教師が契約仕事として課すアサインメントに従って実験室で学習し、最後の数十分で互いに学習進度表で確認しながら問題点の点検を行う。そして、午後はハウスでクラス単位の集団活動を通して他者とかかわり合いながら小科目を学習するといった基本的な日課に従って展開される。

ドルトン・プランでは、ハウスとアサインメント、ラボラトリーが機能すれば、子どもたちの自発的態度、責任感、信頼感等が円滑に育つはずである。しかし、それを実現するための教師の技量や資質・能力が問われるという問題点も内在している。なぜなら、教師が相互に学習内容について関連性を持たせたり、個々の子どもを次段階の学習計画へ移行させるためのテーマ設定や教材を準備したりする方法を常に模索し続けていかなければならないからである。そして、何よりも子どもの一人一人の興味・関心を学習へ動機づけるための観察力や的確な指導力が必要とされるからである。

日本では、大正期に創設された沢柳政太郎の成城小学校、赤井米吉の明星学園での教育実践が知られている。

③ ウィネトカ・プラン（1919年 米国）

★ウォッシュバーン（C. W.Washburne, 1889～1968年）

カールトン・ウルジー・ウォシュバーンは、イリノイ州ウィネトカ市の教育長として市内小・中学校における一斉教授法を画一的なものとして排し、能力

別個別学習と集団的共同学習を並行的に組織し、自学自習教材と記録表の利用によって徹底した個別学習を行ったことで知られている。

このウィネトカ・プランと呼ばれる教育方法論の基本的な枠組みの特徴は、教育課程を共通必修教科と集団的・創造的活動に大別し、個々の個人差に対応した個別学習を重視するのと並行して、集団学習活動によって人間形成も同時に実施できるような教育指導体制を実現しようとしたことである。つまり、画一的かつ集団的な一斉指導だけに頼るのではなく、共通必修教科では能力別個別学習を徹底して行い、集団的・創造的活動では共同学習によって人間形成を効率的に進めるという異なる教育活動を並行的に組織しているのである。

このような個人差に応じた教育活動を実現しようと発想したのは、確かに教育長という立場にあったウォッシュバーンその人であった。しかし、ウィネトカ・プランで留意したいのは、ウォッシュバーンが教育長として市内教員組織を指揮したのではあるが、具体的な改革プランを練り上げ、実践したのはそこに所属する一人一人の教師たちであった事実である。ウォッシュバーンは教師たちと研究会を組織して話し合い、学年別と学年を超えた研究会を組織して、教育内容の個別化、自主教材開発、学習診断テスト開発、自己訂正用教材の開発等を鋭意進めたのである。その着目点は、カード化された自学自習教材と個別記録表の活用によって徹底した個別学習を行うというのもであった。

このウィネトカ・プランによる教育課程の大きな特徴は、共通必修教科（主に系統的・体系的に学ぶ必要がある読・書・算等の3R's）と集団的・創造的活動（音楽・美術・体育等）に分けて意図的に編成されたこと、共通必修教科では個別指導による学習内容の完全習得を目指しつつ、集団的・創造的活動では集団活動学習によって子どもの社会化が効果的に促進されたこと等である。さらに、共通必修教科で系統的にカード化された教材、学習診断テスト、未定着な内容理解を補強するための訂正用教材等を詳細に検討・分析したものを次々と出版していったことも、この教育方法論を広く知らしめる結果となっている。このような教員組織が一丸となって取り組む工夫は各教科での成果に留まらず、学校行事等の人格形成教育においても大きな役割を果たしたのである。

敢えてこの教育方法論を批判的に捉えるなら、系統的な教材化という教科カ

リキュラムを前提にしていることから、どうしても必然的に知識偏重型になってしまう点は否定できない。また、教員組織の協同作業によって創造的に作成されたカリキュラムであるだけに、教育内容の質的な担保がなされているわけであるが、一度体系化されてしまったものはいくら実践による検証で不都合が生じてもおいそれと改編、修正がしにくい面もある。まだ社会状況変化が比較的緩やかな時代では多少の許容度も仕方ないが、今日のような目まぐるしく変化する時代にあってはやや援用が難しい現実もあろう。

　このウィネトカ・プランはわが国をはじめ、世界各地に広く普及したが、米国では1940年代になると教科カリキュラムよりも経験カリキュラムに視点を置いたラディカルな新教育運動が盛んになってきて、次第に重視されなくなってきた経緯がある。しかし、自学自習教材と個別記録の活用という個別完全学習を目指した手法はカリキュラムの柔軟性を実現できるなら、今日の学校教育でも大いに取り入れたい教育方法論である。

《ヘルバルトの教育的教授思想に連なる系譜》
④　モリソン・プラン（1920年　米国）
　★モリソン（H.C. Morrison, 1871～1945年）
　1920～30年代の米国において単元論を展開し、新しい教授方式を発展させたのが、シカゴ大学教育学部教授のヘンリー・クリントン・モリソンである。このモリソン・プランと呼ばれる学習指導方法は、シカゴ大学教育学部付属の実験学校での教授実践を踏まえた教授法で、「モリソン単元法」と称されることもある。

　モリソン・プランの大きな特徴は、デューイが主張した経験や環境への適応というプラグマティズムに依拠した問題解決型学習の教育手法を含意しつつ、ヘルバルト学派の形式的段階教授法を時代の要請に応える教育方法論として発展させたところに教育改革プランとしての意義を有している。つまり、プロジェクト・メソッド等に見られる児童中心主義の立場と、ヘルバルトの教科カリキュラムを効果的に指導するための教授段階法の立場、この両者の長所をうまく取り入れたところに教育プランとしての斬新さを見出すのである。

このプランでは、科学型の教科目について、学習単元（learning unit）を組織し、その単元に従っての各授業を5段階の教授過程によって指導することに特徴がある。その5段階の教授課程とは、以下の通りである。

A. 探究（exploration）

授業の導入にあたり、学習者の既習経験と今後学ぶ学習経験との関係性を予備テストや問答法で知り、学習を動機づける。

B. 提示（presentation）

新たな学習展開をするための教材提示、単元の概要を教師が説明する。

C. 同化（assimilation）

クラス全体で到達目標に向かって学習を展開し、学習者の資質・能力、学習への関与態度、学習スキル等を育て、単元内容の理解を図る。

D. 組織化（organization）

学習単元の内容についてまとめ、整理する。

E. 発表・反復（recitation）

学習単元で身に付けた内容について発表し合い、習熟の問題と練習を行う。

モリソン・プランの究極の目的は、学習内容の完全習得である。よって、予備テストや各時間での評価、不十分な部分の補完指導を繰り返すことで、個々の子どもの完全習得を図り、学力の向上をねらおうとするものである。よって、計画的かつ系統的な学習の積み重ねという機械的な押しつけによる学習内容の完全習得を目指す教授法といったイメージが先行しがちである。しかし、そのプロセスとしての「探究」→「提示」→「同化」→「組織化」→「発表・反復」においては、教師の役割活動もあるが、何よりも重視されているのは学習者である子ども自身の主体的な学習活動である。その点でヘルバルト学派の段階的教授法と一線を画している。

例えば、「同化」や「発表・反復」の段階で個々の子どもの主体的関与がない限り、当然のことであるが学習深化は望めない。それでは、「探究」段階の予備テスト等で既習学習経験や生活経験を掘り起こしという、後に完全習得学習（masterly learning）を提唱したB.S.ブルームの「診断的評価」のように

いくら丁寧にやっても、学習内容を正確かつ発展的意図の下に「提示」したとしても、「組織化」段階でブルームの言うところの「形成的評価」のように個々の学習習熟度を見取る努力を重ねたとしても、完全習得といった理想は潰えることとなる。よって、モリソン・プランの大きな特色は、教師中心的な指導から始まり、児童中心的な学習で終わるという重心移動が挙げられよう。また、教科という枠組みを堅持しつつも、直観教授法の援用や学習者相互の協同的な学習活動を通じて子ども個々の人格形成が最終的に図られることも挙げられよう。

このようなモリソン・プランは、わが国においては戦後すぐに開始された経験主義教育への批判が高まった昭和20年代後半〜30年代にかけて影響を及ぼした。ただ、デューイの問題解決型学習の手法とヘルバルトの段階的教授法の融合によって、一方で子どもの主体的な学びを尊重し、もう一方で学習内容の完全習得を目指す教育手法は斬新ではあったが、伝統的教科枠組みや一斉授業による学習単元といった方法論的視点が旧式教育といったイメージを払拭できず、顧みられないようになっていった。

しかし、伝統的教科枠組みと揶揄されつつも、各々の教科の特性によって①科学型、②鑑賞型、③言語型、④実技型、⑤反復練習型の5分類で区分し、それぞれ固有の教授段階を設定する等、今日の教育方法論につながるものも少なくない。例えば、科学型であれば、「探究」→「提示」→「類化」→「組織化」→「発表」という教授段階プロセスを辿ることとなる。このような教科特性に応じて学習単元論を展開し、その新しい教授方法を発展させたモリソンの教育方法論には学ぶべき点が少なくない。

⑤ イエナ・プラン（1924年 ドイツ）

★ペーターゼン（P. Petersen, 1884〜1952年）

イエナ・プラン教育（独：Jena Plan）とは、ドイツのイエナ大学教育学教授だったペーター・ペーターゼンが、同大学付属実験校で実施した学校教育方法論である。その方法原理は、子どもたちを「根幹グループ」と呼ばれる異年齢のファミリー・グループでクラス編制し、その中で教えられる立場、教える

立場、それぞれを体験することで人格形成にまで促進しようとするところにある。1927年にスイスで開催された新教育連盟の国際会議で提案され、教育改革に取り組む各国関係者に注目された。

ペーターゼンの実験学校では、「学校は生活共同体の縮図でなければならない」という教育理念に基づき、年齢別学年・学級編成を廃止し、知的段階や人間性等のトータルなバランスを考慮して低学年集団（1～3年）、中学年集団（4～6年）、高学年集団（7～8年）に全校の子どもを編成した。そして、各集団は25～35人程度の小規模な異年齢構成の基幹集団に編成した。子どもはその基幹集団での共同生活を通じて自分の興味・関心に基づいた自己活動を展開するが、異年齢集団という環境の中で相互に教える側と教えられる側の両面を経験することで人格形成に寄与する高い社会性の育成を目指すという意図によるものであった。

イエナ・プランによる教育は、現在でもオランダのオルタナティブ・スクール（alternative school：公教育制度の中で独自教育カリキュラムの実施が容認された学校）では盛んにその実践が展開されている。教育の特徴として、以下の点があげられる。

A．異年齢で編成するクラス

イエナ・プランでの教育で重視されるのは、クラス編成である。基本的に35人以内程度で編成されるクラスは、異年齢の子どもたちによって構成される。例外的に2学年で編成するような場合もあるが、通常は3学年の子どもたちによって組織化され、運営される。

そのクラスは、根幹グループ（ファミリー・グループ）と呼ばれ、学級担当教員は「グループ・リーダー（基本的にその根幹グループに固定されている）」と位置づけられる。そこでは、最年長の子どもが学級委員として下級生を統率するシステムが採られ、学校は現実社会を反映したものであるべきであるという主張が貫かれている。よって、軽度の障害児等も積極的に受け入れられ、子どもが相互に違いを認め合いながら学び合うことで成長することが期待されている。よって、保護者が学校の教育活動に参加することも、ごく自然なこととして受け止められているし、子どもも優秀な子どもとか、そうでない子といった

区分けをするのでなく、「落ちこぼれ」する子どもを出さないことを前提にグループの組織化をするところに特徴がある。

このようなクラスも、年度が変わると子どもたちは次のクラスに進学し、新しく年少の子どもたちがそのクラスへ編成されてくる。

B．「話す」「働く」「遊ぶ」「祝う」の基礎的活動循環

イエナ・プラン教育による学校では、主な基礎的教育活動として、会話する、仕事（学習）をする、遊ぶ、祝う（催し）という4つの基本的活動を重視することが多い。そして、それらの活動を循環的に行うことで様々な学びを引き出してくる。

会話は、10人程度のサークルを単位にグループ・リーダーも子どもと共に参加して行われる。互いが身近な距離で話したり、説明したり、発表したりすることを通して、学習動機を刺激するのである。

働く、つまり学習は、それぞれの子どもが自分の興味・関心に基づいて調べたり、まとめたり、といった主体的な活動として機能する。働くには、自立学習と共同学習とが設定されるが、子どもの興味・関心や主体性が尊重される。

遊ぶとは、最年少、年中、最年長という異年齢の子どもたちが共にかかわることで、できないことを教えてもらったり、リーダーを助けて活動したり、リーダーとして下級生を統率したりという人間関係を学ぶ場でもある。遊びは自分たちで企画したもの、もちろん、その関係は学習場面でも発揮され、教えられたり、教えたりと双方の立場を経験することで学習内容の定着をより確実なものにするための機能をも果たす。

祝うとは、行事や誕生日を祝うことで、週のはじめの会や終りの会、年中行事、子どもや教員の誕生日等を主に構成され、互いが喜怒哀楽の感情を共有しつつ学校における共同体意識を育てることに目的が置かれている。

なお、この「話す」「働く」「遊ぶ」「祝う」の基礎的活動を循環させるため、イエナ・プランによる学校での時間割は教科別で作られず、4つの活動の自然な移行を前提にして意図的に編成される。

C．生活共同体の縮図として環境整備

イエナ・プランでは、学校を社会の一員として生きることを学び、仕事（学

習）することを学ぶ場として位置づける。よって、学校は、そこに学ぶ子どもと保護者、そして教員とから構成される共同体と見なし、1日の多くの時間を過ごす子どもたちの共同体における生活の場、共同体の一員として学ぶ場と捉えるのである。よって、イエナ・プランによる学校では、学校そのものをリビングルームとして機能させるために、その環境づくりに配慮する。よって、その小社会には障害がある人も、ない人も共に違いを認め合い、共によりよく生きるインクルーシブ（inclusive：調和的な）な社会の実現を目指す。そして、「学ぶことを学ぶ」のである。

　イエナ・プランによる学校では、学校の中核として「ワールド・オリエンテーション（World　Orientation：学びを方向づける時間）」を設定している。まさに異なる教科と教科を横断し、統合していく「学ぶことを学ぶ」ための総合的な学習のための時間が最重視されるのである。このイエナ・プランによるカリキュラムは、今日の学校教育で体現されていることを理解しておきたい。

（3）戦後教育改革の歴史的変遷と教育課程編成の特色

　それぞれの国における教育制度は、その国が置かれた状況や時代的背景によって当然異なってくる。しかし、近代教育制度成立以降にあって、そのバックボーンとなっている教育思想や教育カリキュラム思想の潮流を辿ると、同根であることが見えてくる。そこで問われるのは、それぞれの国が置かれた社会状況や時代的要請を前提に、そこで国民から求められる教育サービスをどう策定し、どう公的な教育制度として反映し、日々の教育活動として運用していくのかという国家的な合意形成の必要性であろう。そのための教育改革運動が、その時々の社会的要請を受けながら進められてきたことを理解しておきたい。

　わが国の戦後教育に影響を及ぼしたのは、米国ヴァージニア州教育委員会と学校現場が協力して作成した小単元主義学習指導要領試案（Virginia Plan）であった。このヴァージニア・プランと呼ばれる義務教育諸学校の教育改善のために提案された教育課程案である。このヴァージニア・プランでは、民主的な社会実現とそれに貢献できる人材の育成に必要な教育経験を義務教育で重ねることが必要という教育目的に基づく、教育課程編成の原理が示されている。

そこでは、民主的な社会の実現に貢献する人材育系のためには、個が社会と持続的にかかわりながら成長していくという相互成長過程として教育を位置づける。そして、子どもの「連続的な成長」という学校教育の目的に照らし、教科型カリキュラム主体の系統主義的教育を廃し、現実的な社会生活経験を中核とするコア・カリキュラムを提唱したのである。

わが国の戦後民主主義教育は、昭和22（1947）年の日本国憲法および教育基本法の制定によってスタートした。アジア・太平洋戦争後、連合国軍が日本占領中に設置した連合国最高司令官総司令部（GHQ：General Head Quarters）の占領政策に基づき、占領下における教育の民主化、教育機会均等による6・3・3・4制の単線型学校制度体系の導入、小・中学校義務化による教育期間の延長、義務教育における無償化、教育委員会制度による地域教育運営システムの導入等が開始されたが、昭和22（1947）年に文部省より示された学習指導要領（試案）では、社会的問題を中心課程（コア）としてその周りに周辺課程を配置するヴァージニア・プラン型のカリキュラムモデルが示された。

その試案時代から現代に至るまで、国家的な教育基準としての役割を果たしてきた学習指導要領変遷の足跡を辿ると、そこにはその時々の社会的要請を背景にした教育課程編成の時代的特色を垣間見ることができる。学校における教育課程とは、その時々の学校教育に求められる最善のものをスコープとシークエンスで体現していくという可塑性を前提としたものであることを敢えて確認するため、その変遷の足跡を概観していきたい。変遷期としての6区分はおおよその目安であるが、時代的なターニングポイントとなった社会的背景を受けたものであることは、極めて明瞭である。

① 戦後教育改革期における経験主義の新教育—1945～50年

まだ日本国憲法も、教育基本法も制定されていない昭和22（1947）年3月、わが国最初の『学習指導要領一般編（試案）』が文部省より刊行された。この試案は、米国のコース・オブ・スタディ（Course of Study）をモデルとしたもので、教育目標、教育内容、指導方法、評価方法まで及ぶ概説を述べている。それを受けて、同年5月に社会科、算数・数学科、理科、6月に音楽科、12月に国

語科と、各教科の目標、内容、指導と評価、指導にかかわる留意事項等が盛り込まれた各科編が刊行された。

ここでの基本理念は、A．民主主義的な基礎の上に立つこと、B．自由と責任の原則に基づくこと、C．社会的要求に応ずること、D．児童の要求に応ずること、であった。つまり、児童中心主義と経験主義的な教育原理に基づく教育の推進である。この教育理念と指導原理は70年余に及ぶ戦後教育の原点であり、ことある毎に引き合いにされ、教育改革運動の原動力となってきた。

例えば、平成元（1989）年の学習指導要領改訂に伴って小学校第1学年および第2学年で社会科と理科に替わって新設された「生活科」がそうであるし、平成10（1998）年に自ら課題を見つけ、自ら学び、自ら考え、主体的に判断し、よりよく問題を解決する資質・能力を育成する時間として小学校第3学年から高等学校までを対象に新設された「総合的な学習の時間」にも児童中心主義と経験主義の教育原理はしっかりと息づいている。

② 基礎学力論と系統性重視の教育—1950年代

終戦から徐々に社会全体が落ち着いてくると同時に問題視されたのが、新教育推進の弊害としての基礎学力低下論である。同時に、社会科の一環として取り扱われてきた道徳教育による子どもたちの道徳心低下も指摘されるようになってきた。連合国軍による占領下という特殊な社会状況から、わが国が復興への第一歩を踏み出しつつあった社会状況下では、学校教育へ求められるニーズが変質してきたということの証左でもある。

ただ、基礎学力低下論争の前提となる基礎学力の定義やその構造をどう捉えるのかという点では、やや曖昧な部分も少なくなかった。論点は、従来からの「読み・書き・計算」を基礎学力とするのか、それとも個としての問題解決能力や問題処理能力といった生きて働く現実的な部分を基礎学力と見なすのか、という問題の決着は不透明なままに、目覚ましい経済発展と科学技術発達に伴う大量生産（重厚長大）社会に適応するための人材育成の観点から、教育の質的拡大を前提とした系統主義的な教育、経験主義から時代的要請に即した教育へと、大きくその方法原理を転換したのがこの時期である。

もちろん、道徳教育についてもそれまで社会科を中心とした学校教育全体で行うことが原則であったが、その効果が十分でないとし、昭和33（1958）年3月の教育課程審議会答申「小学校、中学校の教育課程の改善について」に基づいて、戦前の徳目注入型の「修身科」とはその性格を異にし、民主主義社会における国民の育成という立場から道徳的価値教化を行う時間として「道徳の時間」が特設された。

③ 能力主義と教育内容の現代化—1960年代

1960年代は、わが国の経済が右肩上がりに成長した時代でもある。そのような社会で求められる人材は、個々人の高い能力である。よって、それを推し量るバロメーターはどんな成績を獲得し、どんな学校や大学を卒業したのかという学歴偏重主義である。「四当五落」といったキャッチコピーに象徴されるような受験競争が過熱し、学校教育の在り方も否応なく変質せざるを得なくなってきた。このような能力主義の時代にあって学校教育に要請されるのは、高度経済成長と科学技術の進展に寄与できる人材の育成である。能力主義な文教政策の中で進められたのは、理数系教科を重視するという「教育内容の現代化」というカリキュラム改革運動である。J. S. ブルーナーが提唱した知識を構造として学習する発見学習理論や学問中心カリキュラムが世界中の先進諸国で脚光を浴びるようになってくる。わが国でも、昭和43（1968）年の小学校学習指導要領改訂、昭和44年の中学校学習指導要領改訂、昭和45年の高等学校学習指導要領改訂によって、理数系教科の授業時数増加、年間総授業時数の全体的増加が図られた。

④ 「四六答申」とゆとり路線への転換教育—1970年代

1970年は、EXPO'70大阪万国博覧会で幕開けされた。大阪万博には76カ国、4国際機関、1政庁（香港）が参加し、「人類の進歩と調和」（Progress and Harmony for Mankind）をテーマに、183日間の開催期間中に訪れた入場者は6,400万人を数える盛況のうちに幕を閉じた。この万博のシンボルとなったのは、世界的な前衛芸術家として知られる岡本太郎（1911～1996年）の手による「太

陽の塔」であった。「太陽の塔」は、隆盛を極めた日本経済のよき時代の象徴そのものでもあった。そのような社会状況下にあって、学校教育では様々な歪みが露呈しつつあった。

戦後四半世紀を経て、経済の高度成長は人口の都市集中、所得水準の向上等々によって日本の社会を大きな変貌させた。同時に、教育の世界にもその余波は否応なく押し寄せることとなったのである。知識詰め込み教育の弊害や行き過ぎた受験競争の過熱化は青少年の心身を蝕み、児童・生徒を問題行動へと駆り立てているといった学校を舞台にしたテレビドラマが世論の注目を集めたり、教育の在り方が社会問題化したりした時代が70年代である。それまでの画一的な教育から、子どもを育ちゆく一人の人間として問い直そうとする「教育の人間化」が問われるようになった戦後教育の転換期がこの時代である。

この時代の特徴は、戦後教育の理念である「教育の機会均等」は、高等学校進学率や大学進学率の飛躍的な上昇といった教育の量的拡大をもたらした反面、他方では学校教育の質的向上や教育制度面での多様化への対応といった課題にも対応せざるを得ない歪みが露わになってきたことである。そんな世相を過敏に反映し、社会状況変化への柔軟な対応指針を示したのが昭和46(1971)年10月31日の中央教育審議会答申である。

後に「四六答申」と呼ばれて賛否両論が渦巻いたこの答申の特徴は、「国家・社会に有意な人間の育成」という戦後教育が敢えて避けてきた教育理念、目的を真っ正面から問うた点にある。特に、今後の国家社会における人間像はいかにあるべきかという課題に対し、個人の能力、適性、進路等に応じて後期中等教育の拡充整備を図るため、「A.その目的、性格について」、「B.教育内容、教育方法、授業形態、教員について」、「C.教育機関の形態および教育制度上の位置づけについて」を提言するというインパクトの強いものであった。

しかし、そこに至る幼児教育から初等教育、中等教育においても今日の学校教育の根幹ともなるべき提言がなされている。例えば、学校段階の特質に応じた教育課程の改善、および、公教育の質的水準の維持向上と教育機会均等の保障、人間としての調和的発達を目指した教育課程領域（各教科、道徳、特別活動）の3領域に確定、高等学校における芸術、外国語、家庭の必修化、幼稚園教育

の積極的な普及充実、特殊教育(今日の特別支援教育)の積極的な拡充、生涯教育整備等々についてである。米国における「教育の現代化」運動に呼応する形で戦後教育の在り方を問うたこの答申は、後にわが国における「第三の教育改革」といった評価を得る。ただ、それが具体像として描かれるは、昭和59(1984)年に内閣総理大臣の諮問機関として発足した臨時教育審議会(略称は「臨教審」)の第4次答申（1987年）を待たなければならなかった。

⑤　「臨時教育審議会答申」と「新教育観」—1980年代後半～

　臨時教育審議会は、「臨時教育審議会設置法」に基づき設置された内閣総理大臣直属の諮問機関である。この臨教審は、かねてより教育の在り方を憂慮していた当時の首相、中曽根康弘の政治的主導によって国家的な見地から巨視的かつ長期的な視点で広く教育問題を検討した。この審議会の運営は「21世紀を展望した教育の在り方」(第1部会)、「社会の教育諸機能の活性化」(第2部会)、「初等中等教育の改革」(第3部会)、「高等教育の改革」(第4部会)と4部会が設定され、結論に至った提言から順次答申され、最終的に昭和62(1987)年の第4次答申まで続けられた。

　この臨教審答申が提言したのは、「A．個性重視」「B．生涯学習体系への移行」「C．国際化・情報化等の変化への対応」である。国際化や情報化が著しい社会全体が知識集約型へと変化しつつある中で、知識詰め込み主義の弊害、受験競争過熱の低年齢化、校内暴力やいじめ・不登校児童・生徒の増加、都市化や核家族化による家庭・地域教育力の低下等々といった学校教育が抱える深刻な矛盾を背景にしてのことである。

　平成元(1989)年の学習指導要領改訂では、これまでの集団における個を前提とした学力から個々の子どもに軸足を置いた「新学力観」が提唱され、その学びも「自己教育力」へとシフトすることとなった。従前の集団を背景にした学力観から個の学びを重視した学力観への転換は平成10(1998)年へと引きつがれ、小学校生活科(平成元年)、小学校から高等学校までの総合的な学習の時間(平成10年)の創設によって教育の在り方そのものが問われるようになった。また、「生きる力」に象徴された学力観の転換によって教育評価への関心が高ま

り、その方法論が改善されたことも大きな特徴である。

⑥ 学力低下論争を経てのゆとり路線からの転換—2010年代〜.

「ゆとり路線からの転換」、これが 2010 年代のキーワードとなっている。OECD（経済協力開発機構）による国際学習到達度調査 PISA (Programme for International Student Assessment：正式には「国際生徒評価のためのプログラム」)結果等でわが国の公教育の学力に疑問を呈する声が上がってくると、また新たな方向へとその教育施策(平成15年の学習指導要領一部改訂、質的・量的拡充を求めた平成20年の学習指導要領全面改定)の舵を修正しつつある。

⑦ 各学校が教育課程編成することの意味

各学校が教育課程を編成するということは、このような経緯そのものである。集団的学びを前提にしたカリキュラム編成と、個の学びを軸に展開する学習活動でのカリキュラム編成ではその目標の設定も、教材も、方法論も、教育評価も大きく異なってくる。系統主義的なカリキュラムでは学校教育全体としての量的拡大は実現しやすいが、学ぶ個の主体性を前提としたカリキュラムではそれを支える教師の力量が大いに問われる。特に「総合的な学習の時間」の創設時は、カリキュラム開発を巡っての混乱が数年にわたって続いた。結果的にその創設趣旨は矮小化され、従前の教科教育の部分的拡大コピーであったり、やや放任主義的な教育に終始したりしているといった批判を招くこととなった。

教育改革は振り子運動とよく揶揄されるが、中道に留まることはない。どちらか一方に傾斜するのが通例である。戦後間もなく開始された児童中心主義・経験主義的な教育は、戦後復興から経済成長へという時代のうねりの中で社会の要請に応える形で主知主義的・系統主義的な教育へと大きく舵を切ることとなった。そして、その知識偏重主義の破綻を契機にまた個性重視の学びへと再び舵を切らざるを得なくなったのである。しかし、それに伴う混乱が教育現場では噴出した。学校がその時々の教育施策に対応して教育課程を編成すること、オリジナリティ溢れるカリキュラム開発をすることが至難の業であることを物語っていることの証左であろう。

わが国の文教政策は戦前・戦後を問わず、国家がその教育基準を示し、教科書によって具体化し、それに従って各学校がアレンジしながら体現するという手法が営々と続けられてきた。その点で、国や地域の教育基準が大綱化されている所が多い諸外国に比べ、学校や教師個人のカリキュラムに対する柔軟な発想や裁量的扱いに対する認識にはやや乏しい面があろう。そのような背景から、教育課程編成やカリキュラム開発への主体性やそのスキル、ノウハウが不足するため、総合的な学習の時間創設時のような学校種を超えた全国的な混乱が教育現場で生ずるのである。

ただ、各学校における現実的な教育課程編成を視座すると、そこには不可欠な要件や手続きが必要であることが見えてくる。まず、不可欠な要件としては、その編成において学びの範囲を規定し、学校種間の接続も考慮した学びの系統性を計画に規定するスコープとシークエンスとしての基準的役割を果たす学習指導要領および検定教科書といったものが挙げられよう。これら教育課程編成の前提となるものが明確となっているということは、画一的教育の弊害という両刃の剣的な批判は生じようが、公教育の質をあまねく担保するという公益性を重視した学校教育においてとても重要なことである。また、その教育課程編成手続きというのは、学校の教育理念や目標を教職員全員で共有していくためのプロセスという意味合いもある。そのような学校運営にかかわる視点からも、教育課程編成の手続きについて理解を深めていきたい。

3 教育課程編成の方法とマネジメント
（1）学校における教育課程編成の手続き

小学校、中学校学習指導要領第1章「総則」第1「教育課程編成の一般方針」1「教育課程編成の原則」には、「各学校においては、教育基本法及び学校教育法その他の法令並びにこの章以下に示すところに従い、児童（生徒）の人間として調和のとれた育成を目指し、地域や学校の実態及び児童（生徒）の心身の発達の段階や特性を十分考慮して、適切な教育課程を編成するものとし、これらに掲げる目標を達成するよう教育を行うものとする」と述べられている。

額面通りに受け取れば、各学校の教育課程編成をするのは校長である。なぜ

なら、学校教育法第37条第4項において「校長は、校務をつかさどり、所属職員を監督する」と規定されているからである。もちろん、学校の膨大な教育課程を責任者である校長一人がすべて編成するわけではない。

学校は組織体であるから、教育課程編成作業は全教職員の協力の下に行われなければならないものである。なぜなら、教育課程編成の権限と責任は校長に帰するが、当該学校の教育を充実させる役割を担うのは日々の教育活動を創意工夫し、相互の連携によって子どもたちを育もうと努める教師一人一人の指導力である。その教育活動を担う教師の指導力が結集されることで、教育課程全体のバランス、家庭や地域社会の学校に託す願い、教職員全体の自校教育にかける思いが「創意工夫を生かした特色ある教育課程」として結実するのである。

もちろん、各学校は教育基本法や学校教育法、さらにはそれに基づく法的拘束力をもつ学習指導要領に掲げる目標を達成する教育を行わなければならないのは当然である。よって、教育課程編成のための手続きに関する原則は、以下のようなことが必須である。

《**教育課程編成のための原則**》

① **関係法令の遵守**

　　教育基本法および学校教育法その他の法令や学習指導要領の示すところにしたがうこと。

② **調和のとれた子どもの育成**

　　児童・生徒の人間としての調和のとれた育成を目指し、地域や学校が置かれている教育的実態やそこで教育に求められている願い、目の前の子どもたちの心身の発達状況や特性を十分に考慮すること。

これらの教育課程編成原則に則り、全教職員で自校教育の理念や目標を共有し、全員で作業に当たり、その実現に向けて一丸となって日々の教育活動に取り組んでこその「生きて働くカリキュラム」である。やはり、各々の学校の教育課程は機能してこそのものである。そして、そこには様々な教育活動場面で生き生きと主体的に学ぼうとする子どもたちの姿が見えてこなければならない。各学校において教育課程を編成するに際しては、そのような子どもたちの

姿、各教科等(教科のみならず、教科外の道徳、外国語活動、総合的な学習、特別活動も含む)嬉々と学習活動に取り組む姿を前提に、その教育課程を実施する上での配慮事項も視野に置きながら、きめ細やかなものとなるよう努めていきたいものである。

《教育課程実施上の配慮事項として留意すべき事柄》

① 子どもの言語環境整備とその充実

　各教科等の指導に当たっては、子どもの思考力、判断力、表現力等を育むという観点から、基礎的・基本的に知識・技能の活用を図る学習を重視し、子どもが言語に対する興味・関心をもち、理解を深め、言語に関する能力を高めることができるようする。

② 体験的・問題解決的な学習や自主的・自発的な学習の促進

　各教科等の指導に際しては、体験的な学習や基礎的・基本的な知識や技能を活用した問題解決的な学習を重視し、子どもが興味・関心をもちながら自主的・自発的に学べるようにする。

③ 学級経営と生徒指導の充実

　子どもの学習促進要因として、教師との信頼関係や子ども相互の好ましい人間関係が不可欠である。子ども理解を深め、生徒指導の充実に機能するような教育活動に配慮する。

④ 筋道立てたり、省察したりできるような学習活動の重視

　各教科等の指導に当たっては、子どもが自らの学習について見通しをもったり、自らの学びを意図的にふり返ったりする活動が取り入れられるようにする。

⑤ 課題選択や自己の生き方を考える機会の充実

　各教科等の指導に当たっては、子どもが自ら学習課題や学習活動を選択したり、自らの将来について考えたりする機会を設けるよう工夫する。

⑥ 指導方法や指導体制の工夫改善と個に応じた指導の充実

　各教科等の指導に当たっては、子どもが学習内容を確実に身に付けることができるよう、学校や子どもの実態に応じ、個別指導やグループ別指導、繰り返し指導、学習内容の習熟度に応じた指導、子どもの興味・関心等に

応じた課題学習、補充的な学習や発展的な学習等を取り入れた指導、教師間の協力的な指導等の方法や指導体制を工夫改善し、個に応じた指導ができるようにする。

⑦ 障害のある子どもの指導

　障害のある子どもについては、特別支援学校等の助言や援助を活用し、個々の子どもの障害の状態に応じた指導内容や指導方法の工夫を計画的・組織的に行うようにする。特に特別支援学級または通級による指導については、教師間の連携に努め、効果的な指導が行えるようにする。

⑧ 海外から帰国した子どもや外国人の子どもの指導

　海外から帰国した子どもについては、学校生活への適応を図ると共に、外国での生活経験を生かす等の適切な指導を行うようにする。また、外国人の子どもの指導については、本人に対するきめ細かな指導と共に、その子どものもつ長所や特性を認め、広い視野をもって異文化を理解し、共に生きていこうとする姿勢を育てるようにする。

⑨ 情報教育の充実、コンピュータ等の教材・教具の活用

　各教科等の指導に当たっては、子どもがコンピュータや情報通信ネットワーク等の情報手段に慣れ親しみ、コンピュータの基本操作や情報モラルを身に付け、適切に活用できるようにするための学習を充実する共に、これらの情報手段に加えて視聴覚教材や教育機器等の教材・教具の適切な活用を図るようにする。

⑩ 学校図書館の利活用

　学校図書館を計画的に利用し、その機能の活用を図り、子どもの主体的・意欲的な学習活動や読書活動を充実させるようにする。

⑪ 指導の評価と改善

　子どもの良い点や進歩の状況等を積極的に評価すると共に、指導の過程や成果を評価し、指導の改善を行い、学習意欲の向上に生かすようにする。

⑫ 家庭や地域社会との連携および学校相互の連携や交流

　学校がその目的を達成するため、地域や学校の実態等に応じ、家庭や地域の人々の協力を得る等の連携を深めるようにする。また、学校間、幼稚

園や保育所、異校種学校等との連携や交流を図ると共に、障害のある幼児・児童・生徒との交流や共同学習、高齢者等との交流機会を設けるようにする。

＊⑬　進路指導の充実

　　子どもが自らの生き方を考え、主体的に進路選択することができるよう、学校の教育活動全体を通じて計画的、組織的な進路指導ができるようにする。

＊⑭　ガイダンスの機能の充実

　　子どもが学校や学級での生活によりよく適応すると共に、現在および将来の生き方を考え、行動する態度や能力を育成することができるよう、学校の教育活動全体を通じ、ガイダンスの機能の充実が図れるようにする。

＊⑮　部活動の意義と留意点等

　　子どもの自主的、自発的な参加により行われる部活動については、スポーツや文化および科学誌等に親しませ、学習意欲の向上や責任感、連帯感の涵養等に資するものであり、学校教育の一環として、教育課程との連携が図られるよう留意するようにする。その際、地域や学校の実態に応じ、地域の人々の協力、社会教育施設や社会教育関係団体等の各種団体との連携等の運営上の工夫を行うようにする。

　ここまで挙げた「教育課程実施上の配慮事項」は、文部科学省小・中学校学習指導要領解説「総則編」の第3章「教育課程の編成及び実施」第5節を整理・掲載したものである。①〜⑫は、小学校と中学校いずれにも共通する内容であり、⑬、⑭、⑮は主に中学校での教育課程編成において留意すべき事項である。

　なお、これらの配慮事項等も踏まえ、どのような手順を辿って教育課程編成がなされるのかは図3-4に示す通りである。そこで重要なのは、各々の学校の教育目標である。学校の教育課程として網羅される教育活動はすべて、この学校教育目標に最終的に収斂されるべきものである。以下の点を踏まえたい。

《学校教育目標の設定要件》

①　学習指導要領に示された各教科等の目標や内容を前提としていること

② 法律や当該教育委員会が制定した規則、方針に則っていること
③ 地域や学校の実態、願い等に即したものであること
④ 教育的価値が高く、継続的に取り組む実践可能性を含んでいること
⑤ 教育活動を通じての評価が可能な具体性の伴うものであること

図3-4　教育課程編成の手順

```
┌─────────────────────────────────────────────┐
│　Ⅰ　教育課程編成に向けた学校の基本方針についての明確化　│
│◆教育課程編成に向けた自校の理念や目標等の基本方針を策定し、その方針　│
│　内容、編成作業に向けた大綱等についての共通理解を全教職員で進める。　│
└─────────────────────────────────────────────┘
                        ↓
┌─────────────────────────────────────────────┐
│　Ⅱ　教育課程編成のための具体的な組織と日程の決定　│
│◆教育課程編成が組織的かつ計画的に実施できるよう組織作りや役割分担、　│
│　作業日程とそれにかかわる各種会議の設定等を具体的に行事計画へ位置　│
│　付ける　│
└─────────────────────────────────────────────┘
                        ↓
┌─────────────────────────────────────────────┐
│　Ⅲ　教育課程編成のための事前研究と調査を実施　│
│◆教育課程編成に向けて国の法的基準や教育委員会等の方針を確認したり、　│
│　学校環境や子どもの実態および保護者や地域住民の意向を調査したりし、　│
│　学校の実情を反映した計画となるように努める。　│
└─────────────────────────────────────────────┘
                        ↓
┌─────────────────────────────────────────────┐
│　Ⅳ　教育課程編成の基本となる目標等の事項を決定　│
│◆事前研究や調査の結果を踏まえ、教育課程編成の基本事項となる学校教育　│
│　の目標や重点指導内容等の基本事項を決定する。　│
└─────────────────────────────────────────────┘
                        ↓
┌─────────────────────────────────────────────┐
│　Ⅴ　教育課程の具体的編成と内容等の最終確認　│
│◆教育課程を作業日程に従って具体的に編成し、それぞれの必要事項に記載　│
│　漏れ等がないかを確認する。最後に最終責任者である校長の確認を受け、　│
│　編成した教育課程の内容を全職員で共有し合う。　│
└─────────────────────────────────────────────┘
```

(2) 教育課程改革としてのカリキュラム・マネジメント

　今日の学校教育において、各学校がただ毎年決まり切った教育活動を展開していくといった旧態依然のことは許されないようになってきている。当たり前のことではあるが、各学校がそれぞれに自校の理念と独自な教育目標を掲げながら、創意工夫を生かした特色ある教育活動を展開し、社会的な責任を果たしていくことを求められているのである。このような学校に与えられた社会的な役割を果たしていくための前提となるのは、各学校の理念や掲げる目標を体現していく教育課程ということになろう。その教育課程を編成・実施し、さらにそれらをよりよいものへと改善・再構築していくためには、カリキュラム・マネジメント（curriculum management）が重視されなければならない。

　このようなマネジメントの発想は、今日では一般的なものとなっている。学校教育のみならず、医療や福祉等、業種や分野を問わず、いずれにおいても質的向上に向けた改善への自助努力として当然な取り組みとなっている。特に学校教育はその目的性を考慮するなら、保護者や地域といった社会に対しての単なる説明責任のみではなく、共に手を携えながら地域に求められる理想的な教育の創造・実現を目指していくというより建設的で開かれた取り組みとして近年ますます重要視されてきているのは必然である。

　学校教育目標に基づく学校教育全体計画、各学年・各教科等の年間指導計画、各学年・学級における経営計画も含め、その目的は子ども一人一人の人間らしい善さを引き出し、育み伸ばし、将来にわたって自らのよりよい生き方を志向する上で必要とされる資質・能力としての人間力の培い、つまり未来展望的な人間力を培うために作成するものである。よって、それが形骸化したり、改善もされずに放置されたりすることのないよう、カリキュラム・マネジメントを積極的に推進していくことが必須なのである。

　カリキュラム・マネジメントの一連の流れを示すと、①教育課程の立案・編成（Plan：教師の総意を反映して立案）　→　②教育課程の実践（Do：計画に基づいて実践）　→　③評価活動（Check：実施時期・方法・内容等について評価観点に従って有効性検証）　→　④教育課程の再編成（Action：評価結果に基づく改善・再編成）というPDCAサイクルを辿る。

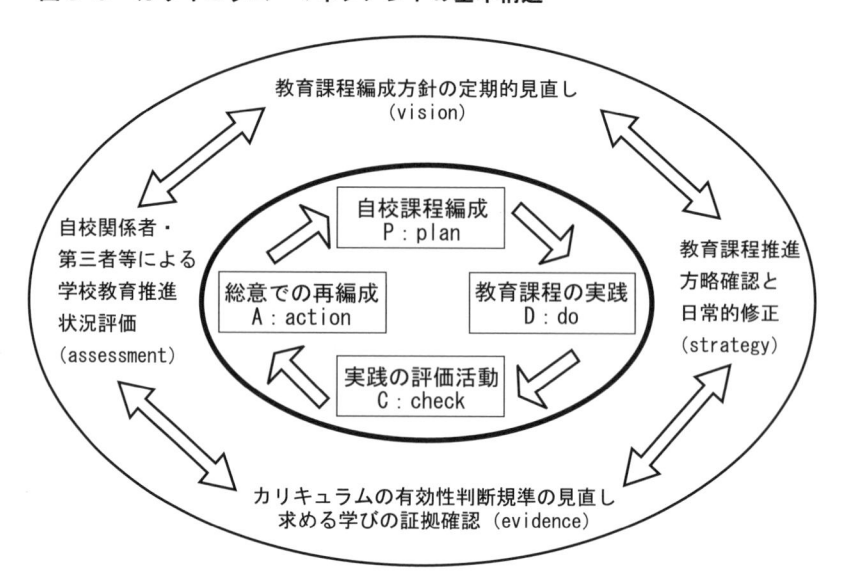

図3-5 カリキュラム・マネジメントの基本構造

```
                  教育課程編成方針の定期的見直し
                          (vision)

                        ┌─────────────┐
                        │ 自校課程編成 │
                        │   P:plan    │
  自校関係者・       ┌──┴──────┬──────┴──┐       教育課程推進
  第三者等による     │総意での  │教育課程の│       方略確認と
  学校教育推進       │再編成    │実践     │       日常的修正
  状況評価           │A:action │D:do     │       (strategy)
  (assessment)       └──┬──────┴──────┬──┘
                        │ 実践の評価活動│
                        │   C:check    │
                        └──────────────┘

                  カリキュラムの有効性判断規準の見直し
                  求める学びの証拠確認（evidence）
```

　「子ども一人一人の人間らしい善さを引き出し、育み伸ばし、将来にわたって自らのよりよい生き方を志向する資質・能力の育成」と、言葉で表現するのは容易いことである。しかし、それが各学校の学校教育目標に的確に位置づけられ、さらに学校教育全体計画、各学年・各教科等の年間指導計画、各学年・学級における経営計画へと敷衍されて継続的に機能できるようにしていくためには、やはりそこには意図的にカリキュラム・マネジメントを推進するという視点についての共通理解と強い姿勢がどうしても必要なのである。

　そこで特にポイントとなるのは、カリキュラムとして機能させた際にどうであったのかという見取りを丁寧に行っていく教師の姿勢である。それは自らの取り組みを批判的に分析することでもある。しかし、子どもにとって最良の教育活動を実現するためには避けて通れない教師の宿命でもある。

　教育活動評価において求められる自己省察的な教師であるための真摯なスタンスとは、以下のような3点がよくいわれることである。

《自己省察的な教師の姿勢》
① 子どもたちの前で、いつも豊かな教師であること。
② 一つ一つの教育活動に対して丁寧な教師であること。
③ いつも活動している子どもたちに向けられる眼差しが温かな教師であること。

　一見すると当たり前のようではあるが、教育カリキュラム改善にはどれを取っても必要不可欠な「評価活動を通して自ら伸びようとする教師」の必須要件である。それがなければカリキュラムは機能しないし、単にカリキュラムを消化していく、あるいは自らの取り組みを自己欺瞞的に過大評価して終えるという貧困な発想に陥ってしまう。つまり、カリキュラム・マネジメントは教師が自らの教育実践において自己省察的に機能させてこそ意味があるのである。曖昧な指導観で指導するなら、せっかくの教育課程も学校の教育活動全体としてバランスよく機能しないし、次年度さらには未来へ拓かれたカリキュラム開発・改善にはつながらないのである。このようなことから、カリキュラム・マネジメントの前提は、「教育は人なり」なのである。
　学校教育の世界は、その指導成果が短期間に結実しにくい性質を有しているので短兵急に結果のみを求めることは適切ではない。しかし、教師が自らを教師という専門職として位置付け、自己成長することを自覚するなら、日々の現実的実践の中に身を置いて「行為の中の省察（Reflective in Action）」という経験を基礎にしながら幅広い見識と科学的根拠に基づく教育学的知見を有する反省的実践家（reflective practitioner）でなければならないのは必然であろう。
　戦前・戦後と国語教育の第一人者として 74 歳まで教壇に立ち続け、生涯一教師を貫いた大村はま（1906〜2005 年）は、「いい社会人の大人が、『一生懸命やったのですが、できませんでした』なんていったとして、それが何の言い訳になるでしょうか。どんなに一生懸命やろうと、結果が悪い責任はその人個人が引き受けなくてはならないのですから」(註 14) と、教師の世界だけに通用する言い訳を厳しく戒めている。カリキュラム・マネジメントでは、単に学校の

教育課程改善という側面だけでなく、教師を一般社会で呼称する各分野における専門家（specialist）としてではなく、専門職（profession）であり続けるために職能成長（教師としての資質・能力啓発）を常に遂げていくことも求めている。いわば、社会的専門職公僕と教師を位置づけ、その専門性を基底で支える役割もカリキュラム・マネジメントは担っているとも考えられよう。

　上述のように、各学校で目指す子ども像の具現化が日常的に促進されていくためには、各々の教育計画を具体性の伴う実践として機能させていくことが必要である。そして、そのカリキュラム・マネジメントを通して自己研鑽していくのが専門職としての教師の役割であるとすることができよう。そのためには、教師個々でその任に当たるのではなく、専門職集団としての全教職員が予め定められた手順に基づいて役割分担しながら客観性を伴ってカリキュラム改善のための情報を得られるよう組織的に進めていくことが何よりも重要である。

　なお、図3-5ではPDCAサイクルの外円部分が強調されている。それは言うまでもなく、学校教育活動でいちばん大切とされなければならないのが教育理念や目的、教育目標であるからである。よって、自分たちの学校は法令や行政方針を前提にしつつも、学校の教育環境や子どもたちの実態、保護者や地域の教育に対する願い等を踏まえた教育理念としての「校是（学校固有の根本精神・創設理念）」や学校教育目標を策定し、常に確認するという手続きがまず必要である。それが、方針決定（Vision）である。次に、それらの校是や学校教育目標を具現化するための方略（Strategy）が必要となってくる。具体的にどのような具現化方策を講ずるのかという手立てをもたない限り、それは画餅に終始してしまうのである。さらには、いくら方針や方略が立派でも、それを具体的に教育活動でどのような成果となって表れればそれが体現できたのかという証拠（Evidence）を予め設定しておかなければならない。このような一連のカリキュラム・マネジメントを機能させるための手続きが、方針の決定（Vision）→方略の策定（Strategy）→証拠の設定（Evidence）→探査的継続評価（Assessment）という、VSEAサイクルである。

　ここで問題となるのは、VSEAサイクルなどどの学校でもあるのが当たり前で、なければ教育課程など編成できないのではないかという疑問である。しかし、

それがカリキュラム・マネジメントを有効に機能させない大きな要因となっている。その理由は、校是や学校教育目標は毎年更新されるような性質のものではないからである。よって、それらありきの前提で教育課程編成に着手されることも少なくないからである。校長、副校長、教頭等の主だった教師だけでなく、全教職員がVSEAサイクルを毎年再確認し、教育課程のよりよい改善を目指していく必要があるのである。特に、学習指導要領改訂期には教育課程再編成の負担感から、つい「教育課程編成3S」が顕著になりやすい。ローマ字頭文字の3S、①（教科書会社作成の）指導書（S）丸写しの教育計画、②（研究）先進校（S）の実践事例をそのままフルコピー、言われなければ担当教科の指導計画すら面倒がって作成しない指示待ち（S）の姿勢、である。これでは、内円の①計画立案（Plan）→②教育実践（Do）→③評価活動（Check）→④計画再編成（Action）というPDCAサイクルの日常的な円滑実施などとうてい叶わないこととなる。

　学校における全ての教育活動を視座すると、子どもたちの人格に働きかけ、心響かせ、心揺さぶる豊かな教育活動を意図的かつ多様に展開するということは、多くの科学的根拠と教師の専門性に支えられて初めて可能となるものであることが理解されよう。特に、人格的成長＝人間力の育みに寄与するという点では、教科外教育の重要性は言うまでもない。道徳教育や学校行事・集団宿泊体験・ボランティア活動・自然体験活動等によって社会性、道徳性の涵養と深くかかわる特別活動、外国語活動や総合的な学習の時間等の教育的意義は大きい。そのような点を十分に考慮し、緊密な関連を視座した教科教育の年間指導計画編成は必須である。また、それら教育活動について日常的かつ組織的に評価しつつ、不断の問い直しも続けていくことは何よりも重要なことであろう。

（3）教育課程改革と学校評価マネジメント

　学校評価については、平成14（2002）年4月に施行された小、中学校設置基準等において、各学校はそれぞれの教育活動について公教育の立場から保護者や地域住民に対して説明責任を果たす観点から、自校の取り組みについての自己評価とその結果の公表に努めることが義務づけられた。また、その後、平成

19（2007）年の学校教育法改正では、学校評価および自校教育活動にについての情報提供等を進めるための総合的な規定（第42条、第49条）が設けられた。さらに、それを受けて同年10月に学校教育法施行規則が改正され、自己評価・学校関係者評価、さらには第三者評価（22年ガイドライン改訂で追加）の実施と公表、評価結果の学校設置者（所管する教育委員会）への報告に関する規定（第66、67、68条および第79条）等が新たに設けられた。

　続いて、平成20（2008）年1月に文部科学省は「学校評価ガイドライン（改訂）」を作成した。そこには、どのような評価項目を設定したり、その評価指標をどう設定して行えばよいのかといった視点を例示したりした。「教育課程・学習指導」についての自己評価項目を1例として挙げるなら、以下のような視点が示されている。ガイドラインは、その後21、22年と逐一改訂されている。

◆　各教科等の授業の状況（小学校学習指導要領解説「総則編」より事例引用）
- 説明、板書、発問など、各教員の授業の実施方法。
- 視聴覚教材や教育機器などの教材・教具の活用。
- 体験的な学習や問題解決的な学習、児童の興味・関心を生かした自主的・自発的な学習の状況。
- 個別指導やグループ別指導、習熟度に応じた指導、児童の興味・関心等に応じた課題学習、補充的な学習や発展的な学習などの個に応じた指導の方法等の状況。
- ティーム・ティーチング指導などにおける教員間の協力的な指導の状況。
- 学級内における児童の様子や，学習に適した環境に整備されているかなど、学級経営の状況。
- コンピュータや情報通信ネットワークを効果的に活用した授業の状況。
- 学習指導要領や各教育委員会が定める基準にのっとり、児童の発達の段階に即した指導に関する状況。
- 授業や教材の開発に地域の人材など外部人材を活用し、より良いものとする工夫の状況。

◆　教育課程等の状況
- 学校の教育課程の編成・実施の考え方についての教職員間の共通理解の状

況。
- 児童の学力・体力の状況を把握し、それを踏まえた取組の状況。
- 児童の学習について観点別学習状況の評価や評定などの状況。
- 学校図書館の計画的利用や、読書活動の推進の取組状況。
- 体験活動、学校行事などの管理・実施体制の状況。
- 部活動など教育課程外の活動の管理・実施体制の状況。
- 必要な教科等の指導体制の整備、授業時数の配当の状況。
- 学習指導要領や各教育委員会が定める基準にのっとり、児童の発達の段階に即した指導の状況。
- 教育課程の編成・実施の管理の状況。
 （例：教育課程の実施に必要な、各教科等の年間の指導計画や週案などが適切に作成されているかどうか）
- 児童の実態を踏まえた、個別指導やグループ別指導、習熟度に応じた指導、補充的な学習や発展的な学習など、個に応じた指導の計画状況。
- 幼小連携、小中連携など学校間の円滑な接続に関する工夫の状況。
- （データ等）学力調査等の結果
- （データ等）運動・体力調査の結果
- （データ等）児童の学習についての観点別学習状況の評価・評定の結果

　その他の項目としては、キャリア教育、生徒指導、保健管理、安全管理、特別支援教育、組織運営、研修（資質向上の取組み）、教育目標・学校評価、情報提供、保護者・地域住民等との連携、教育環境整備等々が示されている。
　では、なぜこのような学校評価をする必要があるのであろうか。ただ保護者や地域への説明責任を果たすだけの目的しかもたないのであれば、各学校がこの業務を遂行していくために費やす労力を考えるなら、そこには負担感しか残らないであろう。
　ならば、学校の教職員にとって、この学校評価がもたらすメリットとはどんなものが考えられるのであろうか。ここでは敢えて教職員の業務遂行に関する精神的負担感の解消といった自立する学校、自立する教師という視点から以下

の項目を挙げておきたい。

《学校評価がもたらす教師のメリット》

① 精神的なゆとりを取り戻す

　なぜ今日の学校が多忙を極め、子どもも教師も余裕を失っているのか。理由は簡単である。学校が背負い込むべき教育課題が増大したからである。あれもこれもしなければならないともがけばもがくほど、「二兎を追う者は一兎をも得ず」となっているのである。ならば、多岐にわたる教育課題の中から何が重要で、何を優先すべきかという順位性を学校評価によって明らかにし、重点化することができるなら、それはきっと教師が精神的なゆとりを取り戻すことにつながる筈である。

② 指導効果を感じ取れないことからくる無力感を解消する

　学校では、限られた時間の中で膨大な教育内容を消化するために努力しているのに全くその手応えを感じないという悩みがよく聞かれる。そんな虚無感、無力感を日常的に感じている教師も少なくない現状がある。それは、教師が指導者としての必然的な指導方針やその具体方略を見失っているからである。「教師としての自分が重視しなければならない教育活動はこれだ」という指導方針の明確化、その実現のための具体的な指導方略の具体化、その部分に関する子どもの変容チェックの手立てを構築さえすれば「無力感」から「有能感」へ、「多忙感」から「充実感」へと転換することが可能となるのである。

③ 「説明責任」から「共創共育関係」づくりへと転換する

　「開かれた学校」の理念に市場原理が働くと、学校は単なる教育サービス機関としての機能しか有しなくなる。しかし、地域の子どもを育むのは地域の責任であり、学校や教師はその一端を担っているだけである。もちろん、その責任は重いが、学校選択、バウチャー制度（個の教育サービス選択への補助金制度）といった一方向的な制度に甘んじるようなものでは決してない。むしろ、学校の実情や悩み等の情報を積極的に公開し、地域・保護者の指導力を取り込むことで双方向的なチャンネルはつながるはずである。やや楽観的ではあるが、共創共育関係は学校を開

き、地域・保護者を応援団にすることから始まるのである。

4　学校の教育課程と教師の教育力
（1）学校教育と教師文化の類型

　学校は子どもと教師がいて、そこに学びを導き出すきっかけとしての教材等に含まれた教育内容があれば成立する。立派な校舎や教室、椅子や机、豊富な教材・教具等々、それはあったらあったで有り難いが、決して教育の本質を決定づけるものではない。

　教育という営みを突き詰めていくと、そこにはわが国の幼児教育の父祖として知られる倉橋惣三（1882〜1955年）の「育ての心。そこには強要もない。無理もない。育つものの偉（おお）きな力を信頼し、敬重して、その発達の途に遵うて発達を遂げしめようとする。役目でもなく、義務でもなく、誰の心にも動く真情である」(註15)といった名言に行き着くのである。

　学校教育は社会の進展と共に様々な諸課題に直面し、その度にそれを乗り越えるための制度や組織運用システムを変容させることで対応してきた。しかし、その基本的関係は学ぶべき課題をもつ子どもがいて、それを導く教師がいれば成立するのである。もちろん、変化の激しい複雑化した現代社会においてそのような素朴な真理は説得性に乏しいが、学校教育での教師の果たす役割と子どもに与える人格的影響力は今も昔も変わらぬものであるに違いない。

　学校教育において、明文化された教育課程ないしは具体的な子どもの学びとしてのカリキュラム実施を想定した場合、その実効性を左右するのは一にも二にもそれを体現する教師の力量であると明言しても、それに異を唱える人はあまりいないであろう。教師の指導力、力量と称される教師力は、子どもたちの学びについてそれほどまでに明暗を分ける大きな要素なのである。

　このようなカリキュラムは、具体的な教科等として学習内容や指導対象、指導時間等の明示された公的なカリキュラムとしての「顕在的カリキュラム」とは異なり、教師の意図するしないにかかわらず学び手に大きな影響（特に人間性形成）を及ぼしてしまうもう一つのカリキュラムとしての「潜在的カリキュラム」と呼ばれるものなのである。

潜在的カリキュラムは、学習者同士や教師と学習者との人間関係、教室や学習集団の雰囲気、学校風土や伝統、教師集団の個性や雰囲気、学校の物理的環境等々が複雑に交錯しながら、顕在的カリキュラムと共に知識・技能のみならず、個としての価値観、情操面にまで及んで人格形成にかかわる様々な影響力を及ぼすものである。そのような性格から「暗黙知」と称されることもある。

　この潜在的カリキュラムが教育活動に及ぼす影響力は、地域の教育促進環境や学校の校是・校訓といったポジティブな側面で作用するものとして考察する先行研究も多くはなってきているものの、プラスにばかり機能するものではない。むしろ、負の側面で教育へ及ぼす影響力も見落としてはならない。

　米国の教育学者フィリップ・W・ジャクソン（P. W. Jackson, 1968 年）は、教室という集約的な子どもたちの日常生活を観察する中で、「群れ」、「賞賛」、「権力」というキーワードから子どもと教師の服従・支配関係を描出した。

　ジャクソンによれば、教室において発言を求める場合も、教師の助言を求める場合も、トイレや水飲みに行く場合も、絶えず受動的に列を作って順番を待つことを強いられる。そこで子どもは忍耐強く待つこと、自分の行動を遅らせること、自分の欲求を諦めること等を学ぶという「群れ」という服従的なカリキュラムが存在することを指摘するのである。また、教室はたえず「賞賛」という評価が伴う場所である。そこでは、教師からの評価だけでなく、子どもも相互評価し合っている。また、自己評価もある。学習の達成度、学校という制度への適応、パーソナリティといった3側面への評価という涙と消耗が伴う評価から自分自身を守るにはどんなことに対してもクールに振る舞うという心理的緩衝法を同時に学んでいるのである。さらに、教室は大人（教師）が「～してはいけない」という禁止を命令する「権力」を作動させている場所でもある。よって、子どもは教室の中で権力への適応と対処の方略を学ぶのである。このようなネガティブな目に見えない隠されたカリキュラムは、教師が排他的であったり、教師と子どもとの関係が支配・服従的であったり、地域からの見えざる重圧がかかったりといったマイナス面で作用する場合も少なくないのである。

　よって、各学校が置かれた教育環境や教育条件、教師と子どもとの関係等々にかかわる潜在的カリキュラム要因の分析を進め、顕在的カリキュラムと関連

づけながら適切に教育活動が遂行されるよう教育課程や教育カリキュラムを編成し、ポジティブでプラスに作用するような側面を最大限に引き出せるよう努めていくことが大切である。

このような視点から学校教育を捉え直すと、そこには教育課程や各々の教育カリキュラムへ知らず知らずに影響を及ぼしている教師集団固有の文化的特質という部分を見逃すわけにはいかない。以下の図3-6は、教育方法学の視点から教師文化を研究対象としている佐藤学（1994年）の「教師像の類型とその文化」(註16)図である。

図3-6　教師像の文化的タイプ類型

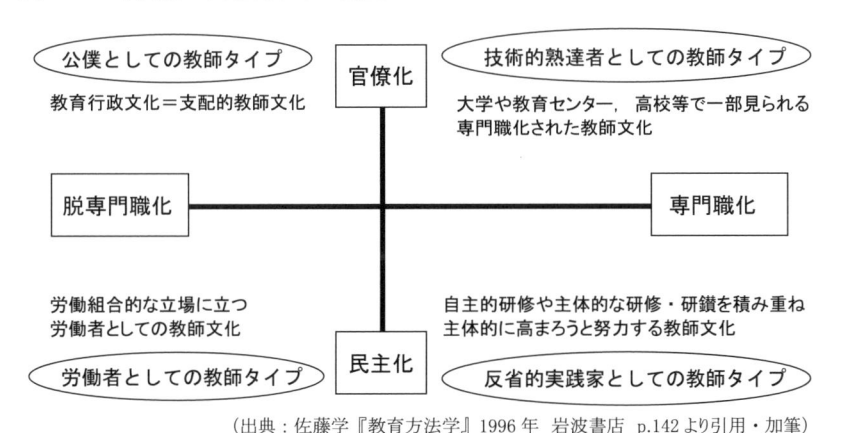

```
     公僕としての教師タイプ      官僚化      技術的熟達者としての教師タイプ
   教育行政文化＝支配的教師文化          大学や教育センター、高校等で一部見られる
                                      専門職化された教師文化

   脱専門職化 ─────────────────────────── 専門職化

   労働組合的な立場に立つ            自主的研修や主体的な研修・研鑽を積み重ね
   労働者としての教師文化            主体的に高まろうと努力する教師文化
     労働者としての教師タイプ    民主化    反省的実践家としての教師タイプ
```

（出典：佐藤学『教育方法学』1996年　岩波書店　p.142より引用・加筆）

教師文化は、学校や教室の問題対処を通して形成され、教師文化という規範的枠組みの中で醸成・保持されてきた特有の典型的教師像である。

ここで言う「公僕としての教師タイプ」、「労働者としての教師タイプ」、「技術的熟達者としての教師タイプ」、「反省的実践家としての教師タイプ」という4規範類型は、縦軸としての「官僚化」VS「民主化」、横軸としての「専門職化」VS「脱専門職化」という2軸が交差する座標平面上に典型例として描き出したものである。

まず、「公僕としての教師タイプ」であるが、公衆の僕タイプとして教師を

位置づけるものである。いわば、国民に対する奉仕性と献身性という行政官僚的な、公務員タイプの教師像である。やるべきことはきちんとやるが、自分の裁量範囲を超えた部分については介入しないという教師スタイルが学校教育の場でどのように作用するのであろうか。保護者や地域だけでなく、施策を通した行政サイドからの理不尽とも思える過度な期待や負担を強いられる今日の学校現場で、「公僕としての教師タイプ」が良くも悪くも及ぼす影響力は少なくない。

次に、「労働者としての教師タイプ」であるが、これは1960年代の教員組合運動と共に台頭してきた教師像である。「聖職としての教師像」を否定し、「労働者としての教師像」を掲げた理念は、むしろ「公僕としての教師タイプ」と拮抗するものとなっている。教職を他の勤労者と並列的に位置づけ、連携することを重視した結果、専門職としてではなく、プロレタリアート的な「サラリーマン教師」としての社会的地位を相対的に低下させる要因となっている。ただ、昭和30年代には90%近くを誇っていた教員組織加入率も、社会状況の変化や教師の意識変化から今日では20%台で低迷しているだけでなく、教員組織そのものに拘束されることを敬遠するアノミーな世代層の拡大でこのタイプは影を潜めつつある。

さらに「技術的熟達者としての教師タイプ」は、教師教育の科学化（教員養成システムの改革や新構想大学院大学、教職大学院等の創設等）と現職研修の制度化（初任者研修、10年経験者研修、教員免許状更新講習等）を基盤として普及した教師像である。旧文部省や都道府県教員委員会等による研究校指定、各行政単位で設置された地方教育センターでの教育研究が推進された結果として、有能な教師イコール技術的熟達者タイプという教師文化が定着してきた。この教師タイプの出現は、公僕としての教師タイプが専門職化していくことで学校の中の支配・被支配的関係を創出するという前提に立つものである。

そして最後が、縦軸と横軸の交点する右下領域としての「反省的実践家としての教師タイプ」の存在である。この反省的実践家（reflective practitioner）という概念を規定したのは、哲学者のドナルド・A・ショーン（Donald, A. Schon, 1983年）である。

ここでいう反省的実践家とは、教育実践を行っている過程においても、その

最中に常に自己モニタリングしながら反省的洞察を行えるような専門性や姿勢をもち続ける教師である。このタイプの教師は、日常の教育活動において常に行為の中の反省としての反省的洞察を行っており、そのような教職としての姿勢が教育効果そのものを支えていると考えられる。授業研究といった研究・研修機会を通じて互いがその技量を高め合うことが日常化しているわが国においては、多くの教師がまさにショーンのいう「行為の中の反省」を自ら進んで行う反省的実践家であるとすることができよう。

改めて言及するまでもなく、学校教育の成否は教師次第である。保護者や地域社会から信頼され、広く社会から尊敬される教師としての資質・能力が高い教師の確保は今日の学校現場の喫緊の課題となっている。中央教育審議会答申「教職生活の全体を通じた教員の資質能力の総合的な向上方策について」（平成24年8月）にも述べられているように、「優れた教師の条件」は以下のような資質・能力である。そしてキーワードは、「学び続ける教師」である。

《これからの教員に求められる資質・能力》
① 教職に対する責任感、探求力、教職生活全体を通じて自主的に学び続ける力（使命感や責任感、教育的愛情）
② 専門職としての高度な知識・技能（教科や教職についての高度な専門性、新たな学びを展開できる実践的指導力、教科指導・生徒指導・学級経営等を的確に実践できる力）
③ 総合的な人間力（豊かな人間性や社会性、コミュニケーション力、同僚とチームで対応できる力、地域や社会の多様な組織等と連携・協働できる力）

（2）今日の教師に求められる資質・能力

ここで意図する教師の資質・能力は、中央教育審議会答申といった行政施策の側面から捉えるのではなく、教職とは本来的にどのような職業的特殊性をもっているのかという点についての言及である。少なからぬ年数を学校教育現場や大学の教員養成にかかわってきた者としての著者の経験的教師論でもある。

今さら断るまでもなく、近年の学校教育はかつての牧歌的な叙情論的文脈で

語るにはあまりにもかけ離れた様相を呈している。学校教育の場には常に諸問題が山積しており、その無際限な解決の糸口すらつかめない状況の中で教師はその重圧と徒労感に喘（あえ）いでいる。そのような状況下で審議会答申等を受けて行政施策的に教職としての資質・能力向上を目指すなら、教員養成段階のカリキュラム充実、法制研修を主軸とした現職研修等の充実に努めれば事足りるであろう。しかし、教師集団全体としての専門性担保に向けての取り組みは評価されるであろうが、人格的な特性も資質・能力も異なる教師一人一人の教育活動を支える「教師力」は果たして大丈夫なのであろうか。せっかく念願だった教職への夢を実現しながらも、志半ばで教壇生活を断念せざるを得ない状況に追い込まれてしまう新規採用教員の離職率増加が問題視されている。中には、絶望して自ら命を絶ってしまう新任教師さえも出現している。一般社会から比べれば恵まれた労働環境にあるとする見方がある一方、ベテランと呼ばれる年代、学校運営の要となるはずの中堅層と呼ばれる年代の中にも精神面での問題を抱えて休職・退職に追い込まれる教師が年々増加している現状もある。

　換言すれば、教職という専門性を構成する諸要素を分析的に取り上げて各々の内容を底上げすることである程度は改善されるはずの「教師力」であるが、それが現実には額面通りに機能しない実情があることを物語っている。ここにこそ、制度的な行政施策だけでは資質・能力の向上が図れない教職の特殊性が含まれていると考えるべきであろう。

　教職、即ち教師の理想像というのはいったいどのようなものであろうか。ドイツの教育哲学者 O. F. ボルノウ（Otto Friedrich Bollnow, 1903〜1991年）は、教師が一人の子どもの人格を全面的に信頼することによって子どもが自らもっている能力を最大限に発揮できるとして、「包括的信頼」という概念の重要性を述べている。また、少し時代は遡るが前節でも触れた同じくドイツのJ. F. ヘルバルトは、教師の要件として「教育学的心術（教育学的な論理性に基づく教育に対するものの見方、感じ方、考え方）」と「教育的タクト（子どもに対する教師の的確で素早い応答力）」を挙げている。つまり、教師が生き生きとして「教育学的心術」を発展させ、自らの内に「教育的タクト」を形成するなら、日々の教育実践を自在にする指導力を身に付けられるとしている。このボルノ

ウやヘルバルトの主張に共通するものは何なのであろうか。そこには、教職を志す者の熱い思いや強い主体的意志が感じ取れるのである。

　上述のことに関連するユニークな研究がある。メディアの素材としての教師に着目した佐藤晴雄（2007年）の理想的教師像に関する研究である。佐藤は、教師ドラマの中に描かれた教師像をその時々の社会が求める、あるいはイメージする教師像として捉えている。古くは江戸時代の寺子屋の様子が描かれた浮世絵、近代教育制度成立期以降の教師像として描かれた夏目漱石の『ぼっちゃん』（1906年）、島崎藤村の『破戒』（1906年）、田山花袋の『田舎教師』（1909年）、壺井栄の『二十四の瞳』（1952年）等にも触れている。それぞれの作品には当時の社会の知識階層の理想や苦悩が見事に描かれている。その中で特に注目したいのが、テレビが各家庭に普及した昭和40年代以降のテレビドラマに登場する「理想的教師像」である。メディア業界では、刑事ドラマと教師を主人公とした学園ドラマは不滅といった神話が定着しているが、それぞれの時代の教師ドラマを分析してみると、その社会状況下での「理想的教師像」が炙り出されてくる。佐藤晴雄は、昭和40年代から平成時代に至まで6区分でテレビの中の理想的教師像を抽出した。

《教師ドラマの変遷に見る理想的教師像》（2001年　佐藤晴雄の分類による）
　区分Ⅰ：1965～1974年　カッコよい教師
　　　　〈社会状況：東大安田講堂事件、教職調整額創設、人材確保法制定〉
　　　　スポ根型教師／「青春とはなんだ」等のシリーズ（校種：高校）
　　　　アイドル型教師／「あいつの季節」「おくさまは18歳」「若い先生」等（校種：高校）
　区分Ⅱ：1975～1983年　人間的教師
　　　　〈社会状況：教職員給与優遇措置実施、主任の制度化、校内暴力激増〉
　　　　生活者型教師／「たぬき先生奮闘記」（校種：小学校）
　　　　友だち型教師／「ゆうひが丘の総理大臣」等（校種：高校）
　　　　熱中型教師／「熱中時代」（校種：小学校）
　　　　人情型教師／「3年B組金八先生」等のシリーズ（校種：中学校）

区分Ⅲ：1984～1988年　理想追求教師

〈社会状況：臨時教育審議会による戦後教育の見直し〉

「うちの子にかぎって」（校種：小学校）「スクール・ウォーズ」（校種：高校）「教師ビンビン物語」（校種：小学校）

区分Ⅳ：1989～1992年　女性教師

〈社会状況：校内暴力・高校中退者激増、中野・富士見中いじめ事件〉

「ハイスクール落書」（校種：高校）「愛し合ってるかい！」（校種：高校）「学校へ行こう」（校種：高校）「教師夏休み物語」（校種：高校）

区分Ⅴ：1992～1995年　問題教師

〈社会状況：文部省「教員の心の健康」調査研究協力者会議発足〉

「学校があぶない」（校種：小学校）「高校教師」（校種：高校）「人間・失格」（校種：高校）

区分Ⅵ：1996～2005年　超個性派教師

〈社会状況：いじめ問題多発、学びのすすめ、教員免許更新制提言〉

「みにくいアヒルの子」（校種：小学校）「ＧＴＯ」（校種：高校）「先生知らないの」（校種：小学校）「ナオミ」（校種：高校）「魔女の条件」（校種：高校）「伝説の教師」（校種：高校）「ごくせん」（校種：高校）「僕の生きる道」（校種：小学校）「女王の教室」（校種：小学校）「ドラゴン桜」（校種：高校）

　この佐藤の先行研究以降の人気テレビドラマ、話題になった映画等は記憶に新しいところであるので省略する。ここで特に注目したいのは、各時代区分の中で象徴的に描かれている教師タイプに共通する人間像である。学校の教育課程はどんなに立派に編成されても、それを運用・実施する教師の思いや願いがなければ、所詮それは画餅に過ぎないのである。そう考えると、教師の理想像の底流には普遍的な要件があるのではないかということである。

　例えば、教員養成系学部で教職を志望した動機をアンケートするようなことがある。それも、入学して間もない１年次生対象の導入基礎演習（必修科目）

で、教職科目の履修が本格化する2年次生で、教育実習を前にした3年次生で、さらに副免許実習や教員採用試験を前にした4年次生でと、学年進行に従ってアンケートや課題レポートといった形で学生自身が目指す教師像を挙げてもらうことがよくある。そこで意外にも共通するのは、自らがそれまでの学校生活の中でかかわり、印象が強く残った教師の姿に憧れてというのが圧倒的である。そして、基礎免許実習（主免教育実習）で実際に教壇へ立つと、その思いはますます膨らむ。つまり、理想的な教師像は等身大ヒーローなのである。

具体的なイメージで語れば、子どもの立場に立って話をよく聞いてくれる先生、子どもと一緒になって喜んだり悲しんだりしてくれる人間味のある先生、いいことと悪いことの区別をきちんとわきまえて接してくれる先生、最後まで信頼してついて行ける先生、等々の共通する人物像が浮かび上がってくる。そこに共通するのは性差、年齢、容姿、性格、特技等の要件よりも、一人の人間として全我的にかかわろうとする「教師としての生きる姿勢（言動のみならず、ライフスタイルも含めた）」である。「そんな先生の姿に憧れて」とか、「自分も教師になったらあの先生のように」といった言葉が異口同音に語られるというのは、それが一つの典型的な理想的教師像となっているからであろうと推察されるのである。

確かに教職に就くというのは、多様な資質・能力を求められることでもある。特に教職の要件を巡っては、そこでは必ずといっていいほど「教職専門性」に言及されることが通例である。その時に必ず引き合いにされるのが、もう半世紀以上も前に唱えられたマイロン・リーバーマン（M. Lieberman, "Education as a Profession" 1956年）の8項目にわたる「専門職性の特質と意義」（註17）である。リーバーマンは以下の項目を挙げている。

《教師の専門職性の特質と意義》
① ユニークで限定的なかつ必要な社会的奉仕活動である。
② その奉仕活動を遂行するために、知的なテクニックを重視している。
③ 長期にわたる特別なトレーニングを必要とする。
④ 個人としてまた活動遂行のための組織全体としての両面における幅広い自主・自律性をもっている。

⑤ 専門的な自律性として許容される範囲内でなされる判断・行動について、広範な個人的責任を認めている。
⑥ 遂行する側の経済的な利益は考えていない。それより、実行グループに委託された社会的奉仕活動の遂行・組織化の基盤づくりに力点を置く。
⑦ 実行者たちに総合的な自治組織を認める。
⑧ 倫理綱領をもっている。それは具体的な事例に則し、曖昧かつ疑問のある点を明瞭にしているし、きちんと解釈もしている。

ここから見えてくるのは、子どもを理解して最適な指導をする能力だけでなく、学校経営の立場から保護者や地域社会の要請を受けながらカリキュラム・デザインする能力、さらには幅広い教養と他者と協働しなかせら誠実に職務を遂行しようとする態度や生き方というものが、何よりも重要であることが理解される。確かに、教師は宗教者とは違って聖職といった位置づけではない。しかし、未来を担う人間を育てるという極めて特別な、そして困難な職務であることは疑う余地のないところであろう。

最後に触れたいのは、やはり半世紀も以前の 1968 年にイエイル・V・ピュリアス (Earl, V. Pullias,) とジェームズ・D・ヤング (James, D. Young) が著した "A Teacher is Many Things" (Indian University Pres)の和訳目次である。

《教師の役割》(『教師―その役割の多面性―』都留春夫訳　1970 年) 目次より》
第Ⅰ部　教育の背景　　　＊は著者による補説
 1. 教えるとは
 2. 教えることにおいて優秀性への成長を阻むもの
第Ⅱ部　教師とは（3～24 節の構成）　　＊印は解説
 3. ガイド（＊学びの旅の）である
 4. 教える人（＊学習を助ける）である
 5. 現代化（＊世代間を取り結ぶ）する人である：世代のかけ橋である
 6. 模範（＊生き方モデル）である：お手本である
 7. 探求（＊学び続ける）する人である：知らぬことのある人である
 8. カウンセラー（＊理解者）である：打ち明けて話せる人であり、友である

9. 創造（＊新たな時代や文化を）する人である：創造性を開発する人である
10. 権威者（＊リーダーシップ、先導者たる）である：知っている人である
11. ビジョン（＊究極目標としての豊かな人生の生き方）を鼓舞する人である
12. 日常的（＊地に足が着いた）な仕事をする人である
13. 陣営（＊既成概念，偏見や現状維持の打破）をこわす人である
14. 話し家（＊自分のこととして受け止め、考えさせる技術）である
15. 役者（＊教室という舞台で学びに引き込む）である
16. 場面（＊様々な学びを体験させる）のデザイナーである
17. コミュニティ（＊学びを介した人のかかわり）をつくる人である
18. 学習（＊生涯学び続ける）する人である
19. 現実を直視（＊情報を介して的確に現状分析する）する人である
20. 開放（＊個々の劣等感を取り払い潜在的可能性を引き出す）する人である
21. 評価（＊個を肯定受容して可能性を膨らませる）する人である
22. 保護する人（＊目的達成を見守る人）である：取りもどし救う人である
23. 完結者（＊目的達成に向けての主体的な働きかけ仕向ける人）である
24. 人間（＊共に喜び，悲しみ，考え，悩み，感情を共有できる存在）である
    (1) パーソナリティと教えること
    (2) 知識の成長
    (3) 存在の成長

　如何であろうか。教師とはどのような存在であるのかを、実に端的に物語っているのではないだろうか。各学校において地域や保護者の願いを受け、子どもたちの実態を加味しつつ編成される教育課程であるが、それは教師という教育実践を担う存在の主体性が発揮されてこそ初めて体現されるものである。

　そのような視点に立つなら、教育課程あるいは教育カリキュラム論というのは、教師論と一体で論ずるべきであろう。そして、これだけコンピュータ等の情報機器が発達しても、今後どれだけ情報化社会が進展しても、学校教育の世界だけは生身の教師以外に代替できないと確信する次第である。

（3）教育課程改革力としての教師力

　近年の学校教育は、様々な面で逆風にさらされることが常態化している。教育という活動には、宿命的な困難が幾つもつきまとうからである。
　例えば、教師が子どもに「教える」という活動そのものが困難さの大きな要因である。教師は確かに様々な方法や教材を弄して日々子どもたちに「教える」ことに専念している。しかし、学び手である子どもがその教師の努力に見合った「学びの理解」をするかというと、それは別次元の問題である。その意味で、教育活動の一方の主体者である教師の努力は、最終的にはもう一方の教育活動の主体者である子どもの受け止め次第という実に心許ない条件下でのみ報いられるのである。ましてや、子どもたちの教育を取り巻く環境は「教育」を身に付ければ希望の将来が展望できるといった状況にはない。なぜ学ばなければならないのか、学ぶことにどんな価値が見出せるのか、そんな根源的な部分に対する理路整然とした模範解答を示すことのできない現代社会においては、教師がとても弱い立場に置かれやすい。その一因として、「子どもは未知のものに対する知的好奇心はいつの世も尽きないものだ」という幻想のみが大人社会全体に健在だからである。同様に、学歴信奉主義も相変わらずである。子どもたちは大人社会でそれがとっくに崩壊しているのを日常的実感として理解しているのに、大人の大半はその憂き目に遭いながらも未だ学歴信奉の幻想から抜け出せないで彷徨している。これが、パラドクス的な実態ではなかろうか。
　大人社会と子どもの世界というその両者間の齟齬が顕著になれば、その批判の矛先はどこへ向かうのかは極めて明瞭なことである。学校教育、そして、教師の指導力に問題が内在しているから、わが国の教育は低迷しているのだという妄想に近い教育改革論が独り歩きすることとなる。こんな幻想論を幾度も繰り返しながら辿り着いた先が今日の学校教育という見方もできよう。
　こんな学校教育にしたのは、その中心的役割を担っている教育行政官や教師の責任であるという「である」論から、わが国の明日の教育を体現していくために理想の姿はこうあるべきであるという「あるべき」論へと転換を図っていかなければならないのは必須である。教師の資質・能力の向上、それ自体は批判されるべきものではないし、教師の専門職性をより高めて信頼される職業と

していくことに向けての改革は大いに歓迎すべきことであろう。しかし、その教師としての専門職性を学校教育理想の体現という視点から捉えるなら、そこにはこれまでと違った学校組織論が展開されなければならないであろうし、教育課程編成論が展開されなければならないということでもある。

　より具体的に述べれば、「個人プレーからチームプレー」という一言に尽きよう。教育という世界は経済界と違って、成果が現れにくい。ましてや、短期的なスパンでの成果を拠り所にその処遇を決定したり、ペナルティを科したりするような功利主義的かつ、新自由主義的制度とは相容れない部分が少なくない。よって、教育活動の成果をもって教師個々人の資質・能力や業績を評価するとなると、それを見極めることは至難の業となってくる。ならば、それで保護者や地域社会はそれを許容するのであろうか。結論的に、それはあり得ないであろう。成果という物差しで社会のものごとを推し量ろうとする「評価の時代」に突入して久しいわが国において、教育界だけが逆行することなどとうていあり得ないことである。

　ならば、各学校がそれぞれの特色を生かしながらその限られた年度や学期というスパンの中で教育効果を測定可能な成果として披瀝するためには、学校全体としての取り組みの成果、教師集団が一丸となって取り組んだ教育成果をアピールポイントとして示すしかないのである。それを支えるのが各学校で創意工夫を凝らしながら編成される教育課程であり、学年部会や教科部会等で開発が具体化される単元カリキュラムなのである。それは教師の個人プレーとしての「個業」で行うには難しいし、成果は見えにくい。それ以上に保護者や地域社会が求める教育力は、決して教師の個人プレーの成果などではない。もっと地域社会全体に還元されるようなトータルな教育成果であろう。そのような成果として求められるで教育力を想定すると、そこで発揮される教育力は教師集団としての指導力、つまり「協業」の成果であろう。「個業から協業へ」、知識基盤社会到来への対応が喫緊の課題となりつつある今日の学校教育にあって、この合い言葉こそが各学校の自己組織改革のキーワードになろう。

【第3章の引用文献】
(1) J.S.ブルーナー 『教育の過程』鈴木祥蔵・佐藤三郎訳 1963年 岩波書店 p.42
(2) 安彦忠彦 『改訂版 教育課程編成論』 2006年 日本放送出版協会 p.27
(3) プラトン 『ソクラテスの弁明・クリトン』久保勉訳 1927年 岩波文庫 p.21
(4) J.A.コメニウス 『大教授学』稲富栄次郎訳 1956年 玉川大学出版 p.13
(5) J.J.ルソー 『エミール』(上) 今野一雄訳 1962年 岩波文庫 p.18
(6) J.H.ペスタロッチ 『隠者の夕暮れ・シュタンツだより』長田 新訳 1943年 岩波文庫 p.5
(7) J.H.ペスタロッチ 前掲書 p.19
(8) J.F.ヘルバルト『一般教育学』三枝孝弘訳 1960年 明治図書 p.19
(9) F.W.A.フレーベル 『人間の教育』(上) 荒井武訳 1964年 岩波文庫 p.15
(10) M.モンテッソーリ 『モンテッソーリの教育』林信三郎・石井仁訳 1980年 あすなろ書房 p.90
(11) J.デューイ 『学校と社会』宮原誠一訳 1957年 岩波文庫 p.45
(12) J.デューイ 前掲書 p.66
(13) J.デューイ 『民主主義と教育』金丸弘幸訳 1984年 玉川大学出版部 p.98
(14) 大村はま 『灯し続けることば』 2004年 小学館 p.36
(15) 倉橋惣三 『育ての心』 1922年初版 フレーベル館新書 1976年新版 p.8
(16) 佐藤 学 『教育方法学』1996年 岩波書店 p.142 原典初出は、稲垣・久富編『日本の教師文化』 1994年 東京大学出版
(17) 日本教育制度学会編 『教育改革への提言集』第2集 2003年 東信堂 p.100

【第3の参考文献】
(1) 文部科学省 『小学校 学習指導要領』 2008年 東京書籍
(2) 文部科学省 『中学校 学習指導要領』 2008年 東山書房
(3) 山田恵吾・藤田祐介・貝塚茂樹 『学校教育とカリキュラム』2003年 文化書房博文社
(4) 田中耕治・水原克敏・三石初雄・西岡加名恵 『新しい時代の教育課程』 2005年 有斐閣
(5) 加藤幸次編 『教育課程編成論』 2010年 玉川大学出版部
(6) 柴田義松編 『教育課程論』 2001年 学文社
(8) 安彦忠彦編 『新版 カリキュラム研究入門』 1999年 勁草書房
(9) 日本学校教育学会編 『学校教育の「理論知」と「実践知」』2008年 教育開発研究所

(10) 日本教育方法学会編　『現代教育カリキュラム研究と教育方法学』2008 年　図書文化
(11) 新井郁夫・牧昌見編　『教育学基礎資料　第 5 版』　2009 年　樹村房
(12) 海後宗臣・仲新・寺崎昌男　『教科書でみる近現代日本の教育』　1999 年　東京書籍
(13) 平田宗史　『教科書でつづる近代日本教育制度史』　2001 年　学文社
(14) 土田忠雄・渡部昌・木下法也編　『概説近代教育史』　1967 年　川島書店
(15) 片岡徳雄編　『教科書の社会学的研究』　1987 年　福村出版
(16) 中野光・平原春好　『教育学』　1997 年　有斐閣
(17) 小澤周三・影山昇・小澤滋子・今井重孝　『教育思想史』　1993 年　有斐閣
(18) 三井善編　『新説　教育の原理』　2002 年　玉川大学出版
(19) 高旗浩志　「『潜在カリキュラム』概念の再検討」1996 年　日本カリキュラム学会編『カリキュラム研究』第 5 号　pp.53〜64
(20) ドナルド・ショーン『専門家の知恵』佐藤学・秋田喜代美　2001 年　ゆみる出版
(21) 佐藤晴雄　『教職概論　第 2 次改訂版』　2007 年　学陽書房
(22) E.V. ピュリアス・J.D. ヤング『教師―その役割の多面性―』都留春夫訳　1970 年　文教書院

第4章　教育評価と新たな学校教育創造

1　学校教育における評価の考え方
（1）教育評価の基本理論

　近年の学校教育では、教育評価、学力評価、カリキュラム評価、教員評価、学校評価等々、まさにその評価システムは日々の教育活動全般に及んでいる。その評価漬けともいえる状況下で費やす膨大な労力の是非はさておき、各学校がその活動主体としての責任を明確にし、保護者や地域社会に対して憲法第26条で明記している就学義務に応えるための教育サービスとして説明責任を果たしていくことは今日では当然の既成事実となっている。

　では、なぜ「評価」がここまで学校教育の場に浸透するようになったのであろうか。一口で表現するなら、学校教育がその対象である一人一人の子どもの成長発達を支援するという社会的機能を有する限り、その目的的営みの成果を調査し、その把握した結果を子どもたちへ還元するだけでなく、学校としての組織改革の貴重な材料としたり、外部に公表することで公的教育サービス機関としての学校組織への信頼を得たりする重要な契機となるからである。

　このような教育評価の意図することについて梶田叡一（1983年）は、「教育評価はもともと、子どもにどの段階の学習をやらせればよいのかということの確認と、教育の成果はどの程度のものであるかということの確認とを意味するものであった。しかし、現在では、この言葉が広義において用いられる場合には、教育活動と直接的あるいは間接的に関連した各種の実態把握と価値判断のすべてを含むものとなっている。したがって、そこには、学習者（被教育者）の実態に関する評価だけでなく、教育活動のあり方や教師の諸特性、また個々の教育機関（幼稚園や小・中・高校、大学など）のあり方や教育環境の適切性、さらにはカリキュラムや教材の有効適切性や教育行政のあり方、などを問題とするものも含まれることになる」(註1)と四半世紀も以前の著作で明快かつ先見

性をもって指摘している。今日の学校教育を取り巻く「評価システム」は、梶田の指摘する広義の教育評価をすべて体現したものであることが理解できよう。

今日の学校では、教育活動は評価という視点を切り離しては一切成り立たないものとなっている。ただ、教育評価をあれもこれもと幅広く対象にしてしまうと、軽薄で脈絡のないものとなってしまうので、本章では敢えて学習評価とその延長線上にあるカリキュラム評価に限定して取り上げていきたい。もちろん、教育評価と一口にいっても学校の教育的営みは単一であるので、それをどのような観点で捉えていくのかによって同一の活動が学力評価にもなれば、カリキュラム評価、学校評価、教員評価等々にもなるということである。

ちなみに、梶田は教育活動と直接的に関連する教育評価の視点として、以下の4点を挙げている。少し整理して示すこととする。

① 眼前の子どもがどのように発達する姿を示し、どのような能力や特性をもっているのかといったことを見取ること。
② 子どもが教育活動の中で示す態度や発言、行動について、何を伸長し、何を矯正指導すべきであるかを判断すること。
③ 教育活動の中で子どもがどのように変容しつつあるのかを見取ること。
④ 教育活動それ自体がどの程度目標に照らして有効であったのかを、子どもの姿から見取ること。

このような学校教育の日常的営みを評価する視点は、わが国では校内研究や行政地区を単位に頻繁に開催される授業研究会等で当たり前のこととして戦前教育の時代から定着している。このような中での教育活動のふり返りや指導実践の吟味は、戦後になって「教育評価 (evaluation)」という概念となって教育活動と一体的かつ不可分なものとして根付いていった。

この教育評価という概念を最初に用いたのは前章で触れたラルフ・W・タイラー (R.W. Tyler, 1902〜1994年) である。タイラーは、20世紀初頭から米国を中心に展開された教育測定運動における教育の場への客観的な測定導入によって教育の合理化改善や教育効果の向上を図ろうとしたこの運動で、伝統的な

試験やテストによる測定（measurement）としての評価ではなく、教育目標設定による教育活動実践の反省や改善をするための評価方法の開発を目指した。

この「タイラーの原理」と呼ばれる教育評価方法は、情報としての知識がどの程度まで学習者に獲得されたのかという序列化を前提とした値踏みとしての測定から、子どもの思考・判断・表現するといった応用能力や推論・探求能力等の形成状況を把握するための評価方法として開発が進められたものである。田中耕治（2005年）は、カリキュラム→授業→評価という一連の教育改善プロセスとしてのタイラーの原理を簡潔に要約しているので、以下に引用する。

《タイラーの原理の概要》(註2)
　A．評価の規準は、教育目標である。
　B．教育目標は、高次の精神活動を含む重要な目標群を含むべきである。
　C．教育目標は、生徒に期待される行動で記述すべきである。
　D．目標実現の度合いを知るために多様な評価方法を工夫すべきである。
　E．もし、目標に未到達の子どもがいた場合には、治療的授業が実施されるべきである。
　F．以上のことは、カリキュラムや授業実践の改善につながる。

このようなタイラーによる教育評価への具体的な提案がなされたのは、実に1930年代のことである。そこでは、一律の基準となる教育目標という設定した物差しに即してテスト等で評価する手法を採用された。そのことで教師には授業実践の組織化への強力な動機づけとなり、学習者には身に付けた情報知識量の測定を通して目標達成ができたかどうかを確認するものであった。このような測定手法による教育評価は、20世紀前半の米国を中心に盛んに展開された。米国の教育効果測定の潮流は世界中の学校教育へ影響を及ぼし、教育評価の在り方についての大きな指針となった。要約すると以下のようになる。

《教育評価のもつ意味》
　①学習者のさらなる学習と成長の手だてに直結した情報を得るもの。
　②教師が自分の教育実践（教育目標、教育内容、教育指導法等）を評価・改善するためのもの。

③学習者のみに留まらず、授業評価、学校評価、教育課程評価等、学校教育全体について改善するための情報を得るもの。
④教育改革の目的から、客観性や厳密性よりも教育目的指向性そのものが無条件に優先されて概括的に評価される性質のもの。

（2）教育カリキュラム評価の考え方

学校教育においては、その歴史や制度等の変遷を踏まえると、以下のような評価観についての分類ができる。

《教育評価の視点別分類とその変遷》

Ⅰ：量的評価から質的評価へ

◆考査による総合評定から、観点毎に捉えた総和としての分析評定へ移行する。

① メジャーメント（measurement）
　　テストの結果順位や活動の業績等といった定量的側面からの評定。入試等に関する段階評価、能力別学習集団編制等の評価が該当する。
② エバリュエーション（evaluation）
　　評価者の値踏みではなく、そこまでの教育活動を反省・改善するための評価。教育カリキュラムの内容評価等、教師側の視点に立っての評評となることが多い。
③ アセスメント（assessment）
　　多面的な視点から多様な方法によって改善のための資料を収集する評価。このアセスメント評価は設定目標に照らしての達成度を価値判断するもので、それに基づく改善方策を見出すこととなる。その点で、アセスメント評価は、学習者の視点に立っての評価となる。

Ⅱ：他者評価から自己評価・相互評価へ

◆学習者の学習成果を他者がラベリングして価値づけることから、学習者の学びの文脈に寄り添う学習過程重視の評価へと移行していく。

①相対評価
　　学習集団内の成員の得点分布を評価基準とし、それに基づいて個人の学

習集団内での相対的な位置を示す評価方法。手続きが簡単で客観性も高く、異質な評価資料間との比較も可能である。ただ、正規分布を前提としているため、あまり少集団の場合は問題がある。また、学習内容に対してどの程度到達したのかという直接的評価はできないために学習者の意欲や努力等を適切に評価し得ない欠点がある。

＊偏差値（標準偏差：standard deviation）

　標準の数値からどの程度ずれているかを示した値。テストでの得点が全受験者の中でどの程度の水準か，過去のデータと比してどの程度変化しているのかを客観的に知ることが可能である。標準偏差の起こりは、軍隊で砲撃の命中精度データを集計するために考案されたものである。これを援用すると、例えば5段階評価の場合、正規分府曲線でいえば、段階5と1が7％の割合、段階4と2が24％の割合、段階3が38％の割合となる。

②絶対評価

　あらかじめ要求される到達水準（設定された教育目標）を評価基準とし、それに照らして判断する評価方法。客観性という点では評価情報の質によってやや問題も残るが、学習者が目標に対してどの程度到達したかが把握でき、学習者の意欲や努力等も「学びのよさ」として評価しやすい。

③個人内評価

　学習者本人の他のデータ（基準となる過去の成績や技能レベル、これまでの学びの実績）を評価基準とする評価方法で、評価基準の設定こそ難しいが学習者の進歩の状況がよく分かり、一定スパンでの学習意欲や努力を肯定的に評価しやすい。

　例えば、英語検定で3級だったのが準2級に合格したとか、剣道初段から2段に昇段できたといった外部の客観的評価基準が伴うものから、リコーダー演奏でタンギングが上手になったとか、グループのまとめ役としてリーダー性を発揮するようになったといった、やや曖昧な評価基準のものまで含んでの個人内評価である。よって、設定目標や比較対象としての他者といった評価基準が個人の外にあるのではなく、あくまでも評価対象者個人の努力や資質・能力向上の成果を見取っていく手法である。

Ⅲ：評価時期と評価目標による分類

◆学習を進めていく学びのプロセスの中で学習前の既習経験や学習実態がどのようになっていて、学びを展開したらどのように学習者に成果が現れ、最終的に設定した学習目標に照らしてどのような**資質・能力**を獲得することができたのかを学習展開過程の文脈で評価していく。

　①診断的評価

　　　　新しい学習単元や学習プログラムに入る前に実施するもので、指導の参考となる情報収集のための評価である。既習学習定着レベルの確認、学習阻害要因の発見・診断の役割を果たす。また、事後の評価と比較することで、その指導効果確認のための評価基準ともなり得る。

　＊開発プログラム等の効果測定として、事前・事後評価を行ったりすることもある。

　②形成的評価

　　　　学習単元や学習プログラムの進行途中で実施するもので、そこまでの学習が適切になされ、学習内容が定着しているかを推し量るための評価で、以降の学習の計画変更や問題点等を探るための役割を果たす。教師の指導法改善にとっても、学習者のその後の発展学習にとっても大切な評価である。

　③総括的評価

　　　　学習単元や学習プログラムの終了時点で行う評価である。到達目標に対してそれまでの個々の学びがどうであったのかを確認し、カリキュラム修正のための問題点や到達目標に達しない学習者への個別対応等の情報を得ることになる。総括的評価は、個々の成績（評定）といった側面だけでなく、指導計画の改善、学習者への適切な対応に生かされるべき性格の評価である。

（3）教育カリキュラムに活かす評価活動の考え方・在り方

　学校の教育活動が実施される基盤となるのはその学校の教育課程であり、カリキュラムである。つまり、評価活動をするということは、組織という制度的

側面から見れば、その学校の教育課程編成の前提となっている学習指導要領、検定制度に基づく教科書といった教育制度的な要件の評価が挙げられる。また、その学校の教育活動の在り方や学習状況といった側面から評価活動を進めるなら、教育内容、教育方法、教師の指導力といった子どもの学びの視点に立ったカリキュラム改善の課題や学校の抱える教育諸課題が見えてくるのである。

図4-1　学校教育におけるカリキュラム評価の位置づけ

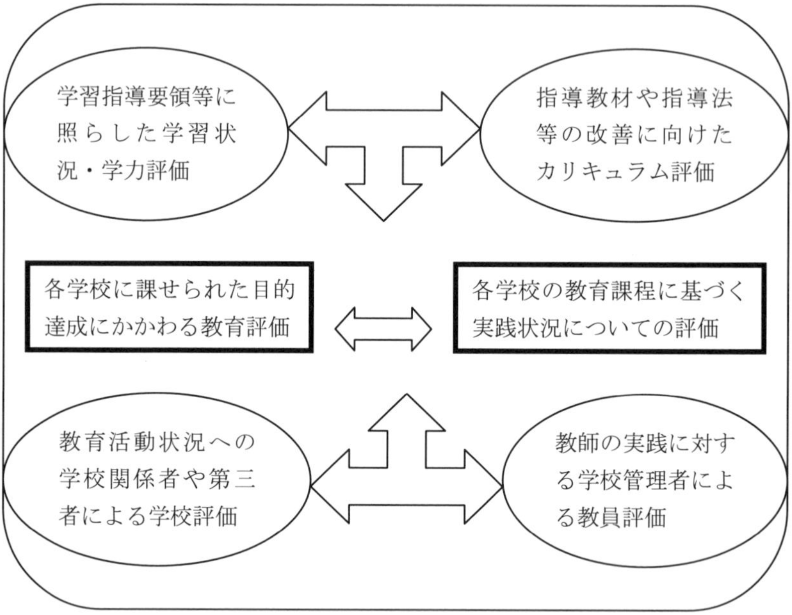

```
┌─────────────────────────────────────────────┐
│  ┌──────────────┐        ┌──────────────┐  │
│  │ 学習指導要領 │        │ 指導教材や   │  │
│  │ 等に照らし   │ ⟷     │ 指導法等の   │  │
│  │ た学習状況・ │        │ 改善に向けた │  │
│  │ 学力評価     │        │ カリキュラム │  │
│  │              │        │ 評価         │  │
│  └──────────────┘   ⇕   └──────────────┘  │
│  ┌──────────────┐        ┌──────────────┐  │
│  │ 各学校に課せ │        │ 各学校の教育 │  │
│  │ られた目的達 │ ⟷     │ 課程に基づく │  │
│  │ 成にかかわる │        │ 実践状況につ │  │
│  │ 教育評価     │        │ いての評価   │  │
│  └──────────────┘   ⇕   └──────────────┘  │
│  ┌──────────────┐        ┌──────────────┐  │
│  │ 教育活動状況 │        │ 教師の実践に │  │
│  │ への学校関係 │ ⟷     │ 対する学校管 │  │
│  │ 者や第三者に │        │ 理者による教 │  │
│  │ よる学校評価 │        │ 員評価       │  │
│  └──────────────┘        └──────────────┘  │
└─────────────────────────────────────────────┘
```

上図から見えてくるのは、カリキュラム評価の3側面である。つまり、教育カリキュラムに含まれる次元の異なる目的に合わせて、それぞれの視点から評価していくことの重要さである。

つまり、各学校で編成する教育課程の大本となっている教育関連法規や学習指導要領等といったわが国の教育制度そのものを規定している内容の適切性についての評価も常に必要である。また、各学校の具体的な教育実践場面でのカリキュラムの有効性についての再吟味と同時に、各教師の指導の在り方につい

ての問い直しも併せて必要である。さらには、学校の教育課程編成や個々のカリキュラムを修正・改善のための客観的事実に基づいて専門的な立場から分析・検討する第三者評価による問い直しも必要である。このように、どのような次元で、どのような評価者が、どのような手段を選択して行うのかといったカリキュラム評価には一連のプロセスが見えてくる。

　そのプロセスとは、学校の教育活動すべての前提となる意図的なカリキュラムとしての学習指導要領の可否についての評価、次にそれを学校レベルで具体化して実践する際の教師側についての評価、さらには予め設定した達成目標に対して学習者がどの程度成果をあげていると判断されるのかという目標に照らしての評価である。

　これらは、国家や教育行政による「意図レベル」→学校や教師の「実践レベル」→子どもの学びの状況という「目標達成レベル」といった一方向的なものであってはならない。子どもの学びから実践を問い直し、その実践を支える国家基準そのものの問い直しという反対方向への力学も働くべきものである。

　その一例を挙げるなら、平成10（1998）年に改訂された学習指導要領が実施後間もない平成15（2003）年に世論の強い学力低下論を受けて一部改訂したことがあった。この改訂時の論点は、学校週五日制に伴う授業時数と学習内容の削減に見合った学力観としての「生きる力」の育成を巡ってであった。学習指導要領に示された内容は最低基準であり、「確かな学力」保証の側面からそれを超えて発展的な学習も認めるという歯止め規定の撤廃が大きな改訂点となった。その改訂のきっかけは、国際的な学習到達度調査結果もさることながら、学校での教育実践レベルでの教師や保護者、地域社会の学力低下を危惧する声であった。教育は国家の一大事である。いつも国家→地方教育委員会→学校という上意下達のトップダウン型では教育システムが硬直化するであろうし、学校→地方教育委員会→国家という下意上達のボトムアップ型という意図的な流れが常態化すれば教育システムの統制は図られなくなるであろう。何よりも大切なのは、双方向的なフィードバック（feedback：出力の一部を入力に差し戻してその出力を制御すること）が可能となるような教育行政と教育現場との往還型フィードバックシステムを構築することなのである。

① カリキュラム評価の3側面
A．意図的なカリキュラムとしての評価

　学校の教育課程を構成するカリキュラムはすべて学習指導要領という国家基準に基づいて作成されたものであり、そのカリキュラム評価は国家の政策として妥当なものであったのかという全国学力調査あるいは PISA 等の国際学力到達度調査といったマクロな視点での調査研究として実施されることとなる。

B．実践的なカリキュラムとしての評価

　意図的なカリキュラムを日々の教育活動として実践するのは教師である。そこには日々の授業における指導法やそれを支える学校経営、学級経営、教師の資質・能力、地域の教育的環境等が影響することとなる。授業評価や教員評価といったミクロな視点での評価が実施されることとなる。

C．達成目標に準拠したカリキュラム評価

　国家基準という意図的なカリキュラムに基づいて実践されたカリキュラムの成果が達成目標に照らしてどの程度のものであったのかを推し量るのが学習者や教師による学校内部関係者評価であり、それをどう保護者や地域が受け止めているのかを推し量るのが学校外部関係者評価であり、全く学校や地域にしがらみをもたない専門家による第三者外部評価である。

　わが国では、1980年代後半から1990年代初頭にかけてバブル経済と称される好況期が続き、株価や地価の行き過ぎた高騰が頂点に達するとあえなく崩壊した。先見性や統一性を欠いた野放図なバブル景気の終焉は、それまで誰しもが当然と考えていた人・こと・もの、すべてにかかわる価値観を一変させた。

　そして、その後に様々な悲劇を生んだ日本の社会構造への反省から、評価という考え方が様々な分野に浸透していくようになった。学校教育も例外ではない。低迷を続ける経済状況の中でわが国にも評価の時代が到来し、それが良くも悪くも学校教育へ様々な波紋を及ぼすこととなったのである。そんな中で、カリキュラム評価の定着は、良くも悪くも変化を退ける旧態依然の学校教育に大きな風穴を開ける役割を果たしたといえるであろう。

　カリキュラム評価という発想は、極めて斬新なことである。これまで一度編

制すれば学習指導要領改訂といった大本が変わらない限り、簡単に修正したり、改善したりするなどなくて当然とされてきた学校の教育課程そのものを弾力化させようとするのであるから、そのインパクトは計り知れないものである。言うなれば、教育課程管理からカリキュラム・マネジメントへの転換である。

② カリキュラム評価の視点
A．PDCA評価からCAPD評価へ

田中統治（2009年）は教育組織社会学の視点から、「カリキュラム・マネジメントは、教育課程経営として固定化してきた従来の枠組を組織戦略に転換させるもの」(註3)と表現しているが、従来の教育課程評価からカリキュラム・マネジメントへ転換することは、従前の教育内容としての教科書・教材を主体とした考え方から、子どもの学習経験を基にその教育内容を考えることに軸足が移ることを意味している。

これまでであれば、固定的に教育課程マネジメントをP（Plan：計画）→D（Do：実践）→C（Check：評価）→A（Action：改善）という単なるPDCAサイクルで学校の教育課程編成担当者が管理すれば事足りていたのが、子どもの学習経験をどう構成したカリキュラムとしての教育課程へ変質させようとすれば、当然そこには子どもの学びをより深く「観察する」という手続きが組み込まれてくる。この「観察」を通してカリキュラム改善の必然性を見出し、それを反映した計画を立案して実践に移していく、といったCAPDサイクルへと転換せざるを得なくなるのである。つまり、学校の教育課程を子どもの学びの実態から構成するカリキュラムとしてスタートするなら、眼前の子どもがどのような状態なのかという「観察」をスタートラインとし、改善の視点を明確にしながら教育計画の立案・実践という手順を踏まざるを得なくなるのである。

換言するなら、子どもの学力保証ができる教育課程とは、子どもの学びから構成し、間断なく改善するカリキュラム・マネジメントに基づくものであるという結論に至るのである。もちろん、前章で触れた通り、一連のカリキュラム・マネジメントを機能させるための手続きには、V：方針の決定（Vision）→S：方略の策定（Strategy）→E：証拠の設定（Evidence）→きめ細かなPDCAサイ

クルプロセスとしてのA：探査的継続評価（Assessment）という、VSEAサイクルが前提としてあることは繰り返すまでもないことである。

B．相対評価から形成的評価の視点に基づく到達度評価へ

　20世紀初頭からの世界的な教育測定運動の流れの中で、戦後のわが国が当初導入したのは相対評価である。相対評価とは、学習集団の中での相対的な位置づけによって一人の子どもの学習状況を評価しようとする考え方に立つものである。相対評価のメリットは、一定の手続き基づいて実施すれば評価者の主観が入りにくく、相対的優劣が明確になるために公平な学習状況の把握が可能である。しかし、学習者個人のレベルで見た場合、何がどこまで到達できたのか、どの部分でどの程度理解できて不十分な点は何であったのかという学習能力形成に至る過程についての情報は得られるわけではない。相対評価は評定（価値づけもしくはラベリング）という点で入学者選抜とか、学習集団における学習結果の序列についての客観的把握といった活用メリットはあるものの、個々のそこに至る学びの努力やこれからの学びの創出といった学習者に視点を置いた絶対評価のような長所はもち併せていない。カリキュラム評価とは、あくまでも学習者である子どもが各々の学習活動において、予め到達目標として設定された学習内容についてどの程度身に付けることができたのかを推し量るものであることを勘案するなら、到達度評価は必要不可欠なものなのである。

　なお、到達度評価とは、「目標に準拠した評価」ということでもある。この「目標に準拠した評価」を日々の学習活動に取り入れるということは、設定された学習目標に対して個人がどの程度到達できたのかを継続的かつ的確に把握することでもあり、学習者目線に立ったリアルタイムでのカリキュラム改善に活かされることとなる。また、その過程で、一人一人の学習者の学びの進捗状況、学びの可能性や発展性、成長の足跡等も同時に見取っていくことにもなる。さらに、少子化や都市の空洞化、地方都市の過疎化等の進行によって学習集団サイズが小さくなっても、その学びの見取りに影響は生じない。

　このように、教育評価を集団として捉え、そこに順位づけられて学習する存在としての子どもの学びを形成するためにカリキュラム評価をするのか、それとも個々の学びを学習到達目標に照らして診断的、形成的に把握してその後の

学びに発展させていくためのカリキュラム評価を行うのか、比較してみれば今後の学校教育における評価のあり方の方向性は一目瞭然であろう。

C.「真正の評価」のためのパフォーマンス評価とルーブリック

　カリキュラム評価を推進していくためには、その目的が常に問われよう。カリキュラム評価の先にあるもの、それは学校教育として期待する目標へ到達させるという意図をもって「子どもの学びを構成する」ということである。目標に準拠した学習活動の構成や、その過程での子どもの学びを評価するということは、学校や教師の教育的営みにどのような変化をもたらすのであろうか。

　わが国の学校は学力観の転換で、かつてのように子どもが知識を量的に蓄積するという発想から、自分を取り巻く環境（人、こと、もの）と主体的にかかわりながら、その相互作用を通じて学んだ自分の経験を意味づけ、関連づけながら構成し、まとまりのある知識の体系（統合知）としていくという質的なものへと変化してきている。そこで問われるのは、学習の結果のみではなく、学習していくプロセスに対して学習者自身に意味をもたせることである。

　よって、これまで学校で学習指導要領や教科書を手がかりに編成した自校の教育課程に則って子どもがただ受動的に学ぶという発想ではなく、教育課程の大枠は規定されていても、それを各々に構成する単元や題材、主題といった具体的な学習経験プログラムでは、必然的に構成論的な学習計画となり、教育目標を設定する際にいわゆる「知識」の獲得を前提に編成するのではなく、「理解に」に着目する弾力的な工夫を取り入れていくことが今後ますます求められるであろう。

　つまり、理解（understanding）するということは、理科を例にするなら、大きく蛇行する川の流れの速さはその位置によって異なり、人々の憩いの場となる川原はその内側に形作られるから、野外炊事や楽しい余暇の過ごし方を考慮するとそこがキャンプには好立地だといった日常体験的知識として獲得したり、その体験的知識を基にしてより思考を深めたりすることを通して実現される。いわば、生きて働く豊かな学びという文脈の中で相互の事柄や状況内容を複合的に結びつけて対処していくということである。このような理解ができる、このような理解に基づく学びの活用ができる能力を高めていくということは、

前提に学びがイメージ化された教育目標設定でなければならないのである。

　「理解」の文脈に基づく教育観や評価観は、単元カリキュラムや授業構想における教師の指導観に決定的な転換をもたらす。日常生活場面を想定して考えてみよう。例えば、機械が苦手で自動車の運転ができず、通勤に鉄道やバスを利用していた人がいるとする。けれども、その鉄道やバスが路線運休や廃止等でどうしても自動車通勤が必要な事態に追い込まれたとする。当然、その人はそれまで自動車の構造やメンテナンスといったメカニックにまったく興味がもてなくて苦手意識が先行していたとしても、運転免許を取得して自分で運転せざるを得なくなる。そうなれば、日々それを活用していく過程ではパンク時の対処、燃料やオイル等の警告灯点灯時の対処、積雪時や悪天候下での車両性能を前提にした安全走行の対処等をしつつ、日常的な体験的知識を獲得していく中で様々なパーツの名称やメカニックに関する基礎的知識も徐々に身に付けていくのである。よって、運転免許を取得するために自動車の専門学校へ通って構造を一から学んだり、法律の専門学校へ通って道路交通法の冒頭から完全習得したりする人は一般的にはごく希である。せいぜい、教習所へ通ってまず運転に慣れ、次に免許試験に合格するため速習的に道路交通法を身に付けるといったところが関の山であろう。しかし、自動車を運転しながら構造が分からずに自信を失ったり、道路交通法が完全に理解できていないと悩んだりして、道路のど真ん中で立ち往生しているドライバーを見かけることはまずないであろう。多くの場合、日常的な経験知を積み重ねる過程でその周辺にある基礎的・基本的な知識習得を同時に行っているからである。

　このような例話を学校教育に当てはめて考えると、果たしてどうであろうか。従前のような、基礎的・基本的事項を習得しなければ思考力・判断力・表現力といった応用的な力は発揮できないといった頑なな発想ではなく、子どもたちの思考力や判断力、表現力が学習の中で十分に発揮されるならば、その過程ではそれに伴う基礎的・基本的事項の習得も併せて可能になっているといった真逆的な授業構想をすることは十分可能となるはずである。眼前にある喫緊の課題を解決するためには、その本質的な問題を探る過程でついでにその周りにある知識も同時に身に付けていくというのは体験的によくあることだからである。

図4-2　カリキュラム構成とその評価の関係性

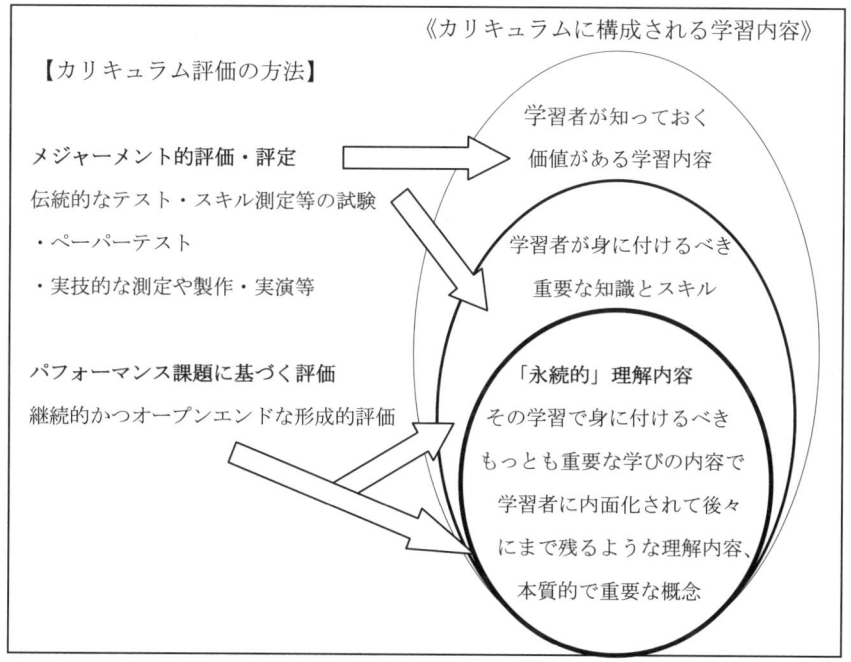

《カリキュラムに構成される学習内容》

【カリキュラム評価の方法】

メジャーメント的評価・評定
伝統的なテスト・スキル測定等の試験
・ペーパーテスト
・実技的な測定や製作・実演等

パフォーマンス課題に基づく評価
継続的かつオープンエンドな形成的評価

学習者が知っておく価値がある学習内容

学習者が身に付けるべき重要な知識とスキル

「永続的」理解内容
その学習で身に付けるべきもっとも重要な学びの内容で学習者に内面化されて後々にまで残るような理解内容、本質的で重要な概念

(西岡加名恵「ウィギンズとマクタイによる「逆向き設計」論の意義と課題」『カリキュラム研究』Vol.14　2005年　p.18「カリキュラムの優先事項と評価法」を基に作成)　(註4)

　上図で提起することは、ある特定の単元や題材、主題なりの学習展開をイメージする際に、その教材に含まれる学習内容すべてを同列で扱うということの無意味さである。ある学習カリキュラムを通して学んだ学習者がその具体的な学習内容は忘れてしまっても、その本質的な内容だけは内面化されて身に付いているといった「永続的な理解内容」もあれば、同じ教材の中には「きちんと身に付けておくべき内容やスキル」、「学習者が知っておく価値がある内容」といった質の異なるレベルの学習内容が含まれているのが一般的なことである。それらを1から10まですべて学習者に身に付けさせることが可能であるとして内容理解させるのか、それとも、本質的な問いに対する内容理解を核にその周辺にあるものを必要度に応じて理解させていくのか、その意味は大きく異なる。

③ カリキュラムにおける内容構造の理解

☆事例：小学校第5学年「理科」　単元名「魚のたんじょう」10時間扱い
　　　（出典：『新しい理科』東京書籍版）

【永続的理解内容】
　〇生物が継続されていくためには雌雄それぞれの性が必要で、一定の環境下で産卵・孵化を繰り返すことで世代超えた生命維持がなされるのである。

【身に付けるべき重要な内容】
　〇メダカが産卵するには、雄と雌を一緒に飼う必要がある。
　〇産卵は一定の条件下で行われ、子メダカは成長するまで卵塊の養分を得て成長する。
　〇子メダカは水中の微生物を補食して成長する。

【知っておく価値がある内容】
　〇メダカの雌雄の見分け方ができる。
　〇メダカの産卵から孵化するまでの成長・変化する様子を理解できる。
　〇メダカの餌となる水中の微生物について具体的に知ることができる。
　〇メダカの飼育や産卵させるための方法が理解できる。
　〇自然界のメダカは餌を与えなくても捕食して生きていることを理解できる。

　このように各学校の教育課程を形作る各教科等のカリキュラム構成に際しては、単元で理解させるべき目標は何か、そして、それはどのような観点からどこまで到達したら目標を達成したと評価できるのか、そのためには教材分析を通してどのような順序で学習構成していけばよいのかという教師の授業構想が不可欠となってくる。その際に前提として求められるのが「真正の評価(authentic assessment)」という考え方である。真正の評価のキーワードは、「実感の伴うリアルさ」である。

　このような真正の評価という概念をカリキュラム研究の中心に据えたのは、米国で教育コンサルタントとして活躍しているグラント・ウィギンズ (G.Wiggins, 1998年) と共同研究者であるジェイ・マクタイ (J.McTighe, 1998年) である。ウィギンズは、自らが提唱する「逆向き設計」論について、著書

『教育的な評価』(*Educative Assessment*, Jossey-Bass Pubiishers, 1998) の中で教育評価改革の視点から従来のカリキュラム編成の在り方に疑問を呈し、新たな編成論として真正な評価に基づくカリキュラム論を主張したのである。

図4-3　「逆向き設計」論によるカリキュラム構想過程

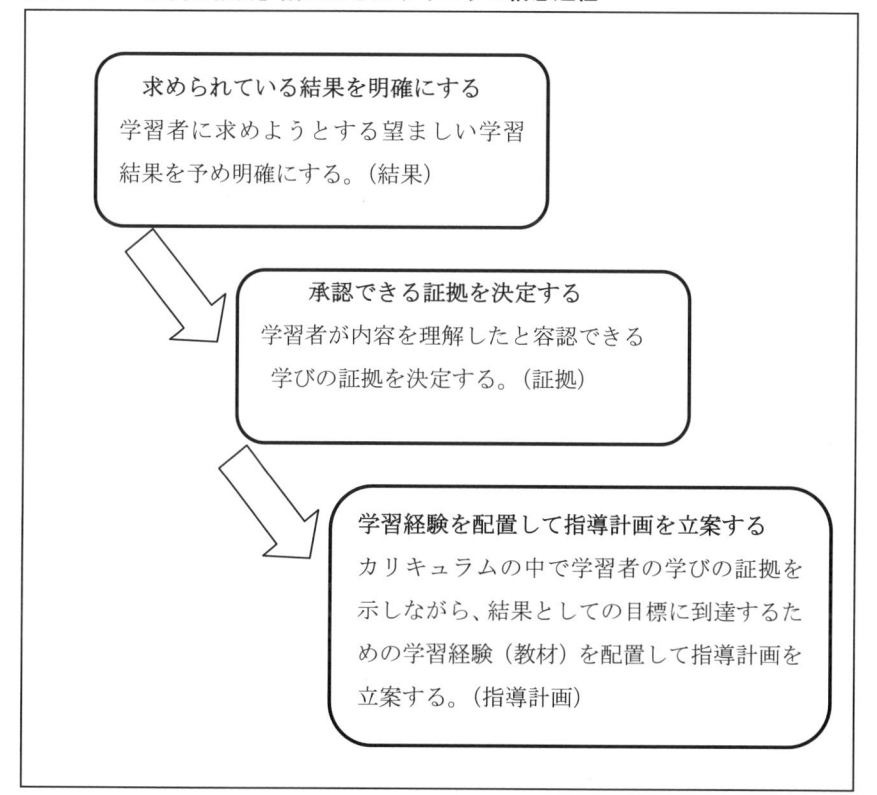

```
┌─────────────────────────────────────────┐
│   ┌──────────────────────────┐          │
│   │ 求められている結果を明確にする │          │
│   │ 学習者に求めようとする望ましい学習 │       │
│   │ 結果を予め明確にする。(結果)  │          │
│   └──────────────────────────┘          │
│            ↘                            │
│      ┌──────────────────────────┐      │
│      │ 承認できる証拠を決定する       │      │
│      │ 学習者が内容を理解したと容認できる │    │
│      │ 学びの証拠を決定する。(証拠)    │      │
│      └──────────────────────────┘      │
│               ↘                         │
│         ┌────────────────────────────┐ │
│         │ 学習経験を配置して指導計画を立案する │ │
│         │ カリキュラムの中で学習者の学びの証拠を │ │
│         │ 示しながら、結果としての目標に到達するた │ │
│         │ めの学習経験(教材)を配置して指導計画を │ │
│         │ 立案する。(指導計画)             │ │
│         └────────────────────────────┘ │
└─────────────────────────────────────────┘
```

(Wiggins & McTighe *Understanding by Design*, ASCD, 1998 p.9 を基に加筆作成)

　ウィギンズとマクタイが提唱した「逆向き設計」論は、「1段階：学校の教育活動として求められている結果を明確にする」→「2段階：それを第三者が見て承認できる証拠（評価のための客観的な観点とその判断基準尺度）を決定する」→「3段階：学習者がそのカリキュラムを通して学ぶための学習経験を教

材として配置した指導計画を作成する」という3ステップで単元カリキュラムを構想・設計しようとするものである。

④ 「真正の評価」を活かす「逆向き設計」論の進め方
特色1：最終的な結果から辿ってカリキュラムを構想する

その教育活動によって学習者にもたらされる最終的な結果を策定し、そこから遡って単元カリキュラムを構想・設計していくという従来の目標設定→教材を通しての学習経験の配置→そこでの評価観点の設定と結果測定といった発想を逆転させる発想に基づいている。

特色2：単元評価計画を構想してからカリキュラムを構想する

従来であれば、そのカリキュラム評価は指導が行われた後で設定した目標に照らしてその評価を行っていくというのが一般的であったが、この「逆向き設計」論では、指導実践が開始される前に単元評価の観点や評価尺度を設定してからカリキュラム実践を開始するという発想に基づいている。

ここまで述べてきて明らかなように、真正の評価とは大人の日常的な生活場面である仕事場や市民生活の場、個人的な生活の場等で、必然的に求められる様々な事柄の内容について適切な理解がなされているのか常に問われる事実を踏まえるという文脈で子どもの学びを捉えたり、シミュレーションしたりするという発想に立った評価の考え方である。

このような評価論に立つと、学力評価という面で学校が設定している教育目標はどうであるのか、各教科等での単元カリキュラムが子どもの学びの内実性から捉えたら果たしてどうなのか等々を問うことになる。誰がどのような明確な根拠を示しながら目標を設定し、その目標を達成したと判断される評価基準に従って学習展開された結果がどうであったのかというカリキュラムの有効性を問うことを前提に設計されることとなる。ウィギンズとマクタイが主張するカリキュラム編成と評価論「逆向き設計」論とは、そのようなことを意味するものである。ただ、真正の評価に基づくカリキュラム編成というのは単に諸外国での研究方法という理解ではなく、わが国でも急速に身近な教育カリキュラ

ム編成論、評価論として援用、具体化されているという事実を踏まえたい。

　カリキュラム編成やカリキュラム評価についての方法論的転換への促しが明確になってきていると理解できるのは、平成22（2010）年に中央教育審議会初等中等教育分科会教育課程部会が示した報告「児童生徒の学習評価の在り方について」等での記述である。同報告の内容 3「学習評価の今後の方向性について」では、学習評価の意義と学習評価を踏まえた教育活動の改善の重要性が指摘され、その基本的な考え方が3点述べられている。

A．目標に準拠した評価による観点別学習状況の評価や評定の着実な実施

　きめ細かい学習指導の充実と個々の学習内容の確実な定着を図るため、学習状況を分析的に捉える観点別学習状況評価と総括的な評定については目標に準拠した評価をしていくことが適当であること。

B．学力の重要な要素を示した新しい学習指導要領等の趣旨の反映

　「生きる力」を支える「確かな学力」、「豊かな心」、「健やかな体」の調和が重視されると共に、学校教育を行うにあたり、基礎的・基本的な知識および技能を確実に習得させ、これらを活用して課題を解決するために必要な思考力、判断力、表現力その他の能力を育むと同時に、主体的に学習へ取り組む態度を養うよう努めなければならないこと。

C．学校や設置者の創意工夫を生かす現場主義を重視した学習評価の推進

　教育は、地域や学校、子どもの実態に応じて効果的に行われることが重要であり、各学校や設置者等の創意工夫を生かすことが重視されている。学習評価についても各学校や設置者における教育の目標や学習指導に当たって重点を置いている事項を指導要録等においてこれまで以上に反映できるようにすること等、各学校の創意工夫をより一層生かしていく方向で改善すること。

⑤　「指導要録」について

　指導要録とは、学校教育法施行規則第12条、第15条に規定された教育評価に関する保存（20年間）が義務づけられた学校の公的な記録原簿である。その目的は、子どもの学籍および指導の過程や指導結果を要約記録し、以降の指導および外部に対する証明等に役立たせるためのものである。

指導要録の内容構成は、様式1では「学籍に関する記録」で、個人および保護者に関する情報、入学前・入学後の転・出入、進級・進学等に関する経歴情報を記載するようになっている。様式2では、各教科、外国語活動（小学校のみ）、総合的な学習の時間、特別活動での学習の記録、各教科の評定、行動の記録、総合所見および指導上参考となる諸事項、出欠の記録等となっている。

以上のように「目標に準拠した評価」、「思考力・判断力・表現力の育み」、「現場主義を重視した各学校の創意工夫による学習評価」等が、より一層大切にされなければならないことが見えてくる。そして、それらに共通するのは、きめ細かい学習指導と子ども一人一人の学習内容の確実な定着を図るために、評価の観点を明確にしなければならないという基本的な姿勢である。

指導要録に記録する学習状況評価については、平成20（2008）年の学習指導要領改訂に伴って以下のような「観点」が設定されている。

《指導要録における学習状況評価「観点」の変遷》

[2001年改訂　指導要録の評価観点]　[2010年改訂　指導要録の評価観点]

- A．関心・意欲・態度
- B．思考・判断
- C．技能・表現
- D．知識・理解

- A．関心・意欲・態度（学習意欲）
- B．思考・判断・表現（活用）
- C．技能（習得）
- D．知識・理解（習得）

ここまでで、まず明確になってくるのは「目標に準拠した評価」、つまり「真正な評価」という考え方である。1980年代後半に米国の教育評価観として急速に普及した真正な評価観は、本物の評価ということを意味する。当時の米国の社会状況下では、各学校が自らの教育成果を点検し、説明責任（accountability）を果たすために標準テストで評価できるのかといった議論が沸き起こった最中に提起された評価論である。つまり、標準テストで良い成績を収めたとしても、それは学校の中でしか通用しない特殊かつ低次な能力を評価したに過ぎず、生きて働く学力を形成した証拠とはならないのではないかという疑念が前提となっている。

そこでのポイントは、生きて働く学力としての教育成果を評価するということは、評価対象となる教育の課題や活動が実感的でリアルなものでなければならないと「真正性」をもっているとは言い難いということに尽きるのである。

真正な評価という前提に立つと、学習することは単に知識を量的に蓄積することではなく、学習の中で環境（人、こと、もの）と関わる相互作用の中で自分の経験に関する意味づけを主体的に拡大しつつ学ぶこと、既習知識を組み替えて高次なものにしていく学習成果プロセスそのものを見取っていくということが必要になってくる。わが国でも総合的な学習の時間が創設（1998年学習指導要領改訂時）されて以降、従来の筆記テストでは評価できない学習活動における成果をファイリングして個人の一連の学習プロセスとして評価するというポートフォリオ評価（portfolio assessment：本来的には紙挟み、画家が作品を持ち歩く折りの鞄等を意味するが、ここでは学習プロセスでの成果収集に基づく評価）や、パフォーマンス評価（performance assessment：振る舞いや遂行の様子等の情報収集に基づく評価）に関心が向けられ、今日では学校の教育活動へ徐々に浸透しつつある。ただ、パフォーマンス評価はルーブリック（rubric：達成目標に準拠した評価指標として評語と評価尺度から構成される）と一体的なものとして活用されるため、その手続き等が一般化にしていくためには数多くの実践に基づく成果が期待されるところである。

（4）「目標に準拠した評価」の進め方
① パフォーマンス評価とルーブリック設定の考え方

学力観の転換を受けて改訂されてきた小・中学校学習指導要領であるが、それに連動するかたちで指導要録も改訂されてきた。指導要録は、学習者である子ども一人一人の学習状況を評価して記録し、法律の定める期間の保存が義務づけられている公簿である。そこで示された教育評価方針が、わが国の教育評価、ひいては各教科教育カリキュラム、学校知としての教育課程すべてに影響を及ぼすのである。そこでの基本姿勢は、「目標に準拠した評価」である。児童・生徒が国家の教育基準として設定された学習指導要領で示す目標に照らしてどの程度習熟し、学びの力を身に付けたのかが問われるのである。

その際、評価観点としての「技能」や「知識・理解」といった習得状況を比較的把握しやすい項目はともかく、「関心・意欲・態度」や「思考・判断・表現」といった学習意欲や既習知識の活用といった項目は評価が難しい。そこでの学びを見取っていくには、日々の教育活動そのものの裏返しとして日常的かつ継続的な評価活動、つまり「指導と評価の一体化」を進めていくしかないのである。そこで有効な手立てとなるのが、パフォーマンス評価とそれを学びの文脈で意味づけるルーブリック指標の活用である。

総合的な学習の時間が小学校から高等学校まで位置づけられた当初、各学校レベルでは概念的なポートフォリオ評価の活用研究が支配的であった。なぜなら、煩雑という欠点は伴うのではあるが、評価活動を進めるための情報量は圧倒的で有効な評価方法論であったからである。ましてや視覚的にも確認できるので、教師にとっては心強い学習評価素材としての役割を果たしたのである。

しかし、ポートフォリオ評価のメリットを認めつつも、学校現場レベルでの問題点は払拭されない面も少なくなかった。その問題点とは、カリキュラム適合性（curriculum fidelity）の克服である。カリキュラム適合性とは、評価方法と教科カリキュラム等の領域や内容レベルが一致していて、さらには、カリキュラムを評価方法が全てカバーしなければならないという概念的な捉え方である。当然、そこには評価方法の信頼性と妥当性という視点が介在してくる。つまり、真正の評価、目標に準拠した評価においては対象をどの程度安定的に一貫して意味づけていけるのかという信頼性と、カリキュラム目標の内容にかかわる構成妥当性、内容妥当性をどう客観的に明確化していけるのかが問われる。それらを比較可能性という視点から説明していくことは、各学校にあっては専門的すぎて至難の業といわざるを得ない面も少なくなかったのである。

ただ、ポートフォリオ評価においては学びの記録が膨大なものとして残されるので、中には学び情報としては評価できないような内容も混入していたとしても、それ以外は、その時々での個々の学び評価という文脈から捉えるなら、適切な評価を行うための有効な情報は大いに含んでいると解釈すべきである。例えば、年号や理解する事柄といった事実的知識、グラフの読み取りや数滴データの因果関係についての説明といった個別的スキル（学習内容の段階でい

えば、知っておく価値があるレベル)、さらには事実的知識を転移させて、政治・経済・外交・文化といった要素を複合的に組み合わせて概念的にわが国の特徴を理解すること、個別的スキルを複雑なプロセスにして複数資料を関連づけて説明するといったこと（学習内容の段階でいえば、重要な知識・スキルのレベル）等は、ある程度までは記述した内容やその他の成果物からその学習状況を推し量ることが可能である。しかし、より複雑な学習の転移による概念化とか、様々な事例から結果として得られる普遍的な原理の把握状況やその一般化に向けた取り組み等の姿（学習内容段階でいえば永続的理解のレベル）を見取っていくことにはその評価観点と連動したパフォーマンス課題の設定が不可欠なのである。

ポートフォリオ評価運用というと、単元カリキュラム全般にわたる単なる評価情報の収集と受け取られやすい。しかし、それだけに留まっていたのでは、評価活動そのものに支障を来すことは火を見るよりも明らかである。

ポートフォリオ評価を大まかに援用するだけでは、後者のような個々の複雑な学びの文脈を理解するための観点や評価指標をカバーしきれない部分が生ずるのである。その点を補うのが、パフォーマンス評価ということになろう。

パフォーマンス評価で捉えようとする学習者のパフォーマンスの内容は、そこで求めようとするパフォーマンス課題と連動した小論文や研究レポート、詩や作文、図表、絵画等の完成作品等の評価内容、さらには朗読、口頭発表、ディベート、演技、ダンス、演奏、器具の操作、運動実技、素材活用等々の評価内容、活動の遂行状況、発問、討論、検討会、面接、口頭試験、日誌・ノート記述といったプロセスに焦点化した具体的な評価形態が挙げられる。

いわば、①「筆記による評価」、②「パフォーマンスに基づく評価（完成作品や実技、実演等）」、③「パフォーマンス課題（例えば、「教室の壁を塗り直したら費用はどの程度かかるか調べなさい」とか、「ノンフィクションのエッセイや新聞記事等を基にタイタニック号沈没の際の犠牲者の一人として自伝を書きなさい」といったパフォーマンスに基づく評価が定型化されたもの）等が考えられる。その際、重要となってくるのがモデレーション（moderation：複数の目で評価内容の適切性を調整し合う手続き）という評価内容検討会である。

パフォーマンス評価のすべてを包括するポートフォリオ評価では、予め教師が設定した評価基準を提示する①「基準準拠型ポートフォリオ」、教師と学習主体者である子どもが共同で相談しながら自己評価と相互評価双方の視点から評価基準を設定していく②「基準創出型ポートフォリオ」、学習主体者である子どもが自分なりの自己評価基準を設定してその学びを意味づけていく③「最良作品集ポートフォリオ」といった分類がなされる。また、それをより具体化し、学習者である子どもの思考と表現を評価する際のパフォーマンス評価観点設定は、より具体性の伴う目標分析に基づくものでなくてはならないであろう。

また、パフォーマンス評価といった場合、それと対で語られるのがルーブリック指標である。到達すべき目標に照らして明確な観点をもちながら学習成果を評価するパフォーマンス評価は、学習者の学びを可視化する役割を果たす。しかし、それだけに頼ったのでは背後にある個々の学びの質やトータルな資質・能力の獲得度合いを説明するには情報不足である。到達すべき具体的な目標に対してどこまで至ることができたのか、どこまで高まったと証拠を示して説明できるのかというパフォーマンス課題に対して獲得した学びを解釈する役割を果たすのが、評語と評価尺度で構成されるルーブリック指標である。

ルーブリック指標が主観的であっても、独善的・恣意的にならないようにするためには、まず評価したいと考えるパフォーマンス課題ができるだけ具体的で、学習内容に対して直接的であることが求められる。つまり、「リアリティ」である。そして、パフォーマンス評価から学習成果の解釈過程では確かに評価者の主観的な要素こそ全面的に排除はできないものの、行動主義的な実践的かつ客観的事実性を伴った評価方法として威力を発揮することとなる。その実践的かつ客観的事実性を担保する役割を担うのが、学校での学年部会や教科専門部会等の場を活用したモデレーションである。そこでは、評価観点と対になって機能する評語、評価尺度を信頼性、妥当性の確保という面からも納得のいく方法で検討していく。

ただ、このような記述をすると、パフォーマンス評価は万能な評価手法と誤解されやすい。単元カリキュラムの教育実践を通して学習者が身に付けるのは学力である。学力（achievement）は言うまでもなく、個々人に内在する資質・

能力そのもので、それ自体が外部からすべて捉えられる訳ではない。つまり、外部から簡単に「見えやすい学力（例えば計算スキル等）」と、思考力といった容易に外部からは捉えきれない「見えにくい学力」があるのである。本来的には、すべて見えやすい学力として評価すべきなのであるが、前述の計算力といったものばかりではなく、「見えにくい学力」の方がある意味では多いのが普通である。では、それをそのまま評価することが不可能であるとするならば、一体どうするのか。

考えられる手立てとしては、見えにくい学力については学習者の学習時の外部に顕れる様子から間接的に推し量る、つまり「推論して概観する」ということである。見えないものを間接的な方法で推論するという方法で見えるようにする役割を果たすのがパフォーマンス評価としての評価観点であり、ルーブリック指標であるのである。

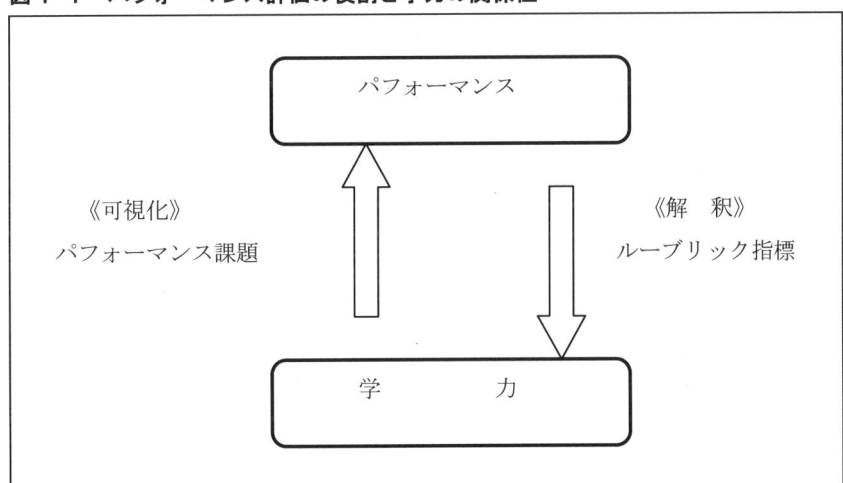

図4-4　パフォーマンス評価の役割と学力の関係性

```
            ┌──────────────┐
            │  パフォーマンス  │
            └──────────────┘
                ↑        ↓
  《可視化》              《解　釈》
  パフォーマンス課題        ルーブリック指標
            ┌──────────────┐
            │   学　　　力   │
            └──────────────┘
```

（松下佳代「パフォーマンス評価の構造」2007年より引用）（註5）

②　教科におけるパフォーマンス評価観点とルーブリック設定例
☆事例：小学校第5学年「社会」　単元名「米づくりのさかんな庄内平野」

10時間扱い（出典：『新しい社会』東京書籍版）

【永続的理解内容　単元としての到達目標】
　○稲作農家は、米作りを通してわが国の食糧確保という重要な役割を担い、国民の食生活を支えている。

【パフォーマンス課題：概念的理解】
　○米作りのさかんな庄内平野では、よりよい米を消費者に届けるために生産者が工夫や努力を重ねている。

【ルーブリックのレベルとパフォーマンスの内容】
　【レベル3　よく理解している】
　○農事暦から米作り農家では生産を高めるために工夫して稲を育てたり、作業を効率化したりして経費削減の努力を重ねていることを説明している。
　○育成の工夫や生産の効率化を進めざるを得ない稲作農家の現状を資料活用しながら筋道立ててレポートにまとめている。
　【レベル2　及第ラインに達している】
　○農家の岡部さんの話から、土作りや育成調査、病虫害の防除などの具体的な工夫をしていることが説明している。
　○稲作にはいろいろな費用がかかり、作業の効率化といった経営努力が求められていることをレポートにまとめている。
　【レベル1　もう少しの努力を期待したい】
　○農家の岡部さんはよい米を生産するため、3月から10月まで休みなくいろいろな仕事をしていることを話すことができる。
　○米作りには農薬、肥料、機械や設備などの費用がかかることをレポートにまとめている。
　【レベル0　かなりの改善を要する】
　○岡部さんがよい米を生産するために工夫をしていることについての説明が曖昧である。
　○岡部さんが他の農家とどうして共同作業をしているのか、その理由がレポートでまったく触れられていない。

第4章 教育評価と新たな学校教育創造　185

　個々で示したパフォーマンス評価の観点とルーブリック評価の具体的内容、4段階の評価尺度はあくまでも教科書を参考に作成した事例案である。この評価観点・尺度作成に携わる者が学級担任や教科担任であったなら、より切実に眼前の子どもたちの様子を思い描きながら学習指導要領社会科の目標や内容、教科書の教材として設定する単元目標に準拠しながら、「社会事象への関心・意欲・態度」、「社会的な思考・判断・表現」、「観察・資料活用の技能」、「社会的事象についての知識・理解」といった小学校児童指導要録「各教科の学習の記録」に示された観点に基づきながら、より詳細なものを作成することは疑う余地のないところである。

　なお、事例案で採用した評価レベル「3」～「0」までの4段階尺度は絶対的なものではない。例えば、道徳授業などで学習者である子どもが評価観点を設定するような場合は、2段階とか3段階でも一向に構わない。むしろ、そのような場合は、自己評価することで豊かな学びを引き出すことが主眼となる。

　以下は、その時間で達成すべき明確な内容的目標をもつ教科教育とは異なり、人格形成の視点から人間としての在り方や生き方への自覚化を目指す方向的目標設定となっている教科外教育としての道徳の時間でのパフォーマンス課題とルーブリック指標の設定例である。

③　道徳におけるパフォーマンス評価観点とルーブリック設定例

☆事例：小学校第5学年「道徳」主題名「心晴れやかに」1―（4）明朗・誠実
　1時間扱い　資料名「手品師」（出典：文部省読み物資料）

【永続的理解内容　単元としての到達目標】
　善く生きるということは、自分に対しても、他者に対しても、誠実に生きるということである。

【パフォーマンス課題：概念的理解】
　自分や社会に対して常に誠実でなければならないことを自覚し、人間としての誇りをもった責任ある行動を取ろうとすることができる。

【ルーブリックのレベルとパフォーマンスの内容】
　（レベル3　よく考えることができた）

自分の夢よりも男の子との約束を優先した手品師の立場に立って考え、その誠実な行動の清々しさ、素晴らしさを受け止めることができた。
　（レベル2　自分ならと考えることができた）
自分が手品師の立場だったら、自分の夢と男の子との約束のどちらを優先すればいいかと一生懸命に考えることができた。
　（レベル1　よく考えることができなかった）
あんなに大劇場の舞台に立ちたがっていた手品師が、名前や住んでいる場所さえ知らない男の子との約束のためにチャンスを断ったその理由が自分には分からない。

　今さら言うまでもなく、道徳教育で目指すのは「道徳性」の育成である。道徳性は、人間の心の動きとしての情意的側面である「道徳的心情」、物事の価値を認知的側面から善悪の判断として行う「道徳的判断力」、内面的資質として形成された道徳的心情や判断力を具体的な道徳的実践へと具体化するための行動的側面としての「道徳的実践意欲・態度」で構成される。頭で分かっていることを実践しようとする個の内面的資質としての「道徳的実践力」は、情意的側面、認知的側面、行動的側面が不可分一体となったものであることを前提とすると、主題の目標に対して特化した評価観点のみを設定するのではなく、情意的、認知的、行動的各側面を視野に置いた複数の評価観点をバランスよく設定すべきであろう。
　ちなみに、道徳授業での主題は1単位時間での授業構成がよく見られるが、各学校の置かれている道徳的実態を受けての重点的指導を視座するなら、多時間扱いのショートプログラムを中心としたカリキュラム開発もますます必要となってくる。その分、単時間での指導が複数時間での指導になるということは、どうしても評価観点がぼけやすい。主題カリキュラムを構成する際には学習全体にわたる評価計画を作成し、さらに各時間の評価観点とその指標を設定するような手続きを踏んでいきたい。

2　カリキュラム評価とこれからの学校教育
（1）今日の学校教育の課題
①　「豊かな学び」を創ることの視点

　今日の学校は、その営みの全てが評価にさらされているといっても過言ではない。かつて学校は、例え保護者でも地域住民でも容易に立ち入れない外部からは閉ざされた存在であった。これは学校に限らず、全ての行政機関や大学等においても当てはまることであった。よって、そこでどのような教育活動を行っているのか、その教育活動は成果をあげているのかといったことは外部から伺い知れない部分も少なくなかった。それゆえ、「学校では何を考えて教育しているのかちっとも分からない」といった不満や、「学校に子どもを預けているのだから様子がよく分からなくても仕方ない」といった一種の諦めと囁きの声が聞かれたものである。本質的な部分では、学校が地域の中に置かれた位置づけ、担っている役割、その活動目的性それ自体に変化が生じてきたとは考えにくい。ならば、何が学校の教育活動をすべてガラス張りにして白日の下にさらけ出し、自らの取り組みを評価しながら望ましい学校運営をより一層目指すように仕向けたのであろうか。それは、学びの主体者である幼児から児童・生徒に至るまでの子どもを教育の中心に据えていこうとするパラダイム・チェンジが実現しつつあるからと考える次第である。そうでなければ、本書で提案するような「豊かな学びを育む教育課程（学校サイドから見れば教育課程編成、学習者の視点で見ればカリキュラム編成）」といった発想は、全く論外であったはずである。

　やはり、そのような学校改革の大きな原動力となったのは、昭和59（1984）年に臨時教育審議会設置法に基づき総理府に設置された「臨教審」の答申である。当時の中曽根康弘首相の主導で進められた臨教審は、政府全体として長期的な観点から広く教育問題を議論した。運営に当たっては、第1部会が「21世紀を展望した教育の在り方」、第2部会が「社会の教育諸機能の活性化」、第3部会が「初等中等教育の改革」、第4部会が「高等教育の改革」を議論した。それら4部会が議論してまとめたものは、4次にわたって答申された。これらの答申の骨子は、柔軟な教育制度への移行と、当時の文部省の機構改革と連動した教育界全体にわたる様々な規制緩和である。学校も社会を構成する社会構

造の一部である。従って、その取り組みは可視化されなければならないと考えるのは自然な成り行きであろう。ただ、組織としての運営精神が拓かれた学校へスムースに転換したならばまったく問題は生じないのであるが、規制緩和と同時に台頭してきた新自由主義的な潮流はフットワークの重い学校現場に様々な成果を求めるようになってきた。成果を明確にするための評価活動が学校を席巻し、本来傾注すべき学校の教育課程や各教科の年間指導計画（教育カリキュラム）の充実とそれに基づく教育実践と評価活動の推進といった部分が空洞化しつつあることを憂えるのは教育関係者ばかりではないだろう。

学校は、いくら外圧を受けてもその組織的営みそのものは変われない。学校は、自らの教育活動を充実させることでしか内部からの変革は成し遂げられないのである。学校の器を作るのは容易いが、その器に盛りつける子どもたちの豊かな学びを引き出すのは、一人一人の教師であり、志ある一人一人の教師が結集した学校組織である。

子どもたちの「学びを創る」という視点から、顕在的教育カリキュラムのみにならず潜在的教育カリキュラムの有効性も含めた幾つかの事例を紹介したい。

事例Ⅰ：母ヤギの出産に立ち会った子どもたちの学び

通知票のない学校、総合学習（生活題材を通して学んだ内容を統合し、トータルな認識の深化を意図する学習活動、「総合的な学習の時間」とは一線を画す）で知られる長野県伊那市立伊那小学校では、30年以上も教育活動の一環として動物の飼育を行っている。数年前にその様子が朝のニュースで報じられていた。概要を紹介したい。（2005年7月7日NHK「おはよう日本」放映内容より取材）

◆伊那小学校2年生の子どもたちは、「アキちゃん」という雌の山羊を飼っている。アキちゃんの体重を測定するのにどうするか試行錯誤し、結局、抱いて体重計に載り、自分の体重を引けばいいこと、重さの単位、小数の計算処理についても違和感なく同時に学ぶ。

ある日、子どもたちはアキちゃんの出産に立ち会うこととなった。その時、子どもたちは周囲の大人が期待するような、「可愛い」、「嬉しいなあ」、「アキちゃん、おめでとう」といった言葉を発することはついぞなかった。それどころか、一斉に泣きわめきだす。「こわい！」、「死んじゃう！」、「いやだ！」と叫ぶ

子どもたち。生命に対する畏敬心，畏怖心を学んだ瞬間だった。

事例Ⅱ：学舎への一礼と無言清掃を通した子どもたちの学び

　福井県吉田郡永平寺町は，曹洞宗大本山となっている永平寺があることで宗教都市としての威厳が漂う地域である。この永平寺町にある永平寺中学校は生徒数約 190 名，教職員数おおよそ 20 名という小規模校である。しかし，そこでの教育は様々なメディアを通じて広く知れ渡っている。

◆永平寺町立永平寺中学校の校訓は，「自立，振気(しんき)，敬愛」である。この中学校の教育的特色は，永年引き継がれてきた校門での「礼」と無言清掃活動である。子どもたちは登校すると，まず校門の前で一礼する。もちろん，下校時も同様である。どんなに急いでいる時も自分たちの学舎に振り返って一礼する。また，音楽の合図で開始される校内清掃は，心を磨く修行として最初から最後まで全員が無言で黙々とこれに取り組む。終了の音楽が流れたらその場に正座して沈思黙考(ちんしもっこう)し，自分が少し余分に頑張れたこと，気づいたこと，今後への課題等を内省する。このような取り組みは，生徒たちが主体的に発想・実践したのではない。地域社会に根付いた学校文化として受け入れ，守り，後輩へ引き継いでいく価値のリレーに身を置く中で受動的な自分から能動的な自分へと変容させているのである。

　ここに挙げた 2 事例は何を物語っているのかというと，「学び」ということの本質である。学びは，ただ教師と学習者がいれば成立するといった単純なものではないし，学校という立派な施設・設備がなければ成立しないというたいそうなものでもない。子どもが学ぶためには，なぜ学ぶのかという動機と共に，その到達すべき目標（ゴール）は何かという必然性が求められる。また，学びを本質的なものとして意図的に継続性をもって深めていくためには，必然的にそこには学びの計画，カリキュラムが存在することとなる。さらには，学校の教育課程といった文章化された公的な教育カリキュラム，つまり，顕在的カリキュラムだけ立派に整備しても，それを日々の教育活動で円滑に運用できなければ宝の持ち腐れとなって子どもの学びは霧散してしまう。むしろ，永平寺中学校の生徒たちが置かれている教育環境，明文化されてはいないが厳然たる事

実として自分の眼前にあり、様々な学びを知らず知らずに身に付けさせてくれる潜在的カリキュラム（裏カリキュラム）の方が無視できないこともある。

　「子どもの豊かな学びを創る」というキャッチコピーは、過去にも、現在にも、さらにはこれからも繰り返し飽きることなく用いられることであろう。しかし、簡単に子どもの豊かな学びは起こらないし、かなり教師が意図して努力しても容易く実現できるものではないことは、教育関係者なら誰しもすぐに思い当たることである。ならば、どうせうまくいかないなら、カリキュラムなど画一的なものでも構わないではないかという極論も出現することとなる。しかし、冷静に考えれば分かることである。舵の壊れたモーターボートで新大陸を目指すという一大決心をして大海原に漕ぎ出したら、その後にどのような結末が待ち受けているのかと。

　教育への熱い思いも、そこに明確な目標設定がなければ学びを成立させることはできない。また、その目標に至る過程で理解すべき永続的な学習内容は何なのか、身に付けるべき重要な知識やスキルは何なのか、さらにはその学習を通じて知っておくべき価値がある事柄は何なのかといった学びの構成も明確にしないで学習を開始しても、そこには空虚な時間が流れるだけである。また、思い入れたっぷりに教材分析も入念にして臨んだ学習指導であっても、果たしてそれが子どもたちにとって適切なものであったのかという判断の目安がなかった、その意気込みは徒労に終わるであろう。

　子どもの豊かな学びを創るためには、やはり、各教科の単元カリキュラム設計、さらには各学校の教育課程に関するグランド・デザインが何よりも前提になければならないのである。以下に、ウィギンズとマクタイによる「逆向き設計」論によるカリキュラム編成の手順を示したい。

② 「逆向き設計」論によるカリキュラム編成の手順
第1段階：目標設定「求められている結果を明確にする」
　学習指導要領で求められている結果や教材に含まれる学習内容事項といった内容スタンダードを検討し、ただ網羅的に目標設定するのではなく、本質的な内容を学習者が「看破（見破って乗り越える）」できるように基本的な設計を

第4章　教育評価と新たな学校教育創造　191

する。繰り返し述べてきた本質的な学習内容としての「永続的な理解に関すること」、「重要な知識・技能として身に付けなければならないこと」、「学習を通して知っておく価値があること」というそれぞれのレベルに応じて目標設定することが何よりも大切なスタートである。

　ウィギンズ等は、直接成果を目で確かめることができない「理解」について、学習が転移する場面に着目している。具体的には、①「説明する」、②「解釈する」、③「応用する」、④「パースペクティブ（perspective：物事への展望）をもつ」、⑤「共感する」、⑥「自己認識をもつ」という「理解の6側面」である。このような6側面に従って理解を発展させようとするように設計されるカリキュラムには、学習者である子どもが積極的に問いかけ、追求し、本質的な部分を看破することを可能にするような「本質的な問い」がなければならない。

　例えば、前掲の小学校第5学年社会科単元「米作りのさかんな庄内平野」の10時間扱いの学習展開では、稲作に従事している生産者の工夫や努力といった事柄、わが国の食生活を支えたいという願い等のことばかり触れても永続的な理解には辿り着かない。本質的な問いは、なぜ稲作に従事している人々は厳しい生産環境の中で工夫や努力を重ねているのかという点であろう。米消費量の落ち込みや外米との競合の危機の中でコストダウンは不可欠であること、わが国の食糧自給率低下への対応は将来の国民生活にとって大変重要な問題であること等々の本質的な永続的かつ本質的な理解へと結びついてくるのである。

第2段階：評価計画設定「承認できる証拠を決定する」

　この段階は、カリキュラム・デザインにおける学力担保とその評価計画に相当する部分である。一つの単元を設計していく段階で、求められる結果を様々な評価方法によって導き出していかなければならない。なぜなら、そのカリキュラム実施過程では扱う内容の特質や深さによって評価方法を変えざるを得ないからである。よって、単元カリキュラム全体を網羅する評価計画を策定していくところにこの第2段階の意味がある。

　いわば、求められる様々な側面での結果を証拠として示すため、長期的な側面と短期的な側面の両面から、学んだ質の異なる知識の説明や解釈のための多面的な評価計画を検討し、その側面からカリキュラムの全体像を形作っていく

ことになる。

第3段階：学習経験配置「学習経験と指導を計画する」

　この段階は、具体的に「学習経験と指導を計画する」という段階である。特に、「逆向き設計」論での学習計画では、理解の6側面が強調され、それに見合った学習活動の場と評価の視点（説明したり、解釈したり、応用したりといった学習理解）を考慮しながら学習指導要領で示されている内容事項や教材に含まれる学習事項といったものを学習経験として適宜配置していくことがこの段階の重要な役割となる。

　「逆向き設計」論では、カリキュラム構成を進める際の配慮事項7点を略記で「ＷＨＥＲＥＴＯ」と称している。この配慮事項は、学習指導要領で求められている結果や教材に含まれる学習事項といったことばかりでなく、子どもの心をつかみ、興味・関心を維持し、自ら学習課題をクリアしようとする気持ちを鼓舞することも視野に置いてのものである。

［学習経験と指導を計画する際の7項目の留意事項］

　Where, Why, What：どこへ、なぜ、何が
　　◇この学習は、どこへ向かおうとしているのか？
　　◇この学習では、それがなぜそうなるのか？
　　◇この学習では、何が期待されているのか？
　　　↓
　How, Hook, Hold：どのように、つかみ、維持する
　　◇この学習では学習者の興味関心をどうつかみ、どう維持していくのか？
　　　↓
　Explore, Equip：探求する、用意する
　　◇学習者が「本質的な概念」と「本質的な問い」をどう探求するよう、助けていけるか？
　　◇期待されるパフォーマンスに向け、どのように学習者に用意させるか？
　　　↓
　Rethink, Revise：再考する、改訂する
　　◇どうやって学習者が自らの学びを再考し、改訂できるよう手伝うか？

↓
Evaluate：評価する
　◇学習者はどのように自己評価し、自らの学習をふり返るか？
　　　↓
Tailor：調整する
　◇学習内容をどうやって様々なニーズ、興味関心、スタイルに合わせて調整するか？
　　　↓
Organize：組織する
　◇どのように学習を組織化し、順序立てるか？

　わが国の学校教育では、これまでそこでの学びの結果にこだわることが恒常的に行われてきた。ゆえに、現在でもそうであるが、全国津々浦々の学校で学期末になると通信票で学習状況を保護者へ通知することが常態化しているのである。先に紹介した伊那市立伊那小学校では昭和30年代から通信票が廃止され、それに変わる期末懇談会の場で個々の子どもについて日々の様子を事細かに伝えるような方法を踏襲しているそうである。
　ウィギンズ等が提唱する「逆向き設計」論で目指す学びは、学習者にとって切実感の伴う学び、言い換えれば「豊かな学び」である。学校が子どもたちにとって心底学びたいと思えるような学習の場であろうとするなら、学校の教育課程編成の在り方や学校運営のスタイルもこれからますます新しい形を求めて進化し続けるに違いない。そして、通信票といった従来から踏襲されてきた「学び」の伝達手法も変貌を遂げてくるのではないだろうか。

③　「マクロの設計」と「ミクロの設計」によるカリキュラム編成

　ここまで、ウィギンズ等の「逆向き設計」論に基づくカリキュラム編成の方法について概観してきた。ここで気がつくのは、各教科等カリキュラムと単元プログラムという全体設定と各授業等の細部設計での相互関係についてである。つまり、カリキュラム全体として見た場合の設計と部分的プログラムとしての

単元設計、毎授業設計での相互連環性についてである。ウィギンズも著書の中で述べているが、この「逆向き設計」論は、その理論的淵源をタイラーの原理に求めている。いわば、教育目標設定と教育評価とを対応関係として捉えることの強調である。よって、カリキュラム編成理論として以下のような特徴が認められる。

A．目標と評価が対応関係として位置づけられている

「逆向き設計」論では、真正の評価を前提としている。よって、パフォーマンス課題に対するパフォーマンス評価、それに伴う具体的なルーブリック指標の設定による評価等、それらを関連づけた目標設定とすることで学びの内容をより明瞭にし、取り扱う程度の深浅さを決定づけている。

B．「理解」を６側面から捉えることで永続的理解を目指している

ウィギンズ等が提唱した理論の前提には、「本質的な問い」に対する「永続的理解」という主張がある。何をもって「理解した」といえるのか、それを証明する手立てとして、「説明する」、「解釈する」、「応用する」、「パースペクティブをもつ」、「共感する」、「自己認識をもつ」という６側面を設定しているわけである。ウィギンズ自身も認めているが、内容スタンダードとしての６側面は絶対的なものではなく、カリキュラムを通して重大な概念として学習者自身が自ら「本質的な問い」を看破するための目安として位置づけていることである。そこには、目標設定→評価方法の決定→単元全体の指導過程→各時間の授業過程という一貫したマクロ（巨視的）の視点が盛り込まれているのである。

C．カリキュラム設計と単元設計を「本質的な問い」で連環させている

各教科等のカリキュラムを通して学習者に身に付けさせるべき「本質的な問い」と、それぞれの単元指導における「永続的理解」、「重要な知識・スキル」、「知っておく価値がある内容」を明確にしながら計画設計し、実際に実践し、単元プログラムで設定したパフォーマンス評価やルーブリック活用がどうであったのかというミクロ（微細的）な視点からの問い直しを通じてその妥当性を見極め、その結果をカリキュラム設計へとフィードバックさせることでよりマクロな視点から長期的ルーブリックの見直しを進めるという連環の発想に立脚している。

第4章　教育評価と新たな学校教育創造　195

D．マクロとミクロとの関係を課題と長期的ルーブリックで貫いている

　「逆向き設計」論では、各教科カリキュラムの構成と単元プログラムの設計というマクロ設計とミクロ設計の関係を調整するために、モデレーションを重視している。モデレーションとは評価の一貫性を確保するための方法で、各自が評価した事例をもちよって評価規準が適切に運用されているかを確認する検討会である。これを継続することで、各教科等カリキュラムというマクロな視点での「重大な概念」としての「本質的な問い」を常に確認し、繰り返して学習者に問うべき課題とそれを承認する長期的ルーブリックを目途しながらカリキュラムや単元プログラムの調整を行って一貫性をもった学習を展開できるようにしている。

　ここまで述べてきたウィギンズ等の提唱する「逆向き設計」論であるが、これをわが国の学校教育に援用する意味はどこに見出せるのであろうか。
　それは言うまでもなく、知識基盤社会における「生きる力」を育むためである。これからの変化の激しい社会を生き抜く子どもたちに必要な力は、自分の眼前にある問題に対し、その本質を看破していく力である。問題の本質は何か、そのために知っておくべきことは何か、身に付けておくべきスキルは何か、さらにその周辺に様々な事柄をどう捉えていけばよいのか、そんな主体性や問題解決力は、ただ学習指導要領と教科書を手がかりに作成する羅列的な教育計画では実現しないのである。学習者である子どもの学びと連動させながら、教科等カリキュラムとして、単元プログラムとして、さらには各時間の「本質的問い」としてのパフォーマンス課題、その達成を見取るパフォーマンス評価とルーブリックの設定を常に描いていくことが、これからの学校教育では今後ますます問われてくるのである。

（2）教師力を引き出す教育カリキュラム改革

　本書でここまでに述べてきた学校教育における教育課程編成や各教科等のカリキュラム編成の在り方を整理すると、一つの明確なことが見えてくる。それは、学校の教育課程や年間指導計画、教育カリキュラムの在り方を問うという

ことは、教育評価を浮き彫りにするということである。
　わが国で近代教育制度がスタートしたのは、明治の時代になってからである。よって、学校教育の歴史も僅か1世紀半を経たに過ぎない。その歴史的変遷の中で支配的であったのは、「教師が教えれば、当然、子どもはそのまま身に付けるはずだ」という旧来からの古い教育観である。それでは、教師の役割はコピー機に過ぎないことになる。それでも、今日のような情報化社会において膨大な知識を右から左へとパソコンデータのようにフルコピーできるのであれば、それはそれで素晴らしいことかもしれない。しかし、現実にそのようなことは不可能である。むしろ、フルコピーしたとしても、目まぐるしく変化し続ける現代社会においては、そのような知識など用をなさないのかもしれない。今日、新たな情報を入手したとしても、明日には陳腐化するというのが現代社会である。昭和59（1984）年に設置された臨時教育審議会が4度にわたって答申した教育制度改革への提言は、様々な立ちはだかる障壁や山積する課題に押し返されながらも、来るべき今日のような高度情報化社会に生きる人間をどう育成すべきなのかといった人間存在の根源的な部分にまで遡及するような革新的な答申を示したと改めて思うような次第である。
　このような事例は、昭和41（1966）年10月に中央教育審議会答申として示された「期待される人間像」についても言えることである。この「期待される人間像」は2部構成になっている。第1部は「当面する日本人の課題」、第2部は「日本人にとくに期待されるもの」であった。1部での要点は、「人間性の向上と人間能力の開発」、「世界に開かれた日本人であること」、「民主主義の確立」であった。そして、第2部は4章構成で各章順に「個人として」、「家庭人として」、「社会人として」、「国民として」と、望まれるべき実践的規範を示している。当時の国民的な議論はさておき、昨今のわが国の有り様をふり返るなら、このような提言に対して謙虚に耳を傾ける余地があったのではないかという思いが脳裏をかすめるのである。
　翻って、各学校の教育課程を論ずるなら、その遅々として進まない改革の歩みを顧みないわけにはいかないのである。本書では、カリキュラム論的な立場からの近代以降の教育改革の潮流について、また、学校管理者側の理論として

の教育課程編成や各教科等の年間指導計画の在り方について、さらには学習の主体者である子どもの側の学びを軸とした単元カリキュラム構想の方法等について順次述べてきた。今日の学校では、これまでゆったりと動いていた「学校時計」が音を立ててものすごい勢いで時を刻む針を回し続けているが、19世紀から20世紀、21世紀と時間をかけて蓄積してきた教育遺産、教育カリキュラム遺産にもう少し目を転じる余裕がもてるなら、ウィギンズやマクタイ等が唱える「逆向き設計」論の援用等は十分に可能なはずであると思うのである。一見、先進的な印象を受けるものを一歩踏み出して取りかかるには相応の勇気が求められるのも事実ではあるが、文部科学省が行政施策や学習指導要領改訂によって描く青写真を後追いするだけで、本当に学校教育は主体性ある教育活動が維持できるのかと心配になるのである。フロントランナーとして様々な改革を仕掛ける側と、行政管理者から示されたものをただ後追いすることを繰り返す側の疲労度はまるで異なることを肝に銘じたい。

　今日の学校を取り巻く「評価環境」はそう容易く改善はされないであろう。ならば、同一の環境の中で「疲労」を「前進のエネルギー」へ転換していくことは不可避な決断であろう。本書で取り上げた「豊かな学び」を育むための教育課程改革、各教科次元での単元カリキュラム改革は学校活性化、専門職としての教師の自信回復につながる処方箋になるのではないかと考える。これからの新教育時代を拓く教師たちに、教職志望学生たちに夢を託したい。

【第4章の引用文献】
(1)　梶田叡一　『教育評価』　1983年　有斐閣　pp.1～2
(2)　田中耕治編　『よくわかる教育評価』　2005年　ミネルヴァ書房　p.5
(3)　田中統治・根津朋美編　『カリキュラム評価入門』　2009年　勁草書房　p.4
(4)　西岡加名恵「ウィギンズとマクタイによる『逆向き設計』論の意義と課題」日本カリキュラム学会機関誌『カリキュラム研究』第14号　2005年　p.18を基に作成した。原典は、G.Wiggins & J.McTighe, *Understanding by Design*, ASCD, 1998, p.15 である。
(5)　松下佳代　『パフォーマンス評価』　2007年　日本標準　p.11

【第4章の参考文献】
(1) B.S.ブルーム・J.T.ヘスティングス・G.F.マドゥス『教育評価法ハンドブック』梶田叡一・渋谷憲一・藤田恵璽　1973年　第一法規
(2) 森俊昭・秋田喜代美編　『教育評価』　2000年　明治図書
(3) 梶田叡一　『教育における評価の理論』　1975年　金子書房
(4) 水越敏行　『授業評価の研究』　1976年　明治図書
(5) 橋本重治　『到達度評価の研究』　1981年　図書文化
(6) 愛知県東浦町立緒川小学校　『自己学習力の形成と評価』　1985年　明治図書
(7) 安彦忠彦　『自己評価』　1987年　図書文化
(8) 北尾倫彦編　『小学校　思考力・判断力』　1995年　図書文化
(9) 加藤幸次編　『「新しいパラダイム」による授業の創造』　1997年　教育開発研究所
(10) 高浦勝義　『総合学習の理論・実践・評価』　1998年　黎明書房
(11) 加藤幸次・安藤輝次　『総合学習のためのポートフォリオ評価』　1999年　黎明書房
(12) 小田勝己　『総合的な学習に適したポートフォリオ学習と評価』　1999年　学事出版
(13) 田中耕治・西岡加名恵　『総合学習とポートフォリオ評価法　入門』　1998年　日本標準
(14) 寺西和子編　『確かな学力を育てるポートフォリオ評価の方法と実践』　2003年　黎明書房
(15) 西岡加名恵　『教科と総合に活かすポートフォリオ評価法』　2003年　図書文化社
(16) 高浦勝義　『絶対評価とルーブリックの理論と実際』　2004年　黎明書房
(17) 日本教育方法学会編　『現代カリキュラム研究と教育方法学』　2008年　図書文化
(18) 田中耕治　『教育評価』　2008年　岩波書店
(19) 西岡加名恵編　『「逆向き設計」で確かな学力を保証する』　2008年　明治図書
(20) 梶田叡一編　『確かな学力の育成と評価のあり方』　2010年　金子書房
(21) 田中耕治　『新しい「評価のあり方」を拓く』　2010年　日本標準

　　　　あ　と　が　き

　本書のキーワードは、「豊かな学び」である。そして、それを実現する力を子どもの内に人間力として育むのが教師である。その視点から日々の教育活動をつぶさに精査していくと、そこには各学校における教育活動を形作る教育課程がなくてはならないし、その教育課程を実際に運用することで子どもに人間力を培っていく実践主体としての教師がいなければならない。その意味で、人間力を培う教育活動を具体化していく「教師力」の重要性を実感するのである。
　学校の教育課程と一口に言うと、あって当たり前、機能して当たり前と思われがちだが、その編成過程や実践過程において求められる教師の見識や技量は一口に言葉では言い尽くせないものであると考える。もちろん、教育課程編成そのものはあまりにも当たり前すぎて特段脚光を浴びることのないものである。しかし、学校の独自性を体現して固有の学校知を形作るものであることに思い致すなら、とても重要なものであると再認識しないわけにはいかない。それがどのように編成され、どう運用されるのかで学校の教育力は大きく異なってくるからである。そのような捉え方をするなら、各学校で日々の教育活動が適切に計画され、円滑に教育実践へと敷衍されていくには、その前提として、履行者としての教師の存在とその責任の重さを思わずにはいられないのである。
　よって、計画→実践→評価→修正といった一連の図式を勘案するなら、それを連環させる教師の全人格的な力、「教師力」が何よりも重視されなければならないと考えるのである。いわば、学校の教育課程に生命を吹き込み、その成否を左右する最大の要因は「教師力」であること改めて思い知るのである。
　やや誇張した表現をお許しいただけるなら、学校の教育課程＝「学校知」を創出し、それを教育成果として子どもたちや地域社会に還元していく立役者こそが教師であると力を込めて言いたい。その意味で、教育課程論は教師論そのものであり、各学校の教育課程は教師のトータルな力としての教師力にすべて委ねられているのである。
　もちろん、そこにはやや願望に近い思い入れも含まれている。自ら学校教育

の場に身を置いたささやかな経験をもち、さらには国立大学、私立大学とそれぞれ特色ある二つの大学の教員養成系学部で教員養成に携わってきた著者自身の足跡をふり返ると、やはり「教師力こそ学校力」と、思わずそんな言葉が口をついて出てきてしまうのである。

　各学校では、それぞれに置かれた教育環境や子どもの実態、保護者や地域の人々の思いや願いを考慮しながら、自校として目指すべき人材育成の理想像としての校是、校訓、あるいは学校教育目標といったものを設定している。このような学校のポリシーを具現化するのは、やはりその学校の教育課程であり、教育課程に血を通わせて生きて働く「学び」を創出するのは教師なのである。そのような視点から各学校の教育課程編成の在り方を顧みるなら、高い専門職性を背景に、一人の生き方モデルとして子どもたちの「生きる力」を育み育てる牽引役を担っていく教師をどのように育むのかという命題は、著者にとって看過できないライフワークとなっている。

　本書を著すに際し、当初は教職志望学生が学校の教育課程編成の仕組みや方法について学ぶ入門書をイメージしていた。しかし、章を進めるに当たり、それでは不十分であるという思いが頭をもたげてきた。なぜなら、大学で学校の教育課程を学生が学ぶというのは、あくまでも机上での理解に過ぎないからである。それこそ「畳の上の水練」ではないが、いくら知識として身に付けても用をなさないのである。その点で、机上の知識として学んだ意味内容をようやく理解できるようになるのは教職へ就いてからということになろう。ならば、大学在学中だけでなく、奉職後もその時々に抱える自己課題を解決する手がかりとして繙けるような要素を盛り込みたいという思いがこみ上げてきた。そのような経緯から、教育課程論としての平易な入門書であるばかりでなく、一般的な教育学的知見も加味した内容構成となったことをご理解いただきたい。

　最後に、本書執筆の機会と途中幾度となく厳しい中にも心温まる励ましを与えてくださった北樹出版編集部長の古屋幾子氏に衷心より感謝申し上げたい。また、執筆の最中、思いがけず病の床に伏してしまった義母、田沼せんの1日も早い回復を祈りつつ本書を捧げ、結びとしたい。

平成24年盛夏　　著者

【 資 料 編 】

教育関係法規

① 教育基本法（平成18年12月22日法律第120号　抜粋）

　我々日本国民は、たゆまぬ努力によって築いてきた民主的で文化的な国家を更に発展させるとともに、世界の平和と人類の福祉の向上に貢献することを願うものである。
　我々は、この理想を実現するため、個人の尊厳を重んじ、真理と正義を希求し、公共の精神を尊び、豊かな人間性と創造性を備えた人間の育成を期するとともに、伝統を継承し、新しい文化の創造を目指す教育を推進する。
　ここに、我々は、日本国憲法の精神にのっとり、我が国の未来を切り拓く教育の基本を確立し、その振興を図るため、この法律を制定する。

第一章　教育の目的及び理念
（教育の目的）
第一条　教育は、人格の完成を目指し、平和で民主的な国家及び社会の形成者として必要な資質を備えた心身ともに健康な国民の育成を期して行われなければならない。
（教育の目標）
第二条　教育は、その目的を実現するため、学問の自由を尊重しつつ、次に掲げる目標を達成するよう行われるものとする。
　一　幅広い知識と教養を身に付け、真理を求める態度を養い、豊かな情操と道徳心を培うとともに、健やかな身体を養うこと。
　二　個人の価値を尊重して、その能力を伸ばし、創造性を培い、自主及び自律の精神を養うとともに、職業及び生活との関連を重視し、勤労を重んずる態度を養うこと。
　三　正義と責任、男女の平等、自他の敬愛と協力を重んずるとともに、公共の精神に基づき、主体的に社会の形成に参画し、その発展に寄与する態度を養うこと。
　四　生命を尊び、自然を大切にし、環境の保全に寄与する態度を養うこと。
　五　伝統と文化を尊重し、それらをはぐくんできた我が国と郷土を愛するとともに、他国を尊重し、国際社会の平和と発展に寄与する態度を養うこと。

(生涯学習の理念)
第三条　国民一人一人が、自己の人格を磨き、豊かな人生を送ることができるよう、その生涯にわたって、あらゆる機会に、あらゆる場所において学習することができ、その成果を適切に生かすことのできる社会の実現が図られなければならない。

(教育の機会均等)
第四条　すべて国民は、ひとしく、その能力に応じた教育を受ける機会を与えられなければならず、人種、信条、性別、社会的身分、経済的地位又は門地によって、教育上差別されない。

2　国及び地方公共団体は、障害のある者が、その障害の状態に応じ、十分な教育を受けられるよう、教育上必要な支援を講じなければならない。

3　国及び地方公共団体は、能力があるにもかかわらず、経済的理由によって修学が困難な者に対して、奨学の措置を講じなければならない。

② 　学校教育法（平成22年3月31日法律第26号　抜粋）

第二章　義務教育

第二十一条　義務教育として行われる普通教育は、教育基本法（平成十八年法律第百二十号）第五条第二項に規定する目的を実現するため、次に掲げる目標を達成するよう行われるものとする。

一　学校内外における社会的活動を促進し、自主、自律及び協同の精神、規範意識、公正な判断力並びに公共の精神に基づき主体的に社会の形成に参画し、その発展に寄与する態度を養うこと。

二　学校内外における自然体験活動を促進し、生命及び自然を尊重する精神並びに環境の保全に寄与する態度を養うこと。

三　我が国と郷土の現状と歴史について、正しい理解に導き、伝統と文化を尊重し、それらをはぐくんできた我が国と郷土を愛する態度を養うとともに、進んで外国の文化の理解を通じて、他国を尊重し、国際社会の平和と発展に寄与する態度を養うこと。

四　家族と家庭の役割、生活に必要な衣、食、住、情報、産業その他の事項につい

て基礎的な理解と技能を養うこと。
　五　読書に親しませ、生活に必要な国語を正しく理解し、使用する基礎的な能力を養うこと。
　六　生活に必要な数量的な関係を正しく理解し、処理する基礎的な能力を養うこと。
　七　生活にかかわる自然現象について、観察及び実験を通じて、科学的に理解し、処理する基礎的な能力を養うこと。
　八　健康、安全で幸福な生活のために必要な習慣を養うとともに、運動を通じて体力を養い、心身の調和的発達を図ること。
　九　生活を明るく豊かにする音楽、美術、文芸その他の芸術について基礎的な理解と技能を養うこと。
　十　職業についての基礎的な知識と技能、勤労を重んずる態度及び個性に応じて将来の進路を選択する能力を養うこと。
　　第三章　幼稚園
第二十二条　幼稚園は、義務教育及びその後の教育の基礎を培うものとして、幼児を保育し、幼児の健やかな成長のために適当な環境を与えて、その心身の発達を助長することを目的とする。
第二十三条　幼稚園における教育は、前条に規定する目的を実現するため、次に掲げる目標を達成するよう行われるものとする。
　一　健康、安全で幸福な生活のために必要な基本的な習慣を養い、身体諸機能の調和的発達を図ること。
　二　集団生活を通じて、喜んでこれに参加する態度を養うとともに家族や身近な人への信頼感を深め、自主、自律及び協同の精神並びに規範意識の芽生えを養うこと。
　三　身近な社会生活、生命及び自然に対する興味を養い、それらに対する正しい理解と態度及び思考力の芽生えを養うこと。
　四　日常の会話や、絵本、童話等に親しむことを通じて、言葉の使い方を正しく導くとともに、相手の話を理解しようとする態度を養うこと。
　五　音楽、身体による表現、造形等に親しむことを通じて、豊かな感性と表現力の芽生えを養うこと。
第二十四条　幼稚園においては、第二十二条に規定する目的を実現するための教育を

行うほか、幼児期の教育に関する各般の問題につき、保護者及び地域住民その他の関係者からの相談に応じ、必要な情報の提供及び助言を行うなど、家庭及び地域における幼児期の教育の支援に努めるものとする。

　第四章　小学校

第二十九条　小学校は、心身の発達に応じて、義務教育として行われる普通教育のうち基礎的なものを施すことを目的とする。

第三十条　小学校における教育は、前条に規定する目的を実現するために必要な程度において第二十一条各号に掲げる目標を達成するよう行われるものとする。

2　前項の場合においては、生涯にわたり学習する基盤が培われるよう、基礎的な知識及び技能を習得させるとともに、これらを活用して課題を解決するために必要な思考力、判断力、表現力その他の能力をはぐくみ、主体的に学習に取り組む態度を養うことに、特に意を用いなければならない。

第三十一条　小学校においては、前条第1項の規定による目標の達成に資するよう、教育指導を行うに当たり、児童の体験的な学習活動、特にボランティア活動など社会奉仕体験活動、自然体験活動その他の体験活動の充実に努めるものとする。この場合において、社会教育関係団体その他の関係団体及び関係機関との連携に十分配慮しなければならない。

第三十二条　小学校の修業年限は、六年とする。

　第五章　中学校

第四十五条　中学校は、小学校における教育の基礎の上に、心身の発達に応じて、義務教育として行われる普通教育を施すことを目的とする。

第四十六条　中学校における教育は、前条に規定する目的を実現するため、第二十一条各号に掲げる目標を達成するよう行われるものとする。

第四十七条　中学校の修業年限は、三年とする。

　第六章　高等学校

第五十条　高等学校は、中学校における教育の基礎の上に、心身の発達及び進路に応じて、高度な普通教育及び専門教育を施すことを目的とする。

第五十一条　高等学校における教育は、前条に規定する目的を実現するため、次に掲げる目標を達成するよう行われるものとする。

　一　義務教育として行われる普通教育の成果を更に発展拡充させて、豊かな人間

性、創造性及び健やかな身体を養い、国家及び社会の形成者として必要な資質を養うこと。
二　社会において果たさなければならない使命の自覚に基づき、個性に応じて将来の進路を決定させ、一般的な教養を高め、専門的な知識、技術及び技能を習得させること。
三　個性の確立に努めるとともに、社会について、広く深い理解と健全な批判力を養い、社会の発展に寄与する態度を養うこと。

第五十三条　高等学校には、全日制の課程のほか、定時制の課程を置くことができる。
2　高等学校には、定時制の課程のみを置くことができる。

第五十四条　高等学校には、全日制の課程又は定時制の課程のほか、通信制の課程を置くことができる。
2　高等学校には、通信制の課程のみを置くことができる。

第五十六条　高等学校の修業年限は、全日制の課程については、三年とし、定時制の課程及び通信制の課程については、三年以上とする。

第七章　中等教育学校

第六十三条　中等教育学校は、小学校における教育の基礎の上に、心身の発達及び進路に応じて、義務教育として行われる普通教育並びに高度な普通教育及び専門教育を一貫して施すことを目的とする。

第六十四条　中等教育学校における教育は、前条に規定する目的を実現するため、次に掲げる目標を達成するよう行われるものとする。
一　豊かな人間性、創造性及び健やかな身体を養い、国家及び社会の形成者として必要な資質を養うこと。
二　社会において果たさなければならない使命の自覚に基づき、個性に応じて将来の進路を決定させ、一般的な教養を高め、専門的な知識、技術及び技能を習得させること。
三　個性の確立に努めるとともに、社会について、広く深い理解と健全な批判力を養い、社会の発展に寄与する態度を養うこと。

第六十五条　中等教育学校の修業年限は、六年とする。

第六十六条　中等教育学校の課程は、これを前期三年の前期課程及び後期三年の後期課程に区分する。

第八章　特別支援学校

第七十二条　特別支援学校は、視覚障害者、聴覚障害者、知的障害者、肢体不自由者又は病弱者（身体虚弱者を含む。以下同じ。）に対して、幼稚園、小学校、中学校又は高等学校に準ずる教育を施すとともに、障害による学習上又は生活上の困難を克服し自立を図るために必要な知識技能を授けることを目的とする。

第七十三条　特別支援学校においては、文部科学大臣の定めるところにより、前条に規定する者に対する教育のうち当該学校が行うものを明らかにするものとする。

第八十一条　幼稚園、小学校、中学校、高等学校及び中等教育学校においては、次項各号のいずれかに該当する幼児、児童及び生徒その他教育上特別の支援を必要とする幼児児童及び生徒に対し、文部科学大臣の定めるところにより、障害による学習上又は生活上の困難を克服するための教育を行うものとする。

2　小学校、中学校、高等学校及び中等教育学校には、次の各号のいずれかに該当する児童及び生徒のために、特別支援学級を置くことができる。
　一　知的障害者
　二　肢体不自由者
　三　身体虚弱者
　四　弱視者
　五　難聴者
　六　その他障害のある者で、特別支援学級において教育を行うことが適当なもの

学校種別学習指導要領

① 幼稚園教育要領　第1章　総則

第1章　総則
第1　幼稚園教育の基本
　幼児期における教育は、生涯にわたる人格形成の基礎を培う重要なものであり、幼稚園教育は、学校教育法第22条に規定する目的を達成するため、幼児期の特性を踏まえ、環境を通して行うものであることを基本とする。

このため、教師は幼児との信頼関係を十分に築き、幼児と共によりよい教育環境を創造するように努めるものとする。これらを踏まえ、次に示す事項を重視して教育を行わなければならない。

1　幼児は安定した情緒の下で自己を十分に発揮することにより発達に必要な体験を得ていくものであることを考慮して、幼児の主体的な活動を促し、幼児期にふさわしい生活が展開されるようにすること。
2　幼児の自発的な活動としての遊びは、心身の調和のとれた発達の基礎を培う重要な学習であることを考慮して、遊びを通しての指導を中心として第2章に示すねらいが総合的に達成されるようにすること。
3　幼児の発達は、心身の諸側面が相互に関連し合い、多様な経過をたどって成し遂げられていくものであること、また、幼児の生活経験がそれぞれ異なることなどを考慮して、幼児一人一人の特性に応じ、発達の課題に即した指導を行うようにすること。

その際、教師は、幼児の主体的な活動が確保されるよう幼児一人一人の行動の理解と予想に基づき、計画的に環境を構成しなければならない。この場合において、教師は、幼児と人やものとのかかわりが重要であることを踏まえ、物的・空間的環境を構成しなければならない。また、教師は、幼児一人一人の活動の場面に応じて、様々な役割を果たし、その活動を豊かにしなければならない。

第2　教育課程の編成

　幼稚園は、家庭との連携を図りながら、この章の第1に示す幼稚園教育の基本に基づいて展開される幼稚園生活を通して、生きる力の基礎を育成するよう学校教育法第23条に規定する幼稚園教育の目標の達成に努めなければならない。幼稚園は、このことにより、義務教育及びその後の教育の基礎を培うものとする。
　これらを踏まえ、各幼稚園においては、教育基本法及び学校教育法その他の法令並びにこの幼稚園教育要領の示すところに従い、創意工夫を生かし、幼児の心身の発達と幼稚園及び地域の実態に即応した適切な教育課程を編成するものとする。

1　幼稚園生活の全体を通して第2章に示すねらいが総合的に達成されるよう、教育課程に係る教育期間や幼児の生活経験や発達の過程などを考慮して具体的なねら

いと内容を組織しなければならないこと。この場合においては、特に、自我が芽生え、他者の存在を意識し、自己を抑制しようとする気持ちが生まれる幼児期の発達の特性を踏まえ、入園から修了に至るまでの長期的な視野をもって充実した生活が展開できるように配慮しなければならないこと。
2　幼稚園の毎学年の教育課程に係る教育週数は、特別の事情のある場合を除き、39週を下ってはならないこと。
3　幼稚園の1日の教育課程に係る教育時間は、4時間を標準とすること。ただし、幼児の心身の発達の程度や季節などに適切に配慮すること。

第3　教育課程に係る教育時間の終了後等に行う教育活動など
　幼稚園は、地域の実態や保護者の要請により教育課程に係る教育時間の終了後等に希望する者を対象に行う教育活動について、学校教育法第22条及び第23条並びにこの章の第1に示す幼稚園教育の基本を踏まえ実施すること。また、幼稚園の目的の達成に資するため、幼児の生活全体が豊かなものとなるよう家庭や地域における幼児期の教育の支援に努めること。

②　小学校学習指導要領　第1章　総則

第1　教育課程編成の一般方針
1　各学校においては、教育基本法及び学校教育法その他の法令並びにこの章以下に示すところに従い、児童の人間として調和のとれた育成を目指し、地域や学校の実態及び児童の心身の発達の段階や特性を十分考慮して、適切な教育課程を編成するものとし、これらに掲げる目標を達成するよう教育を行うものとする。
　　学校の教育活動を進めるに当たっては、各学校において、児童に生きる力をはぐくむことを目指し、創意工夫を生かした特色ある教育活動を展開する中で、基礎的・基本的な知識及び技能を確実に習得させ、これらを活用して課題を解決するために必要な思考力、判断力、表現力その他の能力をはぐくむとともに、主体的に学習に取り組む態度を養い、個性を生かす教育の充実に努めなければならない。その際、児童の発達の段階を考慮して、児童の言語活動を充実するとともに、家庭との連携

を図りながら、児童の学習習慣が確立するよう配慮しなければならない。
2 学校における道徳教育は、道徳の時間を要として学校の教育活動全体を通じて行うものであり、道徳の時間はもとより、各教科、外国語活動、総合的な学習の時間及び特別活動のそれぞれの特質に応じて、児童の発達の段階を考慮して、適切な指導を行わなければならない。

　道徳教育は、教育基本法及び学校教育法に定められた教育の根本精神に基づき、人間尊重の精神と生命に対する畏（い）敬の念を家庭、学校、その他社会における具体的な生活の中に生かし、豊かな心をもち、伝統と文化を尊重し、それらをはぐくんできた我が国と郷土を愛し、個性豊かな文化の創造を図るとともに、公共の精神を尊び、民主的な社会及び国家の発展に努め、他国を尊重し、国際社会の平和と発展や環境の保全に貢献し未来を拓（ひら）く主体性のある日本人を育成するため、その基盤としての道徳性を養うことを目標とする。

　道徳教育を進めるに当たっては、教師と児童及び児童相互の人間関係を深めるとともに、児童が自己の生き方についての考えを深め、家庭や地域社会との連携を図りながら、集団宿泊活動やボランティア活動、自然体験活動などの豊かな体験を通して児童の内面に根ざした道徳性の育成が図られるよう配慮しなければならない。その際、特に児童が基本的な生活習慣、社会生活上のきまりを身に付け、善悪を判断し、人間としてしてはならないことをしないようにすることなどに配慮しなければならない。
3 学校における体育・健康に関する指導は、児童の発達の段階を考慮して、学校の教育活動　全体を通じて適切に行うものとする。特に、学校における食育の推進並びに体力の向上に関する指導、安全に関する指導及び心身の健康の保持増進に関する指導については、体育科の時間はもとより、家庭科、特別活動などにおいてもそれぞれの特質に応じて適切に行うよう努めることとする。また、それらの指導を通して、家庭や地域社会との連携を図りながら、日常生活において適切な体育・健康に関する活動の実践を促し、生涯を通じて健康・安全で活力ある生活を送るための基礎が培われるよう配慮しなければならない。

第2　内容等の取扱いに関する共通的事項
1　第2章以下に示す各教科、道徳、外国語活動及び特別活動の内容に関する事項は、

特に示す場合を除き、いずれの学校においても取り扱わなければならない。
2　学校において特に必要がある場合には、第2章以下に示していない内容を加え指導することができる。また、第2章以下に示す内容の取扱いのうち内容の範囲や程度等を示す事項は、すべての児童に対して指導するものとする内容の範囲や程度等を示したものであり、学校において特に必要がある場合には、この事項にかかわらず指導することができる。ただし、これらの場合には、第2章以下に示す各教科、道徳、外国語活動及び特別活動並びに各学年の目標や内容の趣旨を逸脱したり、児童の負担過重となったりすることのないようにしなければならない。
3　第2章以下に示す各教科、道徳、外国語活動及び特別活動及び各学年の内容に掲げる事項の順序は、特に示す場合を除き、指導の順序を示すものではないので、学校においては、その取扱いについて適切な工夫を加えるものとする。
4　学年の目標及び内容を2学年まとめて示した教科及び外国語活動の内容は、2学年間かけて指導する事項を示したものである。各学校においては、これらの事項を地域や学校及び児童の実態に応じ、2学年間を見通して計画的に指導することとし、特に示す場合を除き、いずれかの学年に分けて、又はいずれの学年においても指導するものとする。
5　学校において2以上の学年の児童で編制する学級について特に必要がある場合には、各教科、道徳、外国語活動及び特別活動の目標の達成に支障のない範囲内で、各教科、道徳、外国語活動及び特別活動の目標及び内容について学年別の順序によらないことができる。

第3　授業時数等の取扱い
1　各教科、道徳、外国語活動、総合的な学習の時間及び特別活動（以下「各教科等」という。ただし、1及び3において、特別活動については学級活動（学校給食に係るものを除く。）に限る。）の授業は、年間35週（第1学年については34週）以上にわたって行うよう計画し、週当たりの授業時数が児童の負担過重にならないようにするものとする。ただし、各教科等や学習活動の特質に応じ効果的な場合には、夏季、冬季、学期末等の休業日の期間に授業日を設定する場合を含め、これらの授業を特定の期間に行うことができる。なお、給食、休憩などの時間については、学校において工夫を加え、適切に定めるものとする。

2 特別活動の授業のうち、児童会活動、クラブ活動及び学校行事については、それらの内容に応じ、年間、学期ごと、月ごとなどに適切な授業時数を充てるものとする。
3 各教科等のそれぞれの授業の1単位時間は、各学校において、各教科等の年間授業時数を確保しつつ、児童の発達の段階及び各教科等や学習活動の特質を考慮して適切に定めるものとする。
4 各学校においては、地域や学校及び児童の実態、各教科等や学習活動の特質等に応じて、創意工夫を生かし時間割を弾力的に編成することができる。
5 総合的な学習の時間における学習活動により、特別活動の学校行事に掲げる各行事の実施と同様の成果が期待できる場合においては、総合的な学習の時間における学習活動をもって相当する特別活動の学校行事に掲げる各行事の実施に替えることができる。

第4 指導計画の作成等に当たって配慮すべき事項
1 各学校においては、次の事項に配慮しながら、学校の創意工夫を生かし、全体として、調和のとれた具体的な指導計画を作成するものとする。
(1) 各教科等及び各学年相互間の関連を図り、系統的、発展的な指導ができるようにすること。
(2) 学年の目標及び内容を2学年まとめて示した教科及び外国語活動については、当該学年間を見通して、地域や学校及び児童の実態に応じ、児童の発達の段階を考慮しつつ、効果的、段階的に指導するようにすること。
(3) 各教科の各学年の指導内容については、そのまとめ方や重点の置き方に適切な工夫を加え、効果的な指導ができるようにすること。
(4) 児童の実態等を考慮し、指導の効果を高めるため、合科的・関連的な指導を進めること。
2 以上のほか、次の事項に配慮するものとする。
(1) 各教科等の指導に当たっては、児童の思考力、判断力、表現力等をはぐくむ観点から、基礎的・基本的な知識及び技能の活用を図る学習活動を重視するとともに、言語に対する関心や理解を深め、言語に関する能力の育成を図る上で必要な言語環境を整え、児童の言語活動を充実すること。

(2) 各教科等の指導に当たっては、体験的な学習や基礎的・基本的な知識及び技能を活用した問題解決的な学習を重視するとともに、児童の興味・関心を生かし、自主的、自発的な学習が促されるよう工夫すること。
(3) 日ごろから学級経営の充実を図り、教師と児童の信頼関係及び児童相互の好ましい人間関係を育てるとともに児童理解を深め、生徒指導の充実を図ること。
(4) 各教科等の指導に当たっては、児童が学習の見通しを立てたり学習したことを振り返ったりする活動を計画的に取り入れるよう工夫すること。
(5) 各教科等の指導に当たっては、児童が学習課題や活動を選択したり、自らの将来について考えたりする機会を設けるなど工夫すること。
(6) 各教科等の指導に当たっては、児童が学習内容を確実に身に付けることができるよう、学校や児童の実態に応じ、個別指導やグループ別指導、繰り返し指導、学習内容の習熟の程度に応じた指導、児童の興味・関心等に応じた課題学習、補充的な学習や発展的な学習などの学習活動を取り入れた指導、教師間の協力的な指導など指導方法や指導体制を工夫改善し、個に応じた指導の充実を図ること。
(7) 障害のある児童などについては、特別支援学校等の助言又は援助を活用しつつ、例えば指導についての計画又は家庭や医療、福祉等の業務を行う関係機関と連携した支援のための計画を個別に作成することなどにより、個々の児童の障害の状態等に応じた指導内容や指導方法の工夫を計画的、組織的に行うこと。特に、特別支援学級又は通級による指導については、教師間の連携に努め、効果的な指導を行うこと。
(8) 海外から帰国した児童などについては、学校生活への適応を図るとともに、外国における生活経験を生かすなどの適切な指導を行うこと。
(9) 各教科等の指導に当たっては、児童がコンピュータや情報通信ネットワークなどの情報手段に慣れ親しみ、コンピュータで文字を入力するなどの基本的な操作や情報モラルを身に付け、適切に活用できるようにするための学習活動を充実するとともに、これらの情報手段に加え視聴覚教材や教育機器などの教材・教具の適切な活用を図ること。
(10) 学校図書館を計画的に利用しその機能の活用を図り、児童の主体的、意欲的な学習活動や読書活動を充実すること。
(11) 児童のよい点や進歩の状況などを積極的に評価するとともに、指導の過程や成

果を評価し、指導の改善を行い学習意欲の向上に生かすようにすること。
(12) 学校がその目的を達成するため、地域や学校の実態等に応じ、家庭や地域の人々の協力を得るなど家庭や地域社会との連携を深めること。また、小学校間、幼稚園や保育所、中学校及び特別支援学校などとの間の連携や交流を図るとともに、障害のある幼児児童生徒との交流及び共同学習や高齢者などとの交流の機会を設けること。

③　中学校学習指導要領　第1章　総則

第1　教育課程編成の一般方針
1　各学校においては、教育基本法及び学校教育法その他の法令並びにこの章以下に示すところに従い、生徒の人間として調和のとれた育成を目指し、地域や学校の実態及び生徒の心身の発達の段階や特性等を十分考慮して、適切な教育課程を編成するものとし、これらに掲げる目標を達成するよう教育を行うものとする。
　学校の教育活動を進めるに当たっては、各学校において、生徒に生きる力をはぐくむことを目指し、創意工夫を生かした特色ある教育活動を展開する中で、基礎的・基本的な知識及び技能を確実に習得させ、これらを活用して課題を解決するために必要な思考力、判断力、表現力その他の能力をはぐくむとともに、
　主体的に学習に取り組む態度を養い、個性を生かす教育の充実に努めなければならない。その際、生徒の発達の段階を考慮して、生徒の言語活動を充実するとともに、家庭との連携を図りながら、生徒の学習習慣が確立するよう配慮しなければならない。
2　学校における道徳教育は、道徳の時間を要として学校の教育活動全体を通じて行うものであり、道徳の時間はもとより、各教科、総合的な学習の時間及び特別活動のそれぞれの特質に応じて、生徒の発達の段階を考慮して、適切な指導を行わなければならない。
　道徳教育は、教育基本法及び学校教育法に定められた教育の根本精神に基づき、人間尊重の精神と生命に対する畏（い）敬の念を家庭、学校、その他社会における具体的な生活の中に生かし、豊かな心をもち、伝統と文化を尊重し、それらをはぐ

くんできた我が国と郷土を愛し、個性豊かな文化の創造を図るとともに、公共の精神を尊び、民主的な社会及び国家の発展に努め、他国を尊重し、国際社会の平和と発展や環境の保全に貢献し未来を拓(ひら)く主体性のある日本人を育成するため、その基盤としての道徳性を養うことを目標とする。

　道徳教育を進めるに当たっては、教師と生徒及び生徒相互の人間関係を深めるとともに、生徒が道徳的価値に基づいた人間としての生き方についての自覚を深め、家庭や地域社会との連携を図りながら、職場体験活動やボランティア活動、自然体験活動などの豊かな体験を通して生徒の内面に根ざした道徳性の育成が図られるよう配慮しなければならない。その際、特に生徒が自他の生命を尊重し、規律ある生活ができ、自分の将来を考え、法やきまりの意義の理解を深め、主体的に社会の形成に参画し、国際社会に生きる日本人としての自覚を身に付けるようにすることなどに配慮しなければならない。

3　学校における体育・健康に関する指導は、生徒の発達の段階を考慮して、学校の教育活動全体を通じて適切に行うものとする。特に、学校における食育の推進並びに体力の向上に関する指導、安全に関する指導及び心身の健康の保持増進に関する指導については、保健体育科の時間はもとより、技術・家庭科、特別活動などにおいてもそれぞれの特質に応じて適切に行うよう努めることとする。また、それらの指導を通して、家庭や地域社会との連携を図りながら、日常生活において適切な体育・健康に関する活動の実践を促し、生涯を通じて健康・安全で活力ある生活を送るための基礎が培われるよう配慮しなければならない。

第2　内容等の取扱いに関する共通的事項

1　第2章以下に示す各教科、道徳及び特別活動の内容に関する事項は、特に示す場合を除き、いずれの学校においても取り扱わなければならない。
2　学校において特に必要がある場合には、第2章以下に示していない内容を加えて指導することができる。また、第2章以下に示す内容の取扱いのうち内容の範囲や程度等を示す事項は、すべての生徒に対して指導するものとする内容の範囲や程度等を示したものであり、学校において特に必要がある場合には、この事項にかかわらず指導することができる。ただし、これらの場合には、第2章以下に示す各教科、道徳及び特別活動並びに各学年、各分野又は各言語の目標や内容の趣旨を逸脱した

り、生徒の負担過重となったりすることのないようにしなければならない。
3 第2章以下に示す各教科、道徳及び特別活動並びに各学年、各分野又は各言語の内容に掲げる事項の順序は、特に示す場合を除き、指導の順序を示すものではないので、学校においては、その取扱いについて適切な工夫を加えるものとする。
4 学校において2以上の学年の生徒で編制する学級について特に必要がある場合には、各教科の目標の達成に支障のない範囲内で、各教科の目標及び内容について学年別の順序によらないことができる。
5 各学校においては、選択教科を開設し、生徒に履修させることができる。その場合にあっては、地域や学校、生徒の実態を考慮し、すべての生徒に指導すべき内容との関連を図りつつ、選択教科の授業時数及び内容を適切に定め選択教科の指導計画を作成するものとする。
6 選択教科の内容については、課題学習、補充的な学習や発展的な学習など、生徒の特性等に応じた多様な学習が行えるよう各学校において適切に定めるものとする。その際、生徒の負担過重となることのないようにしなければならない。
7 各学校においては、第2章に示す各教科を選択教科として設けることができるほか、地域や学校、生徒の実態を考慮して、特に必要がある場合には、その他特に必要な教科を選択教科として設けることができる。その他特に必要な教科の名称、目標、内容などについては、各学校が適切に定めるものとする。

第3 授業時数等の取扱い授業時数等の取扱い
1 各教科、道徳、総合的な学習の時間及び特別活動(以下「各教科等」という。ただし、1及び3において、特別活動については学級活動(学校給食に係るものを除く。)に限る。)の授業は、年間35週以上にわたって行うよう計画し、週当たりの授業時数が生徒の負担過重にならないようにするものとする。ただし、各教科等(特別活動を除く。)や学習活動の特質に応じ効果的な場合には、夏季、冬季、学年末等の休業日の期間に授業日を設定する場合を含め、これらの授業を特定の期間に行うことができる。なお、給食、休憩などの時間については、学校において工夫を加え、適切に定めるものとする。
2 特別活動の授業のうち、生徒会活動及び学校行事については、それらの内容に応じ、年間、学期ごと、月ごとなどに適切な授業時数を充てるものとする。

3　各教科等のそれぞれの授業の1単位時間は、各学校において、各教科等の年間授業時数を確保しつつ、生徒の発達の段階及び各教科等や学習活動の特質を考慮して適切に定めるものとする。なお、10分間程度の短い時間を単位として特定の教科の指導を行う場合において、当該教科を担当する教師がその指導内容の決定や指導の成果の把握と活用等を責任をもって行う体制が整備されているときは、その時間を当該教科の年間授業時数に含めることができる。

4　各学校においては、地域や学校及び生徒の実態、各教科等や学習活動の特質等に応じて、創意工夫を生かし時間割を弾力的に編成することができる。

5　総合的な学習の時間における学習活動により、特別活動の学校行事に掲げる各行事の実施と同様の成果が期待できる場合においては、総合的な学習の時間における学習活動をもって相当する特別活動の学校行事に掲げる各行事の実施に替えることができる。

第4　指導計画の作成等に当たって配慮すべき事項

1　各学校においては、次の事項に配慮しながら、学校の創意工夫を生かし、全体として、調和のとれた具体的な指導計画を作成するものとする。
　(1)　各教科等及び各学年相互間の関連を図り、系統的、発展的な指導ができるようにすること。
　(2)　各教科の各学年、各分野又は各言語の指導内容については、そのまとめ方や重点の置き方に適切な工夫を加えるなど、効果的な指導ができるようにすること。

2　以上のほか、次の事項に配慮するものとする。
　(1)　各教科等の指導に当たっては、生徒の思考力、判断力、表現力等をはぐくむ観点から、基礎的・基本的な知識及び技能の活用を図る学習活動を重視するとともに、言語に対する関心や理解を深め、言語に関する能力の育成を図る上で必要な言語環境を整え、生徒の言語活動を充実すること。
　(2)　各教科等の指導に当たっては、体験的な学習や基礎的・基本的な知識及び技能を活用した問題解決的な学習を重視するとともに、生徒の興味・関心を生かし、自主的、自発的な学習が促されるよう工夫すること。
　(3)　教師と生徒の信頼関係及び生徒相互の好ましい人間関係を育てるとともに生徒理解を深め、生徒が自主的に判断、行動し積極的に自己を生かしていくことがで

きるよう、生徒指導の充実を図ること。
(4) 生徒が自らの生き方を考え主体的に進路を選択することができるよう、学校の教育活動全体を通じ、計画的、組織的な進路指導を行うこと。
(5) 生徒が学校や学級での生活によりよく適応するとともに、現在及び将来の生き方を考え行動する態度や能力を育成することができるよう、学校の教育活動全体を通じ、ガイダンスの機能の充実を図ること。
(6) 各教科等の指導に当たっては、生徒が学習の見通しを立てたり学習したことを振り返ったりする活動を計画的に取り入れるようにすること。
(7) 各教科等の指導に当たっては、生徒が学習内容を確実に身に付けることができるよう、学校や生徒の実態に応じ、個別指導やグループ別指導、繰り返し指導、学習内容の習熟の程度に応じた指導、生徒の興味・関心等に応じた課題学習、補充的な学習や発展的な学習などの学習活動を取り入れた指導、教師間の協力的な指導など指導方法や指導体制を工夫改善し、個に応じた指導の充実を図ること。
(8) 障害のある生徒などについては、特別支援学校等の助言又は援助を活用しつつ、例えば指導についての計画又は家庭や医療、福祉等の業務を行う関係機関と連携した支援のための計画を個別に作成することなどにより、個々の生徒の障害の状態等に応じた指導内容や指導方法の工夫を計画的、組織的に行うこと。特に、特別支援学級又は通級による指導については、教師間の連携に努め、効果的な指導を行うこと。
(9) 海外から帰国した生徒などについては、学校生活への適応を図るとともに、外国における生活経験を生かすなどの適切な指導を行うこと。
(10) 各教科等の指導に当たっては、生徒が情報モラルを身に付け、コンピュータや情報通信ネットワークなどの情報手段を適切かつ主体的、積極的に活用できるようにするための学習活動を充実するとともに、これらの情報手段に加え視聴覚教材や教育機器などの教材・教具の適切な活用を図ること。
(11) 学校図書館を計画的に利用しその機能の活用を図り、生徒の主体的、意欲的な学習活動や読書活動を充実すること。
(12) 生徒のよい点や進歩の状況などを積極的に評価するとともに、指導の過程や成果を評価し、指導の改善を行い学習意欲の向上に生かすようにすること。
(13) 生徒の自主的、自発的な参加により行われる部活動については、スポーツや文

化及び科学等に親しませ、学習意欲の向上や責任感、連帯感の涵養等に資するものであり、学校教育の一環として、教育課程との関連が図られるよう留意すること。その際、地域や学校の実態に応じ、地域の人々の協力、社会教育施設や社会教育関係団体等の各種団体との連携などの運営上の工夫を行うようにすること。
(14) 学校がその目的を達成するため、地域や学校の実態等に応じ、家庭や地域の人々の協力を得るなど家庭や地域社会との連携を深めること。また、中学校間や小学校、高等学校及び特別支援学校などとの間の連携や交流を図るとともに、障害のある幼児児童生徒との交流及び共同学習や高齢者などとの交流の機会を設けること。

④ 高等学校学習指導要領 第1章 総則（抜粋）

第1款 教育課程編成の一般方針
1 　各学校においては、教育基本法及び学校教育法その他の法令並びにこの章以下に示すところに従い、生徒の人間として調和のとれた育成を目指し、地域や学校の実態、課程や学科の特色、生徒の心身の発達の段階及び特性等を十分考慮して、適切な教育課程を編成するものとし、これらに掲げる目標を達成するよう教育を行うものとする。
　学校の教育活動を進めるに当たっては、各学校において、生徒に生きる力をはぐくむことを目指し、創意工夫を生かした特色ある教育活動を展開する中で、基礎的・基本的な知識及び技能を確実に習得させ、これらを活用して課題を解決するために必要な思考力、判断力、表現力その他の能力をはぐくむとともに、主体的に学習に取り組む態度を養い、個性を生かす教育の充実に努めなければならない。その際、生徒の発達の段階を考慮して、生徒の言語活動を充実するとともに、家庭との連携を図りながら、生徒の学習習慣が確立するよう配慮しなければならない。
2 　学校における道徳教育は、生徒が自己探求と自己実現に努め国家・社会の一員としての自覚に基づき行為しうる発達の段階にあることを考慮し人間としての在り方生き方に関する教育を学校の教育活動全体を通じて行うことにより、その充実を図るものとし、各教科に属する科目，総合的な学習の時間及び特別活動のそれぞれ

の特質に応じて、適切な指導を行わなければならない。

　道徳教育は、教育基本法及び学校教育法に定められた教育の根本精神に基づき、人間尊重の精神と生命に対する畏敬の念を家庭、学校、その他社会における具体的な生活の中に生かし、豊かな心をもち、伝統と文化を尊重し、それらをはぐくんできた我が国と郷土を愛し、個性豊かな文化の創造を図るとともに、公共の精神を尊び、民主的な社会及び国家の発展に努め、他国を尊重し、国際社会の平和と発展や環境の保全に貢献し未来を拓く主体性のある日本人を育成するため、その基盤としての道徳性を養うことを目標とする。

　道徳教育を進めるに当たっては、特に、道徳的実践力を高めるとともに、自他の生命を尊重する精神、自律の精神及び社会連帯の精神並びに義務を果たし責任を重んずる態度及び人権を尊重し差別のないよりよい社会を実現しようとする態度を養うための指導が適切に行われるよう配慮しなければならない。

3　学校における体育・健康に関する指導は、生徒の発達の段階を考慮して、学校の教育活動全体を通じて適切に行うものとする。特に、学校における食育の推進並びに体力の向上に関する指導、安全に関する指導及び心身の健康の保持増進に関する指導については、保健体育科はもとより、家庭科、特別活動などにおいてもそれぞれの特質に応じて適切に行うよう努めることとする。また、それらの指導を通して、家庭や地域社会との連携を図りながら、日常生活において適切な体育・健康に関する活動の実践を促し、生涯を通じて健康・安全で活力ある生活を送るための基礎が培われるよう配慮しなければならない。

4　学校においては、地域や学校の実態等に応じて、就業やボランティアにかかわる体験的な学習の指導を適切に行うようにし、勤労の尊さや創造することの喜びを体得させ、望ましい勤労観、職業観の育成や社会奉仕の精神の涵養に資するものとする。

【 事 項 索 引 】

[ア 行]
　アカウンタビリティ　38
　イエナ・プラン　121
　生きる力　18
　ウィネトカ・プラン　117
　ヴァージニア・プラン　124

[カ 行]
　カリキュラム　11
　カリキュラム・デザイン　12
　カリキュラム・マネジメント　137
　学習指導要領　15
　学校教育　17
　学校教育目標　135
　学校知　28
　学校評価マネジメント　141
　学習転移　61
　「逆向き設計」論　190
　教育委員会　16
　教育カリキュラム評価　163
　教育学的心術　105
　教育計画　11
　教育的関係　12
　教育課程　11
　教科カリキュラム　77
　教科外教育　58
　教科教育　58
　教科書　87
　教科書検定制度　88
　教授　28
　訓練　104
　経験カリキュラム　82
　経験主義　109
　形成的評価　165
　系統主義　126

事項索引　221

　　言語活動の充実　52
　　顕在的カリキュラム　65
　　コア・カリキュラム　80
　　コア・コンピテンシー　31
　　工学的アプローチ　67
　　公教育　35
　　広領域カリキュラム　79

［サ　行］
　　シークエンス　59
　　指導要録　177
　　社会教育　36
　　自己省察的教師　148
　　自己評価　185
　　資質・能力　24
　　スコープ　59
　　セルフモニタリング　25
　　潜在的カリキュラム　66
　　全体計画　87
　　総括的評価　165
　　相互評価　141
　　相関カリキュラム　78

［タ　行］
　　タイム・オン・タスク　65
　　タクト（教育的タクト）　65
　　確かな学力　53
　　ダブル・スタンダード　62
　　陶冶と訓育　28
　　特別支援教育　43
　　ドルトン・プラン　115

［ナ　行］
　　内的事項・外的事項　18
　　内容選択原理　58
　　人間力　23
　　年間指導計画　87

[ハ　行]
　パースペクティブ　25
　パフォーマンス評価　181
　ＰＤＣＡサイクル　169
　プロジェクト・メソッド　114
　変容的様式　55
　ポートフォリオ評価　179

[マ　行]
　模倣的様式　54
　モリソン・プラン　119

[ヤ　行]
　融合カリキュラム　79
　幼稚園教育要領　40

[ラ　行]
　羅生門的アプローチ　67
　臨時教育審議会　129
　ルーブリック　182
　レディネス　29
　レリバンス　64
　ローカル・オプティマム　38

【著者略歴】

田沼　茂紀（たぬま　しげき）

新潟県生まれ。上越教育大学大学院学校教育研究科修了。
國學院大學人間開発学部初等教育学科教授。
専攻は道徳教育、教育カリキュラム論。
川崎市公立学校教諭を経て高知大学教育学部助教授、同学部教授・同学部附属教育実践総合センター長。
2009年4月より現職。
日本道徳教育学会理事、日本道徳教育方法学会理事。
主な単著、『表現構想論で展開する道徳授業』1994年、『子どもの価値意識を育む』1999年、『再考－田島体験学校』2002年（いずれも川崎教育文化研究所刊）、『人間力を育む道徳教育の理論と方法』2011年、『心の教育と特別活動』2013年、『道徳科で育む21世紀型道徳力』（いずれも北樹出版刊）。その他の編著『やってみよう！新しい道徳授業』2014年（学研教育みらい刊）、『特別の教科道徳授業＆評価完全ガイド』2016年（明治図書刊）、『小・中学校道徳科アクティブ・ラーニングの授業展開』2016年（東洋館出版社刊）等。

豊かな学びを育む教育課程の理論と方法

2012年10月1日　初版第1刷発行
2016年10月1日　初版第2刷発行

　　　　　　　　　　　著　者　　田　沼　茂　紀
　　　　　　　　　　　発行者　　木　村　哲　也

定価はカバーに表示　　　印刷　富士見印刷／製本　新里製本

発行所　株式会社　北樹出版
〒153-0061　東京都目黒区中目黒1-2-6
電話(03)3715-1525(代表)　FAX(03)5720-1488

© Shigeki Tanuma　2012, Printed in Japan　　ISBN978-4-7793-0352-4

（落丁・乱丁の場合はお取り替えします）